Inhaltsverzeichnis

Die Fly Bike Werke GmbH

1 Unternehmensportrait

Jan Ullmann und Björn Ries, die Gesellschafter der Fly Bike Werke GmbH, sind seit frühester Jugend befreundet und hatten immer ein gemeinsames Hobby, das Radrennfahren. Die Väter der beiden Amateurrennfahrer waren schon frühzeitig im Fahrradmarkt ambitioniert. Dirk Ries, Vater von Björn Ries, betrieb in Oldenburg einen Fahrradeinzelhandel, wobei Rennräder für den Amateurbereich einen Schwerpunkt in seinem Sortiment darstellten. Klaus Ullmann, Vater von Jan Ullmann, produzierte in Oldenburg Standardfahrradrahmen aus Stahl für die Fahrradindustrie.

Die Erfahrungen, die Jan Ullmann als Hobbysportler gesammelt hatte, ließen sich gut mit dem Know-how seines Vaters kombinieren. Die Geschäftsidee, eigene Freizeitsporträder aus Stahl zu entwickeln, erschien ihm so vielversprechend, dass er 1982 die Fly Bike Werke GmbH (als sogenannte Ein-Mann-GmbH) gründete. Die Aufgaben eines Geschäftsführers übertrug er an den ebenfalls radsportbegeisterten Hans Peters.

Der Zwang zu modernen Fertigungsmethoden und die damit verbundenen Investitionen erhöhten den Kapitalbedarf zum Ende des ausgehenden Jahrhunderts erheblich. Da traf es sich gut, dass Jan Ullmann seinen alten Freund Björn Ries bei einem Radrennen traf und von seinen Sorgen erzählte. Der aufgrund eines erfolgreichen Berufslebens vermögende Björn Ries war spontan bereit, sich an der Fly Bike Werke GmbH zu beteiligen, und trat Anfang 2001 als weiterer Gesellschafter in die GmbH ein. Basis für die Geschäftstätigkeit der Fly Bike Werke GmbH ist der Gesellschaftsvertrag auf den folgenden Seiten.

Modellunternehmen Fly Bike Werke GmbH		
Rechtsform und Unternehmensgröße, Handelsregistereintrag	Gesellschaft mit beschränkter Haftung (GmbH) Kleine Kapitalgesellschaft gem. § 267 HGB Oldenburg HRB 2134	
Gesellschafter und Geschäftsanteile	Jan Ullmann 200.000,00 €	Björn Ries 100.000,00 €
Geschäftsführer	Hans Peters	
Geschäftsjahr	Kalenderjahr (01.01. bis 31.12.)	
Umsatz Berichtsjahr	Ca. 6,9 Mio. €	
Bankverbindungen	– Deutsche Bank AG Oldenburg, BLZ 280 700 57, Konto-Nr. 2 114 253 666 IBAN: DE68 2807 0057 2114 2536 66, BIC: DEUTDEHB280 – Landessparkasse Oldenburg, BLZ 280 501 00, Konto-Nr. 112 326 444 IBAN: DE86 2805 0100 0112 3264 44, BIC: BRLADE21LZO	
Kontakt	Post- und Lieferadresse: Rostocker Str. 334, 26121 Oldenburg Telefon 0441 885-0 Telefax 0441 885-9211 Internet: www.flybike.de E-Mail: mail@flybike.de	
Absatzprogramm	Produktionsprogramm	Fahrräder: Cityräder, Mountainbikes, Rennräder, Jugendräder, Trekkingräder
	Handelswaren	Fahrradbekleidung, Fahrradzubehör, Fahrradanhänger
	Dienstleistungen	Vermittlung von Fahrradreisen
Stoffe, Vorprodukte, Fremdbauteile (Beispiele)	Rohstoffe	Rohre und Bleche aus Stahl und Aluminium
	Hilfsstoffe	Farben und Grundierungen, Schrauben und Kleinteile
	Betriebsstoffe	Strom, Gas, Wasser, Heizöl, Schmierstoffe
	Vorprodukte, Fremdbauteile	Räder, Beleuchtung, Sättel, Spezialrahmen, Federgabeln
Fertigungstypen und Fertigungsarten	– Fließ- bzw. Gruppenfertigung – Werkstattfertigung (Rennräder-Profi) – Serienfertigung – Einzelfertigung (Rennräder-Profi)	
Technische Anlagen und Maschinen (Beispiele)	Universalroboter, Rohrschneideanlage, Rahmenrichtmaschine, Schleifmaschine, Schweißmaschine, Montagebänder, Verpackungsanlage, Lackierautomaten	
Mitarbeiter	1 Geschäftsführer, 37 Arbeitnehmer	
Kunden	Großhändler, Filialisten, Cash-and-Carry-Märkte im Inland, Großhändler im Ausland	
Lieferanten	Industriebetriebe und Spezialgroßhändler im In- und Ausland	
Verbände	Oldenburgische Industrie- und Handelskammer, Oldenburg (Pflichtmitgliedschaft); NORDMETALL e. V., Hamburg, Geschäftsstelle Oldenburg, Bezirksgruppe Nordwest (Arbeitgeberverband)	
Betriebsnummer für die Sozialversicherung	26 550 966	
Steuer-Nr. USt-Id.-Nr.	112/8870/0057 DE 236667691	

2 Gesellschaftsvertrag

- Gesellschaftsvertrag -

§1 Firma und Sitz der Gesellschaft
(1) Die Firma der Gesellschaft lautet:
Fly Bike Werke Gesellschaft mit beschränkter Haftung.
(2) Sitz der Gesellschaft ist Oldenburg.

§2 Gegenstand des Unternehmens
Gegenstand des Unternehmens ist die Herstellung und der Handel mit Fahrrädern, Fahrradteilen, Fahrradzubehör und Dienstleistungen im Fahrradmarkt. Die Gesellschaft darf andere Unternehmen gleicher oder ähnlicher Art übernehmen, vertreten und sich an solchen beteiligen; sie darf auch Zweigniederlassungen errichten.

§3 Stammkapital und Stammeinlage
(1) Das Stammkapital der Gesellschaft beträgt 350.000,00 DM (in Worten: dreihundertfünfzigtausend Deutsche Mark).
(2) Der alleinige Gesellschafter, Herr Jan Ullmann, Oldenburg, leistet seine Einlage, indem er alle Vermögenswerte der Einzelunternehmung Fahrrad Ullmann in die Gesellschaft einbringt.

§4 Dauer der Gesellschaft, Geschäftsjahr
(1) Die Gesellschaft wird auf unbestimmte Zeit errichtet.
(2) Geschäftsjahr ist das Kalenderjahr.

§5 Geschäftsführung und Vertretung
(1) Die Gesellschaft hat einen oder mehrere Geschäftsführer. Sind mehrere Geschäftsführer bestellt, so wird die Gesellschaft durch je zwei Geschäftsführer gemeinschaftlich vertreten.
(2) Zum Geschäftsführer wird bestellt: Herr Hans Peters. Er ist von den Beschränkungen des §181 BGB befreit.

§6 Jahresabschluss
Innerhalb der ersten drei Monate nach Abschluss eines Geschäftsjahres hat die Geschäftsführung den Jahresabschluss und den Lagebericht aufzustellen und zusammen mit einem Vorschlag zur Ergebnisverwendung dem Gesellschafter vorzulegen. Der Jahresabschluss ist nach den gesetzlichen Vorschriften zu erstellen.

§7 Bekanntmachungen
Bekanntmachungen der Gesellschaft werden im Bundesanzeiger veröffentlicht.

Oldenburg, 15. Februar 1982

Jan Ullmann

**Änderungen des Gesellschaftsvertrages §3 (1)
durch Gesellschafterbeschluss am 20.5.2000**
Das Stammkapital der Gesellschaft wird auf 200.000,00€ (in Worten zweihunderttausend Euro) erhöht. Die ausstehende Einlage ist zum offiziellen Umrechnungskurs von 1,95583 DM je Euro bis zum 31.12.2000 auf das Konto der Gesellschaft durch den Gesellschafter Jan Ullmann, Oldenburg, einzuzahlen.

Oldenburg, 20. Mai 2000

Jan Ullmann

Änderungen des Gesellschaftsvertrages §3 (1) durch Gesellschafterbeschluss am 15.12.2000:
(1) Zu Beginn des Geschäftsjahres 2001 tritt Herr Björn Ries in die GmbH ein. Der Gesellschafter Ries leistet eine Einlage von 100.000,00€ (in Worten einhunderttausend Euro). Das gezeichnete Kapital erhöht sich auf 300.000,00€ (in Worten dreihunderttausend Euro). Davon übernehmen:
a) Herr Jan Ullmann, Oldenburg, 200.000,00€.
b) Herr Björn Ries, Oldenburg, 100.000,00€.
c) Herr Björn Ries leistet eine Kapitalrücklage in Höhe von 100.000,00€ für die erbrachten Vorleistungen von Herrn Jan Ullmann (Know-how, Firmenimage).

Ergänzung des Gesellschaftsvertrages um §3 (3) durch Gesellschafterbeschluss am 15.12.2000:
(3) Der Gesellschafter Björn Ries, Oldenburg, leistet seine Einlage in Geld. Seine Stammeinlage und die vereinbarte Kapitalrücklage sind zu Beginn des Geschäftsjahres 2001 zur freien Verfügung der Gesellschaft auf das Konto der Gesellschaft einzuzahlen.

Ergänzung des Gesellschaftsvertrages um §4 (3) durch Gesellschafterbeschluss am 15.12.2000:
(3) Jedem Gesellschafter steht ein Kündigungsrecht mit einjähriger Frist zum Jahresende zu.

Änderung des Gesellschaftsvertrages §6 Jahresabschluss durch Gesellschafterbeschluss am 15.12.2000:
Innerhalb der ersten drei Monate nach Abschluss eines Geschäftsjahres hat die Geschäftsführung den Jahresabschluss und den Lagebericht aufzustellen und zusammen mit einem Vorschlag zur Ergebnisverwendung der Gesellschafterversammlung vorzulegen. Der Jahresabschluss ist nach den gesetzlichen Vorschriften zu erstellen.

Ergänzung des Gesellschaftsvertrages um §8 durch Gesellschafterbeschluss am 15.12.2000:
§8 Gesellschafterversammlung, Stimmrecht und Erfolgsbeteiligung
(1) Alljährlich findet innerhalb von 6 Monaten nach Schluss des vorangegangenen Rechnungsjahres eine ordentliche Gesellschafterversammlung statt. Diese beschließt über die
- Feststellung des Jahresabschlusses für das vorangegangene Geschäftsjahr,
- Verwendung der Ergebnisse der Unternehmung,
- Entlastung des/der Geschäftsführer/s,
- Wahl eines eventuell zu bestellenden Abschlussprüfers.

(2) Je 500,00€ eines Geschäftsanteils gewähren eine Stimme.
(3) 10% eines Jahresüberschusses fließen ab 2001 in die Gewinnrücklage. Die Gewinnverteilung erfolgt im Verhältnis des gezeichneten Kapitals.

Oldenburg, 15.Dezember 2000

Jan Ullmann *Björn Ries*

Der Gesellschaftsvertrag samt Änderungen wurde von Rechtsanwalt und Notar Dr. Heinfried Kampen, Oldenburg, notariell beglaubigt.

3 Absatzprogramm, Kunden, Preise

Das **Produktionsprogramm** der Fly Bike Werke GmbH umfasst zurzeit zwölf verschiedene Fahrradmodelle. Das Produktionsprogramm wird durch Handelswaren und Dienstleistungen zum **Absatzprogramm** erweitert.

Produktionsprogramm			
Modell	**Artikel-Nr.**	**Modell-Name**	**unverbindl. Preis**
Cityräder	101 102	City *Glide* City *Surf*	245,00 € 274,40 €
Trekkingräder	201 202 203	Trekking *Light* Trekking *Free* Trekking *Nature*	299,25 € 350,00 € 437,50 €
Mountainbikes	301 302 303	Mountain *Dispo* Mountain *Constitution* Mountain *Unlimited*	393,75 € 598,50 € 997,50 €
Rennräder	401 402	Renn *Fast* Renn *Superfast*	1.260,00 € 2.205,00 €
Kinderräder	501 502	Kinder *Twist* Kinder *Cool*	196,88 € 262,50 €

Cityrad Modell 102 *Surf*

Rennrad Modell 401 *Renn Fast*

Mountainbike Modell 302 *Constitution*

Kinderrad Modell 502 *Cool*

Handelswaren und Dienstleistungsangebote der Fly Bike Werke		
Handelswaren	Textilien aus Goretex (x = Größen S, M, L, XL, XXL)	– 701 x Shirts *STEFF superfast* – 702 x Shorts *STEFF superfast* – 703 x Jacketts *STEFF superfast*
	Fahrradanhänger	– 601 Modell *Kelly* – 602 Modell *Mini* – 603 Modell *Max* – 604 Modell *Kids* – 605 Modell *Sven*
Dienst-leistungen	Vermittlung von Radtouren/Reisen (Veranstalter: UIT und Rebbel)	– 901 Brandenburg und Mecklenburg-Vorpommern (Alleestraßen) – 902 Rheinland-Pfalz (Mosel/Saar) – 903 Niedersachsen (Nordsee) – 904 Südtirol (Pässetour, Teilnahme an Dolomiti Open) – 905 Toskana (Kultur, Tour und Mee(h)r) – 906 Schweiz (Pässetour)

Kunden der Fly Bike Werke	
Einzelhandel	Umsatzstarke Fachhandelsunternehmen mit eigenen Filialen und abgegrenzten Vertriebsgebieten in Deutschland
Großhandel national	Fahrradgroßhandelsunternehmen, die den Fahrradeinzelhandel in Deutschland beliefern
Großhandel Europa	Je ein Großhändler in Belgien, in den Niederlanden, in Österreich und der Schweiz, die dort landesweit den Fahrradeinzelhandel beliefern
Private-Label-Kunden	Eine Kaufhauskette und ein Cash-and-Carry-Konzern, die Fahrräder unter eigenem Markennamen (Private Label) vertreiben

Die Preise der Fahrräder werden von der Fly Bike Werke GmbH in Preislisten als unverbindliche Preisempfehlungen angegeben (zuzüglich Umsatzsteuer). Auf diese Preise erhalten die Wiederverkäufer (Kunden der Fly Bike Werke) Preisnachlässe in Form von **Rabatten**, **Boni** und **Skonto**. Auftragsfertigungen werden kundenindividuell kalkuliert.

Preisnachlässe	
Rabattstaffel	
Stückzahl	Rabatt
1–10	27,5 %
11–50	29,0 %
51–100	30,0 %
101–250	31,0 %
251–500	32,0 %
> 500	33,0 %
Boni (Jahresboni bezogen auf den Zielverkaufspreis der Gesamtmenge)	
Abnahme von mind. 1.000 Fahrrädern	1 %
Abnahme von mind. 5.000 Fahrrädern	2 %
Skonto	
2 % bei Zahlung innerhalb von 8 Tagen	

4 Leistungserstellung

Die Fly Bike Werke GmbH produziert die meisten Fahrradrahmen und Fahrradgabeln selbst.

Der voll gefederte Y-Rahmen des Modells Unlimited wird zurzeit fremdbezogen. Dies gilt auch für die Federgabeln der Modelle Constitution und Unlimited, die von einem amerikanischen Lieferanten bezogen werden. Alle übrigen Teile werden ebenfalls fremdbezogen. Mit den Lieferanten sind hinsichtlich der technischen Spezifikationen der Bauteile und Baugruppen feste Vereinbarungen getroffen worden. Ein Hersteller liefert immer eine komplette Baugruppe (Komponentengruppe), der eine von der Fly Bike Werke GmbH vergebene Set-Nr. (Komponentennummer) zugeordnet wird.

Ein Fahrrad besteht bei Vollausstattung aus bis zu über 1000 Einzelteilen. Der Fly Bike Werke GmbH ist es in Zusammenarbeit mit ihren Lieferanten gelungen, die notwendigen Teile in Baugruppen so zusammenzufassen, dass die Baugruppe (Komponente) komplett von einem Lieferanten zur Verfügung gestellt werden kann. Der Weltmarktführer für Fahrradteile, Tamino Inc., liefert z. B. für das Modell Dispo alle Teile für die Komponenten „Räder und Schaltung", „Antrieb" und „Bremsen". Das positive Image bestimmter Teilehersteller wird bei den Endverbrauchern auf das Fertigprodukt Fahrrad übertragen. Zu diesen Teileherstellern zählen z. B.

- Tamino Inc., Japan: (Ketten-)Schaltungen, Antriebe, Bremsen
- Dax AG, Deutschland: (Naben-) Schaltungen, Antriebe, Bremsen
- Sella SA, Italien: Sättel
- Shokk Ltd., USA: Federgabeln

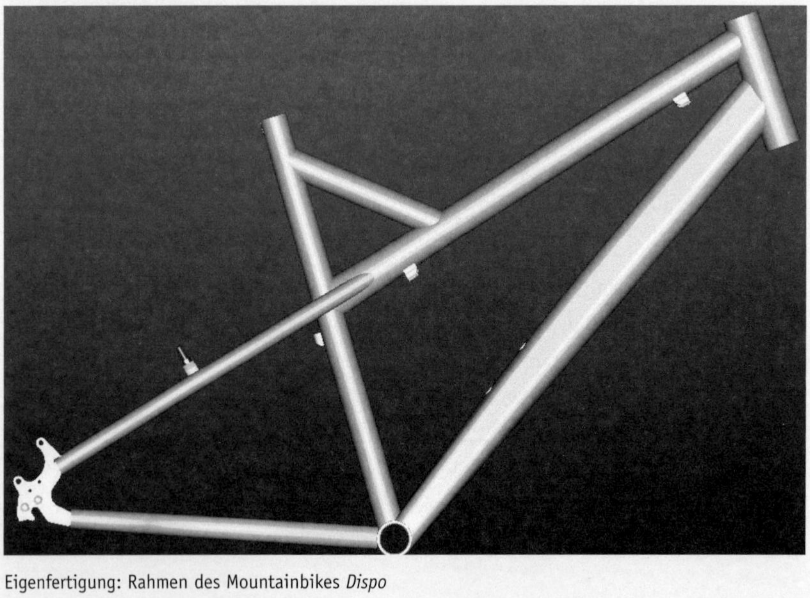

Eigenfertigung: Rahmen des Mountainbikes *Dispo*

5 Bilanz und GuV

Fly Bike Werke GmbH

Bilanz der Fly Bike Werke GmbH, Oldenburg, zum 31.12.20XX (in €)

Aktiva	Vorjahr	Berichtsjahr	Passiva	Vorjahr	Berichtsjahr
A. Anlagevermögen			**A. Eigenkapital**	700.000,00	850.000,00
1. Grundstücke und Bauten	635.200,00	612.850,00	**B. Verbindlichkeiten**		
2. Technische Anlagen und Maschinen	224.904,00	131.870,00	1. Langfristige Bankverbindlichkeiten	639.000,00	602.000,00
3. Betriebs- und Geschäftsausstattung	138.371,00	97.505,00	2. Verbindlichkeiten aus Lieferungen und Leistungen	697.600,00	926.225,00
B. Umlaufvermögen			3. Sonstige Verbindlichkeiten	13.000,00	24.000,00
1. Roh-, Hilfs- und Betriebsstoffe	224.800,00	288.000,00			
2. Unfertige Erzeugnisse	36.000,00	48.000,00			
3. Fertige Erzeugnisse	72.900,00	140.000,00			
4. Handelswaren	0,00	4.000,00			
5. Forderungen aus Lieferungen und Leistungen	541.520,00	720.000,00			
6. Kasse	3.105,00	2.400,00			
7. Bankguthaben	172.800,00	357.600,00			
	2.049.600,00	2.402.225,00		2.049.600,00	2.402.225,00

Gewinn- und Verlustrechnung

Gesamtkostenverfahren, Beträge in €	Vorjahr	Berichtsjahr
1. Umsatzerlöse	5.800.000,00	6.893.555,85
2. Bestandserhöhungen Erzeugnisse	18.000,00	105.500,00
3. Aktivierte Eigenleistungen	3.000,00	3.600,00
4. Sonstige betriebliche Erträge	–	4.000,00
5. Materialaufwand und Wareneinsatz	3.271.300,00	3.565.000,00
Rohergebnis	**2.549.700,00**	**3.441.655,85**
6. Personalaufwand	1.845.990,00	2.250.000,00
7. Abschreibungen	170.000,00	210.000,00
8. Sonstige betriebliche Aufwendungen	324.000,00	344.000,00
Betriebsergebnis	**209.710,00**	**637.655,85**
9. Erträge aus Beteiligungen	–	–
10. Erträge aus anderen WP/Finanzanlagen	–	–
11. Sonstige Zinsen	–	–
12. Abschreibungen auf WP des UV/Finanzanlagen	–	335.412,35[1)]
13. Zinsaufwendungen	60.480,00	47.628,00
9. bis 13. Finanzergebnis	**– 60.480,00**	**– 383.040,35**
14. Ergebnis der gewöhnlichen Geschäftstätigkeit	**149.230,00**	**254.615,50**
15. Außerordentliche Erträge	–	–
16. Außerordentliche Aufwendungen	–	20.000,00
17. Außerordentliches Ergebnis	–	– 20.000,00
Ergebnis vor Steuern	**149.230,00**	**234.615,50**
18. Steuern vom Einkommen und vom Ertrag	47.230,00	82.115,50
19. Sonstige Steuern	2.000,00	2.500,00
20. Jahresüberschuss/-fehlbetrag	**100.000,00**	**150.000,00**

WP = Wertpapiere, UV = Umlaufvermögen, 1) Vollständige Abschreibung einer Finanzanlage (Beteiligung), die erst im Berichtsjahr erworben wurde.

6 Organigramm

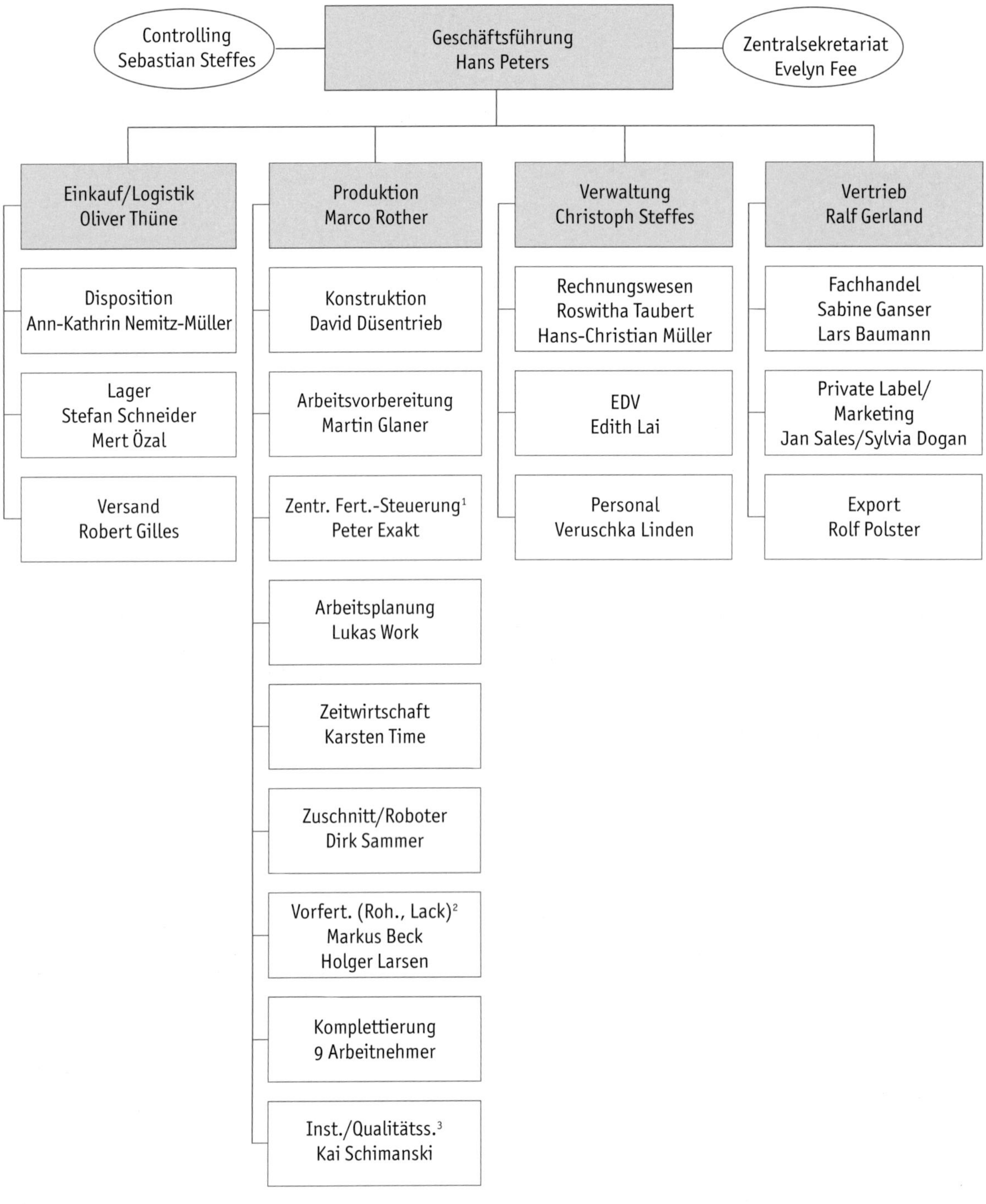

Sicherheitsbeauftragter: Peter Exakt
Umweltbeauftragter: Oliver Thüne
Qualitätsbeauftragter: Kai Schimanski
Datenschutzbeauftragter: Christoph Steffes
Betriebsratsmitglieder: Sabine Ganser, Thomas Preis, Saskia Engel
technischer Auszubildender: Ralf Schumacher
kfm. Auszubildende: Bettina Lotto

[1] Zentrale Fertigungssteuerung
[2] Vorfertigung (Rohmaterial, Lack)
[3] Instandhaltung/Qualitätssicherung

7 Auszug aus den Kundenstammdaten der Fly Bike Werke GmbH

Kundenstammdaten der Fly Bike Werke GmbH					
Kunden-Nr. Debitoren-Nr.	Firma Anschrift Telefon/Fax	Ansprechpartner Lieferanschrift Lieferart	Zahlungsbe- dingungen Zahlungsziel	Bankverbindung Zahlungsart	Ansprechpartner FBW
10001 24001	Radbauer GmbH Augsburger Str. 21 80335 München Tel. 089 224336(8) Fax 089 224337	Karl Rosenheim Nymphenburgerstr. 42 80335 München Tel. 089 224339 Bahnfracht	2 % Skonto inner- halb von 8 Tagen 30 Tage Ziel	Münchner Bank 701 900 00 43622490 Überweisung	Herr Baumann
10002 24002	Schöller&Co. OHG, Fahrradhandel Parlamentsplatz 2 60385 Frankfurt a. M. Tel. 069 49260 Fax 069 49262333	Hans Kleine Mörfelder Landstr. 180 60589 Frankfurt a. M. Tel. 069 49262334 Bahnfracht	2 % Skonto inner- halb von 8 Tagen 30 Tage Ziel	SEB 500 101 11 322400021 Überweisung	Herr Baumann
10003 24003	Fahrradhandel Uwe Klein e. K. Am Wasserturm 4 66113 Saarbrücken Tel. 0681 685081 Fax 0681 68508222	Hedwig Geldert Dudweiler Landstr. 157 66123 Saarbrücken Tel. 0681 68508223 Bahnfracht	2 % Skonto inner- halb von 8 Tagen 30 Tage Ziel	Volksbank Saarbrücken 591 901 00 120004569 Überweisung	Herr Baumann
10004 24004	Zweirad GmbH Herzogstr. 70 40251 Düsseldorf Tel. 0211 37501 Fax 0211 3750667	Arno Grünert Gladbacher Str. 50 41462 Neuss Tel. 02131 544222 Bahnfracht	2 % Skonto inner- halb von 8 Tagen 30 Tage	Deutsche Bank 300 700 10 2140022679 Überweisung	Frau Ganser
10005 24005	Fahrrad&Motorrad GmbH Alter Hellweg 46 44379 Dortmund Tel. 0231 61701 Fax 0231 6170333	Claudia Dunkel Alter Hellweg 46 44379 Dortmund Tel. 0231 617010 Bahnfracht	2 % Skonto inner- halb von 8 Tagen 30 Tage Ziel	Deutsche Bank 440 700 50 420006799 Überweisung	Frau Ganser
10006 24006	Bike GmbH Leipziger Chaussee 12 39118 Magdeburg Tel. 0391 6212415(6) Fax 0391 6212400	Ferdinand Gründel Am Hansehafen 5 39126 Magdeburg Tel. 0391 6212417 Bahnfracht	2 % Skonto inner- halb von 8 Tagen 30 Tage Ziel	Allbank 250 206 00 122003344 Überweisung	Herr Baumann
10007 24007	Zweiradhandelsgesellschaft GmbH Unter den Linden 42 10178 Berlin Tel. 030 202080 Fax 030 20208100	Andreas Wester Rosenthaler Str. 40 10178 Berlin Tel. 030 20208650 Bahnfracht	2 % Skonto inner- halb von 8 Tagen 30 Tage Ziel	Berliner Bank 100 209 00 10046991 Überweisung	Herr Baumann
10008 24008	Nordrad GmbH Alter Markt 28 18055 Rostock Tel. 0381 4904416 Fax 0381 4904411	Lise Adams Alter Hafen Nord 325 18069 Rostock Tel. 0381 4904414 Bahnfracht	2 % Skonto inner- halb von 8 Tagen 30 Tage Ziel	Deutsche Bank 130 700 00 12300666 Überweisung	Herr Baumann
10009 24009	Sachsenrad GmbH Bayreuther Str. 20 01277 Dresden Tel. 0351 4274750 Fax 0351 4274751	Rita Zeisig Bodenbacher Str. 81 01277 Dresden Tel. 0351 4274758 Bahnfracht	2 % Skonto inner- halb von 8 Tagen 30 Tage Ziel	Dresdner Bank 850 800 00 669200451 Überweisung	Herr Baumann
20010 24010	EGZ Einkaufsgenossenschaft Bonner Landstr. 512 50996 Köln Tel. 0221 934622 Fax 0221 934622300	Alexander Kleinheisel Bonner Landstr. 523 50996 Köln Tel. 0221 934622220 Spedition	3 % Skonto inner- halb von 10 Tagen 30 Tage Ziel	Commerzbank 370 400 44 240006692 Überweisung	Frau Ganser

Kundenstammdaten der Fly Bike Werke GmbH					
Kunden-Nr. Debitoren-Nr.	Firma Anschrift Telefon/Fax	Ansprechpartner Lieferanschrift Lieferart	Zahlungsbe- dingungen Zahlungsziel	Bankverbindung Zahlungsart	Ansprechpartner FBW
20011 24011	Radplus GmbH Gütersloher Str. 102 33415 Verl Tel. 05246 45950 Fax 05246 4595111	Karl Reichenbach Gütersloher Str. 122 33415 Verl Tel. 05246 4591200 Spedition	3 % Skonto inner- halb von 10 Tagen 30 Tage Ziel	Kreissparkasse Wiedenbrück 478 535 20 245398 Überweisung	Frau Ganser
20012 24012	Südrad e. G. Schleißheimer Str. 20 85221 Dachau Tel. 08131 78071 Fax 08131 7807211	Mark Huber Münchner Str. 70 85221 Dachau Tel. 08131 5155130 Spedition	3 % Skonto inner- halb von 10 Tagen 30 Tage Ziel	Raiffeisenbank Dachau 701 694 14 624099 Überweisung	Herr Baumann
20014 24014	Interrad e. G. Großbeerenstr. 30 12107 Berlin Tel. 030 747920 Fax 030 74792311	Ludwig Brand Westfalenring 75 12207 Berlin Tel. 030 3007886 Spedition	3 % Skonto inner- halb von 10 Tagen 30 Tage Ziel	Berliner Bank 100 209 00 122000567 Überweisung	Herr Baumann
30031 24031	Europarad N. V. Zandvoortstraat 16 2800 Mechelen Belgien Tel. +32 15 209481 Fax +32 15 209411	Armin van der Kracht Zandvoortstraat 16 2800 Mechelen Belgien Tel. +32 15 209481 Spedition	1,5 % Skonto in- nerhalb von 14 Tagen 60 Tage Ziel	O. B. K. Bank IBAN BE98122875693600 BIC BKCPBEB10BK Überweisung	Herr Polster
30032 24032	Jansen Import B. V. Groot Bollerweg 10 5928 NS Venlo-Blerick Niederlande Tel. +31 77 3822640 Fax +31 77 3824241	Michael van Erp Groot Bollerweg 10 5928 NS Venlo-Blerick Niederlande Tel. +31 77 3822640 Spedition	1,5 % Skonto in- nerhalb von 14 Tagen 60 Tage Ziel	ABN Amro Bank IBAN NL27ABNA0904428 BIC ABNANL2A Überweisung	Herr Polster
30033 24033	Austria Fahrradhandels- gesellschaft AG Rautenweg 182 1220 Wien Österreich Tel. +43 1 226597 Fax +43 1 2206705	Andrea Czech Rautenweg 182–184 1220 Wien Österreich Tel. +43 1 226598 Bahnfracht	1,5 % Skonto in- nerhalb von 14 Tagen 60 Tage Ziel	BAWAG P. S. K. IBAN AT5660000217172 BIC BAWAATWW Überweisung	Herr Polster
30034 24034	Velo AG Binzstr. 15 8045 Zürich Schweiz Tel. +41 1 4638596 Fax +41 1 4637070	Rosi Alpi Binzstr. 16 8045 Zürich Schweiz Tel. +41 1 4638599 Bahnfracht	1,5 % Skonto in- nerhalb von 14 Tagen 60 Tage Ziel	Zürcher Kantonalbank IBAN CH7100350110203 BIC ZKBKCHZZ80A Überweisung	Herr Polster
40021 24021	Hofkauf AG Emdener Str. 4 50735 Köln Tel. 0221 7122400 Fax 0221 712240399	Michael Thönnes Lagerzentrum Frankfurter Str. 40 51065 Köln Tel. 0221 712240333 Spedition	2 % Skonto inner- halb von 10 Tagen 45 Tage Ziel	Postbank Köln 370 100 50 240852-122 Überweisung	Herr Sales
40022 24022	Matro AG Altenessener Str. 611 45472 Essen, Ruhr Tel. 0201 343170 Fax 0201 34317222	Alfred Kunster Zwischenlager Mülheim Kruppstr. 60 45472 Mülheim a. d. Ruhr Tel. 0208 43430 Spedition	2 % Skonto inner- halb von 10 Tagen 45 Tage Ziel	Stadtsparkasse Essen 360 501 05 12000399 Überweisung	Herr Sales

8 Auszug aus den Lieferantenstammdaten der Fly Bike Werke GmbH

Lieferantenstammdaten der Fly Bike Werke GmbH

Liefer.-Nr. Kreditoren-Nr.	Firma Anschrift Telefon/Fax	Ansprechpartner Lieferanschrift Lieferart	Bankverbindung Zahlungsart	Lieferprogramm
60001 44001	Stahlwerke Tissen AG Karl-Kleppe-Str. 19 40474 Düsseldorf Tel. 0211 45899917 Fax 0211 45899942	Alfons Greiner Tor 1 Karl-Kleppe-Str. 20 40474 Düsseldorf Tel. 0221 458990224 Spedition	Westdeutsche Landesbank 300 500 00 240033712 Überweisung	Stahlrohre, Bleche
60002 44002	Mannes AG Herner Str.406 44807 Bochum Tel. 0234 904980 Fax 0234 90498711	Kemal Özman Herner Str. 405 44807 Bochum Tel. 0234 92468333 Spedition	Westfalenbank 430 200 00 79914368 Überweisung	Stahlrohre
60003 44003	AWB Aluminiumwerke AG St. Augustiner Str. 30 53225 Bonn Tel. 0228 464770 Fax 0228 46477711	Hubert Köllen Trier Str. 16 53115 Bonn Tel. 0228 617934 Spedition	SEB 380 101 11 77998246 Überweisung	Aluminiumrohre
60004 44004	Shokk Ltd. 401 Charcot Ave. San Jose, CA 95131, USA Tel. +1 4 084357466 Fax +1 4 0843457477	Dayle Temp Keine Rücksendungen Schiffsfracht	Bank of America N. A. 101 Park Center Plaza San Jose, CA 95130, USA 77892346 Überweisung	Spezialfedergabeln
60005 44005	Hans Köller Spezialrahmenbau e. K. Lorenzstr. 10 18146 Rostock Tel. 03 81 69040 Fax 03 81 6904777	Christa Reiz Lorenzstr. 10 18148 Rostock Tel. 0381 6904341 Bahnfracht	Deutsche Bank 130 700 00 12300241 Überweisung	Spezialfahrradrahmen und Spezialfedergabeln
62007 44007	Farbenfabriken Beyer AG Am Beyerwerk 144 51333 Leverkusen Tel. 0214 301 Fax 02 14 30 211	Andreas Gräulich Am Beyerwerk 144 51333 Leverkusen Tel. 0214 30799 Spedition	Sparkasse Leverkusen 375 514 40 607003712 Überweisung	Lacke, Grundierungen
62008 44008	Color GmbH Hafenstr. 125 67061 Ludwigshafen am Rhein Tel. 0621 582664 Fax 0621 582666	Dörte Reineke Hafenstr. 190 67061 Ludwigshafen am Rhein Spedition	Commerzbank 545 400 33 99763298 Überweisung	Lacke, Grundierungen
71009 44009	Tamino Deutschland GmbH Immermannstr. 24 40210 Düsseldorf Tel. 0211 162166 Fax 0211 162199	Sebastian Freundlich Immermannstr. 24 40210 Düsseldorf Tel. 0211 162150 Spedition	The Mitsubishi Bank Ltd. 301 200 00 42299633 Überweisung	Schaltungen, Laufräder, Bremssysteme, Antriebssysteme (vollständige Systemkomponenten)
71010 44010	Tamino INC 3–77 Oimatsuchu, Sakei 590–77 Osaka, Japan Tel. +81 6 722233280 Fax +81 6 722233282	Haruto Wasabi Tamino Deutschland GmbH Immermannstr. 24 40210 Düsseldorf Tel. 0211 162150 Schiffsfracht	Dai-Ichi Kangyo-Bank Ltd. 2–10 Izuminachi CHUO-CH 540 Osaka 5009087373 Überweisung	Schaltungen, Laufräder, Bremssysteme, Antriebssysteme (vollständige Systemkomponenten)
71011 44011	Dax AG Rudolf-Diesel-Str. 25 40424 Düsseldorf Tel. 0211 80170 Fax 0211 8017999	Karsten Sachse Rudolf-Diesel-Str. 70 40424 Düsseldorf Tel. 0211 8017326 Spedition	SEB 793 101 11 4002193 Überweisung	Schaltungen, Laufräder, Bremssysteme, Antriebssysteme (vollständige Systemkomponenten)
72012 44012	Schwalle KG Märkische Str. 36 44135 Dortmund Tel. 0231 52810 Fax 0231 5281155	Olaf Rille Märkische Str. 38 44135 Dortmund Tel. 0231 5281936 Spedition	Dortmunder Volksbank 441 600 14 204400123 Überweisung	Reifen (Decken), Schläuche mit Ventilen, Felgenbänder
72013 44013	Continent AG Vahrenwalder Str. 99 30165 Hannover Tel. 0511 927411 Fax 0511 927411	Franz Rieger Vahrenwalder Str. 102 30165 Hannover Spedition	Deutsche Bank 250 700 70 124446711 Überweisung	Reifen (Decken), Schläuche mit Ventilen, Felgenbänder

Lieferantenstammdaten der Fly Bike Werke GmbH

Liefer.-Nr. Kreditoren-Nr.	Firma Anschrift Telefon/Fax	Ansprechpartner Lieferanschrift Lieferart	Bankverbindung Zahlungsart	Lieferprogramm
73014 44014	Ruhrwerke GmbH Lohrheidestr. 72 44866 Bochum Tel. 02327 3521 Fax 02327 352998	Susanne Rieser Lohrheidestr. 72 44866 Bochum Tel. 02327 352974 Spedition	Westfalenbank 430 200 00 79200341 Überweisung	Lenker, Vorbauten, Metallausstattungen (Ständer, Gepäckträger usw.)
73015 44015	Frikawerke GmbH&Co. KG Gertenstr. 19 58739 Wickede/Ruhr Tel. 02377 5770 Fax 02377 577319	Uwe Stoll Gertenstr. 19 58739 Wickede/Ruhr Tel. 02377 577124 Spedition	Sparkasse Werl 414 517 50 39722611 Überweisung	Lenker, Vorbauten, Metallausstattungen (Ständer, Gepäckträger usw.)
74016 44016	Sella SA Via San Pietro 22–24 10121 Torino Italien Tel. +39 11 4679121 Fax +39 11 4679127	Adriano Maletti Lieferanschrift Via San Pietro 22–24 10121 Torino Italien Tel. +39 11 4679224 Bahnfracht	Unicredit Banca di Roma IBAN IT69L0603005124 BIC BROMITR1708 Überweisung	Sättel, Sattelstützen, Satteltaschen
75020 44020	Union Elektro AG Landsberger Str. 66 12623 Berlin Tel. 030 5628333 Fax 030 5628321	Torsten Kraprich Landsberger Str. 67 12623 Berlin Tel. 030 5628362 Spedition	Berliner Industriebank 100 107 00 160923309 Überweisung	Beleuchtungssysteme
76022 44022	Kunststoffwerke AG Hans-Böckler-Str. 49–52 28217 Bremen Tel. 0421 399550 Fax 0421 39955613	Kurt Danielesen Hans-Böckler-Str. 49–52 28217 Bremen Tel. 0421 39955666 Spedition	Dresdner Bank 290 800 10 714900211 Überweisung	Kunststoffausstattungen (Schutzbleche, Kettenschutz, Griffe usw.) und Kunststoffverpackungen
77024 44024	Druckerei & Design Wolfgang Krause Cloppenburger Str. 450 26133 Oldenburg Tel. 0441 47011 Fax 0441 47111	Daniel Krause Cloppenburger Str. 450 26133 Oldenburg Tel. 0441 47011 Spedition	Landessparkasse Oldenburg 280 501 00 100023309 Überweisung	Abzüge, Drucksachen aller Art
78026 44026	Marwik GmbH Den Haager Str. 1a 28259 Bremen Tel. 0421 576631 Fax 0421 57663222	Volker Kleinreich Volker Haager Str. 1b 28259 Bremen Tel. 0421 57663289 Spedition	Dresdner Bank 290 800 10 714911311 Überweisung	Hochwertige Antriebs- und Bremssysteme
80027 44027	Metallwarenfabrik Köller GmbH Altendorfer Str. 411 45143 Essen (Ruhr) Tel. 0201 627761 Fax 0201 6277666	Alfons Wiesel Altendorfer Str. 67 45143 Essen (Ruhr) Tel. 0201 6277512 Spedition	Sparkasse Essen 360 501 05 360923555 Überweisung	Kleinteile aus Metall (Schrauben, Unterlegscheiben, Muttern, Anlötteile, Ausfallenden usw.)
80030 44030	apv Augsburger Papierveredelungsgesellschaft mbH Gumpelzhaimerstr. 3–5 86154 Augsburg Tel. 0821 546660 Fax 0821 5466610	Agnes Obermann Gumpelzhaimerstr. 3–5 86154 Augsburg Tel. 0821 5466622 Bahnfracht	Bayerische Vereinsbank 720 200 70 13195687 Überweisung	Verpackungen aus Papier und Karton
90032 44032	Cycle-Tools-Import GmbH Am Sandtorkai 30 20457 Hamburg Tel. 040 378231 Fax 040 37823200	Martin Weeseler Am Sandtorkai 30–32 20457 Hamburg Tel. 040 37823372 Spedition	Bankhaus Fischer & Co. 201 106 00 420003995 Überweisung	Fremdbauteile und Handelswaren aller Art für die Fahrradindustrie (Weltmarktproduktionen)
90034 44034	Fahrradteile International GmbH Borgwardstr. 16 28309 Bremen Tel. 0421 83091 Fax 0421 8309344	Kevin Itze Borgwardstr. 17 28309 Bremen Tel. 0421 8309567 Spedition	Dresdner Bank 290 800 10 700982228 Überweisung	Fremdbauteile und Handelswaren aller Art für die Fahrradindustrie (Weltmarktproduktionen)
90039 44039	Jitensha Inc. 4-4-10 Minami-Azabu Minato-ku 106-0047 Tokyo	Akiko Hanage (Japan) Frau Nakamura (in Deutschland) 44135 Dortmund Tel. 0231 5281338 Spedition	Bank of Tokyo-Mitsubishi UFJ, Ltd BOTKJPJTFGN 123456789 Überweisung	Schaltungen, Laufräder, Bremssysteme, Antriebssysteme (vollständige Systemkomponenten)

SB BWR ▸ Seite 12 ff. | Handlungsfeld 1, Kap. 1 bis 3

LS BWR ▸ Seite 15 ff. | Lernsituation 1

Das Modellunternehmen vorstellen

Situation

Vor wenigen Tagen haben Sie Ihr Praktikum bei der Fly Bike Werke GmbH begonnen. Frau Linden, Ansprechpartnerin für Auszubildende und Praktikanten, hat Ihnen zu Beginn Ihrer Tätigkeit einen Erkundungsauftrag erteilt. Dazu hat sie Ihnen eine Informationsmappe der Fly Bike Werke GmbH (vgl. S. 5 bis 14) zusammengestellt.

Hausmitteilung

Fly Bike Werke GmbH

Absender	Empfänger	mit der Bitte um
☐ Geschäftsführung	☐ Geschäftsführung	☐ Kenntnisnahme
☐ Zentralsekretariat	☐ Zentralsekretariat	☒ Erledigung
☐ Controlling	☐ Controlling	☐ Stellungnahme
☐ Einkauf/Logistik	☐ Einkauf/Logistik	
☐ Produktion	☐ Produktion	
☒ Verwaltung	☐ Verwaltung	
☐ Vertrieb	☐ Vertrieb	
☒ Frau/~~Herr~~ Linden	☒ ~~Frau/Herr~~ An alle Praktikanten	

Um unser Unternehmen besser kennenzulernen und Erfahrungen mit anderen Auszubildenden und Praktikanten zu teilen, bitten wir Sie, eine PowerPoint-Präsentation zu erstellen und diese auf unserer nächsten Teambesprechung zu präsentieren. Die fertige PowerPoint-Präsentation soll anschließend in unserem Intranet veröffentlicht und allen Mitarbeitern zur Verfügung gestellt werden.

Folgende Fragen sollten mithilfe der Präsentation beantwortet werden:

- Wie und wann ist die Fly Bike Werke GmbH gegründet worden? Wer ist Gesellschafter und wer ist Geschäftsführer? Welche Rechtsform hat das Unternehmen und wie heißt die Firma genau?
- Welche Ziele verfolgt die Fly Bike Werke GmbH?
- Welche Produkte stellt die Fly Bike Werke GmbH her?
- Mit welchen Artikeln handelt die Fly Bike Werke GmbH?
- Welche Dienstleistungen werden angeboten?
- Welche Kunden hat das Unternehmen?
- Welche Lieferanten beliefern die Fly Bike Werke GmbH?
- Wie viel Kapital hat die Fly Bike Werke GmbH?
- Wie viele Mitarbeiter arbeiten in welchen Abteilungen? Wie ist die Organisationsstruktur?

Im Intranet finden Sie außerdem einen Zeitungsartikel zum Umgang mit PowerPoint sowie interne Schulungsmaterialien zur Erstellung von gelungenen PowerPoint-Präsentationen (Arbeitsblätter 1.2 bis 1.4 und Informationsblätter 1.1 bis 1.4) und zum Thema Feedback (Informationsblatt 1.5)

Mit freundlichen Grüßen
Linden (Personalabteilung)

Studie beweist:

PowerPoint kann peinlich sein

Die meisten Vorträge verärgern das Publikum – auch durch schlechte Folien

VON RALF R. GERLACH

Washington/Berlin. Gibt es ein größeres Folterinstrument als PowerPoint-Folien? Glaubt man einer neuen amerikanischen Studie, dann nicht. Die Präsentationssoftware aus dem Hause Microsoft hält einige Gemeinheiten für Zuhörer bereit.

Welche Botschaft soll der Vortrag versenden? An welche Zielgruppe? Welche Inhalte werden transportiert? Diese Frage stellen sich offenbar zu wenige, bevor sie auf das Publikum losgelassen werden. Eine Studie fand heraus: PowerPoint-Präsentationen mangelt es an Struktur, der „rote Faden" fehlt. „Es werden Folien erstellt, aber niemand weiß, wo der Vortragende gerade steht und was er sagen will. So wirr wie die Folien ist häufig der Vortrag. Die Zuhörer schalten ab", so Michael Fort, Leiter der Studie.

Der Forscher empfiehlt: ***Weniger ist manchmal mehr.***

Demnach stören sich 45 Prozent der befragten Zuhörer an zu langen Sätzen, 33 Prozent an zu kleiner Schrift, 17 Prozent an völlig überfrachteten Diagrammen und gar 58 Prozent an fatalen Griffen in die Trickkiste von PowerPoint. „Nichtssagende Animationen, fliegende Texte und Grafiken. Das ist kindisch. Eine Grafik darf höchstens fliegen und flimmern, wenn ich damit eine klare Botschaft versende. Ansonsten ist das eher peinlich", so Studienleiter Fort.

„Viele Folien sind mit Bildern und bunten Animationen voll. Nur eines, dafür aber ein gutes Bild, ist manchmal mehr. Dass bei Bildern die Quelle anzugeben ist, versteht sich von selbst", betont Fort. Außerdem kritisieren die Befragten, dass zu viele unterschiedliche Farben verwendet werden und Texte daher häufig nicht lesbar sind. Die Kombination aus blauer und roter Farbe ist besonders schlimm.

„Was außerdem absolut unprofessionell ist, sind seitenweise Fließtexte auf Folien. Der Zuhörer liest die Texte und hört nicht mehr zu. Daher sollten auf Folien nur Schlagworte und auf keinen Fall ganze Texte stehen. Als Regel kann man sich merken: Maximal sieben Gliederungspunkte und maximal neun Zeilen pro Folie", erklärt Fort. „Auch die Schriftgröße spielt eine Rolle. Überschriften sollten mindestens 24 pt und Inhaltstexte mindestens 20 pt groß sein, damit diese vom Zuschauer gut gelesen werden können", so Experte Fort. Zudem sei ein einheitliches Foliendesign Pflicht. „Gerade Unternehmen sollten ein eigenes Layout als Vorlage für Folien haben. Dazu gehört auch, dass das Logo des Unternehmens in der Präsentation verwendet wird und die gewählten Farben zum Logo passen. Alles andere wirkt unprofessionell", rät der Forscher. PowerPoint selbst sei nur ein Hilfsmittel. Es kommt auf den Inhalt an. Der muss logisch und verständlich sein. „Daher macht sich der gute Vortragende vorher einen Plan und bastelt erst dann Folien", empfiehlt Fort.

Quelle: Autorentext

Handlungsaufträge

1 Welche Problemstellung ergibt sich aus der Situation? Nutzen Sie zur Herleitung das Arbeitsblatt 1.1.

2 Formulieren Sie Regeln für die Erstellung einer Präsentation (Arbeitsblatt 1.2).

3 Erstellen Sie Ihre Unternehmenspräsentation der Fly Bike Werke GmbH (Arbeitsblätter 1.3 und 1.4 sowie Informationsblatt 1.1 bis 1.3). Testen Sie dazu unterschiedliche Entwurfsvorlagen und halten Sie fest, welche Sie ansprechend und seriös finden und welche zu verschnörkelt. Nutzen Sie dann die Entwurfsvorlage der Fly Bike Werke GmbH *Vorlage-Fly-Bike-Werke.potx* und fügen Sie in Ihrer Präsentation mindestens eine Tabelle und ein Bild ein.

4 Bereiten Sie Ihren Vortrag für die Teambesprechung vor (Informationsblatt 1.4). Notieren Sie sich dazu zunächst fünf Regeln, auf die Sie bei der Vorbereitung Ihres Vortrages achten wollen.

5 Geben Sie dem Vortragenden nach der Präsentation ein Feedback. Nutzen Sie dazu den Feedbackbogen (Arbeitsblatt 1.5).

Arbeitsblatt 1.1 | Selbstständige Herleitung der Problemstellung

Welche Problemstellung ergibt sich aus der Situation?		
Welche Arbeitsschritte sind zur Lösung der Problemstellung notwendig?	Wie können Sie die einzelnen Arbeitsschritte beschreiben?	Wo finden Sie dazu Material bzw. Informationen?

Arbeitsblatt 1.2 | Kriterien zur Präsentationsgestaltung

Welche Fehler können bei der Erstellung einer PowerPoint-Präsentation gemacht werden?	**Formulieren Sie entsprechende Regeln, um die Fehler zu vermeiden.**
keine Struktur auf den Folien	• auf „roten Faden“ achten • Folien klar gliedern und mit Überschriften versehen
zu lange Sätze, Fließtexte	
zu kleine Schrift	

Arbeitsblatt 1.3 | Die Benutzeroberfläche von PowerPoint 2010

Um professionelle Präsentationen zu erstellen, wird ein Präsentationsprogramm verwendet. Bei der Fly Bike Werke GmbH wird PowerPoint eingesetzt. Dieses Programm finden Sie auf dem Computer unter **Start** → **Alle Programme** → **Microsoft Office**. Starten Sie das Programm mit einem Klick. Das Programm öffnet sich mit der Ansicht einer ersten Folie.

Beschriften Sie die Abbildung mit folgenden Fachbegriffen:
Folie, Notizenfeld, Register Datei, Register (Registerkarte), Gruppe Schriftart, Multifunktionsleiste, Dialogfeld zur Gruppe Absatz (Listenpfeil), Titelleiste, Symbolleiste für den Schnellzugriff, Befehl, Gliederungsbereich, Platzhalter

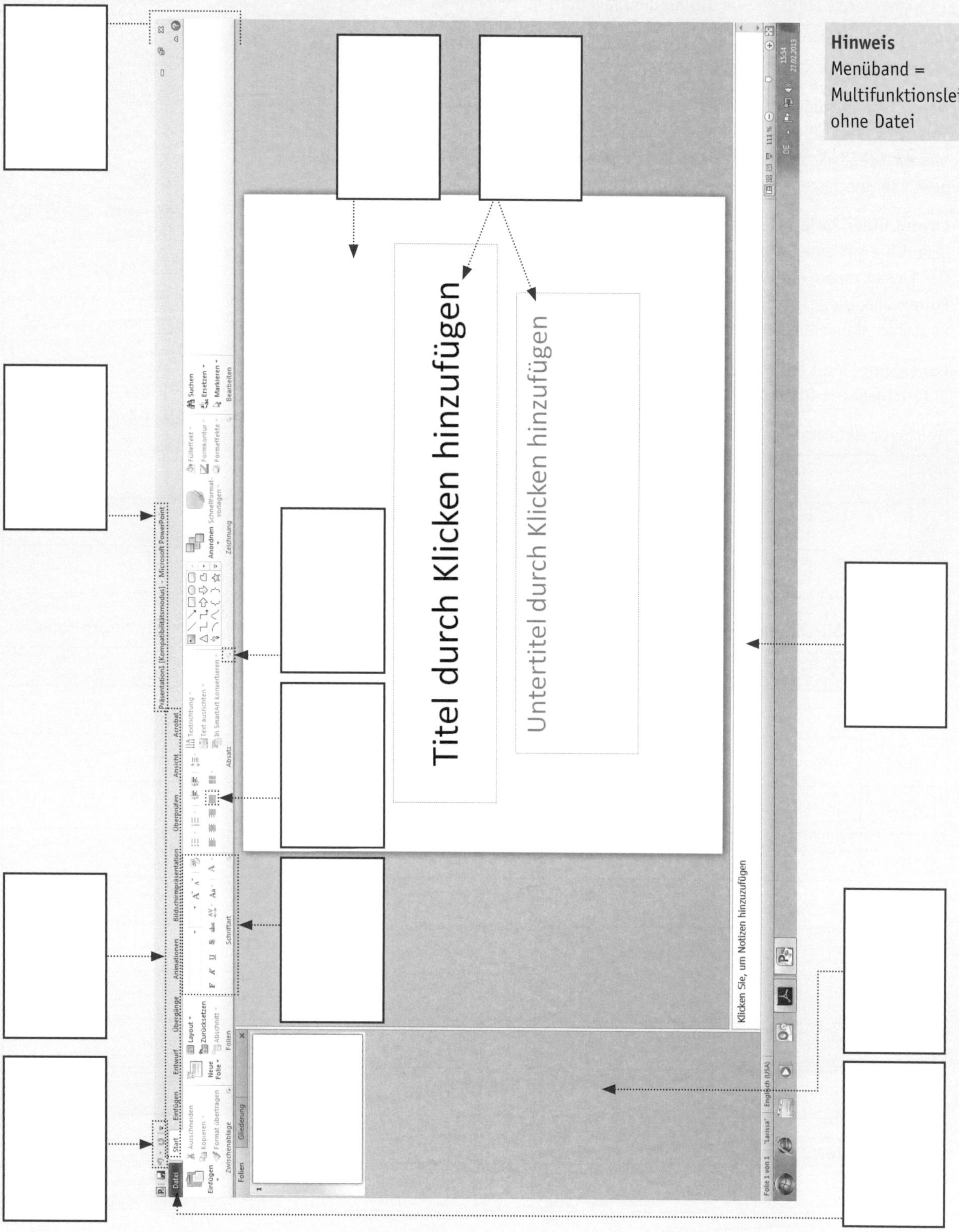

Hinweis
Menüband = Multifunktionsleiste ohne Datei

Arbeitsblatt 1.4 | Erste Schritte in PowerPoint

Eine Präsentation besteht aus mehreren Folien (Seiten) mit unterschiedlichen Inhalten. Um eine Präsentation gut zu strukturieren, empfiehlt sich folgende Folienabfolge:

Schematische Folienabfolge	
1. Folie	Titelfolie mit dem Thema des Vortrags
2. Folie	Inhaltsverzeichnis/Gliederung des Vortrags
3. bis vorletzte Folie	Inhalt der Präsentation
letzte Folie	Zusammenfassung der wesentlichen Inhalte

Neue Folie einfügen

Eine neue Folie können Sie über die Registerkarte Start und die Schaltfläche **Neue Folie** in der Gruppe **Folien** oder über die Tastenkombination **Strg + M** einfügen.

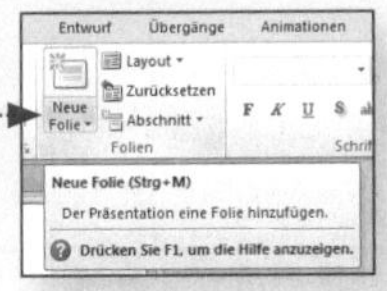

Layout einer Folie festlegen

Jede Folie hat einen anderen Inhalt und damit ein anderes Layout. Das Layout einer Folie wird über die Registerkarte **Start** in der Gruppe **Folien** über die Schaltfläche **Layout** festgelegt. Es stehen standardmäßig verschiedene Layouts zur Verfügung.

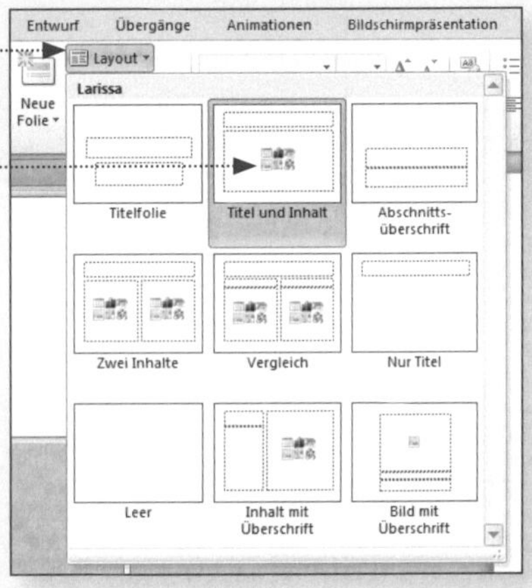

PowerPoint bietet auf einigen Folien bereits die Möglichkeit, unterschiedliche **Objekte** direkt zu platzieren.

Welche Objektplatzhalter werden Ihnen angeboten?

a)		d)	
b)		e)	
c)		f)	

Strukturieren Sie Ihre Folien für Ihre Präsentation. Notieren Sie sich in Stichpunkten die Inhalte der jeweiligen Folie.

Folie	Inhalt
Folie 1	
Folie 2	
Folie 3	
Folie 4	
Folie 5	
Folie 6	
Folie 7	
Folie 8	
Folie 9	
Folie 10	
Folie 11	

Informationsblatt 1.1 | Eine Entwurfsvorlage verwenden

Um Präsentationen einheitlich zu gestalten, werden **Entwurfsvorlagen** genutzt. Diese finden Sie im Register **Entwurf**.

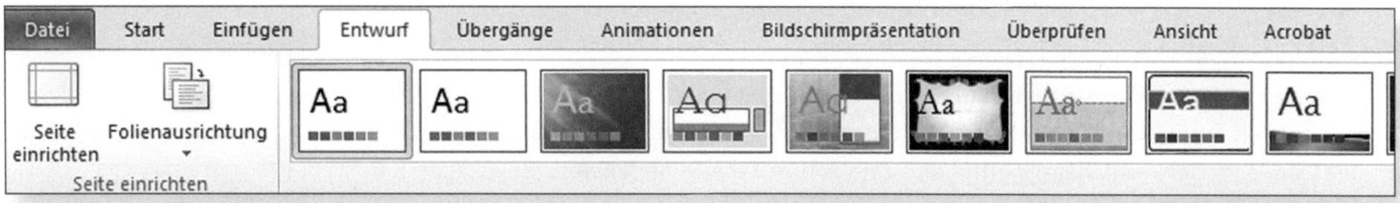

Für das erfolgreiche Bestehen eines Unternehmens am Markt ist es wichtig, dass das gesamte Erscheinungsbild eines Unternehmens zusammenpasst. Durch einheitliche Gestaltung von Logo, Geschäftspapier, Präsentationen und Werbemitteln soll bei jedem Kontakt mit einem potenziellen Kunden oder Geschäftspartner eine höchstmögliche Wiedererkennung erreicht werden.

Frau Lai aus der Abteilung EDV hat für die Fly Bike Werke GmbH eine Präsentationsvorlage für PowerPoint erstellt. Sie hat darauf geachtet, dass sowohl die Farben als auch die Schriftarten zum Design der Fly Bike Werke GmbH passen. Eine Entwurfsvorlage befindet sich im Intranet und soll von allen Mitarbeitern für Präsentationen der Fly Bike Werke GmbH genutzt werden.

Logo, Briefpapier, Visitenkarte und Werbung der Fly Bike Werke GmbH

Um die **Entwurfsvorlage** der Fly Bike Werke GmbH verwenden zu können, müssen Sie diese in PowerPoint importieren. Dazu klicken Sie im Register **Entwurf** auf das **Dialogfeld zur Gruppe Designs.**

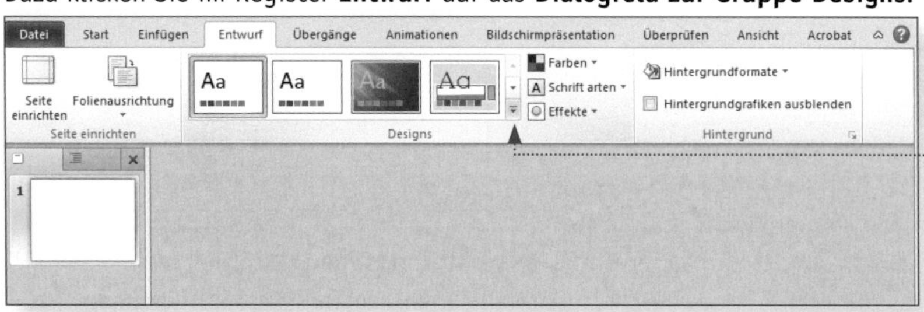

Anschließend wählen Sie das gewünschte Design aus, indem Sie **nach Designs suchen** anwählen. Suchen Sie nach *Vorlage-Fly-Bike-Werke.potx* und speichern Sie diese ab.

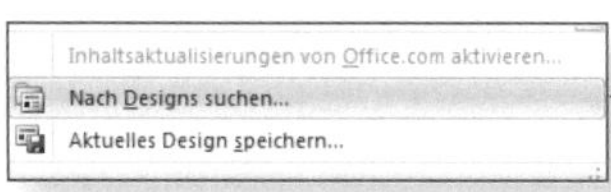

Klicken Sie hierzu auf **Datei** in der Multifunktionsleiste und wählen Sie **Speichern unter** aus. Im Dialogfenster **Speichern unter** sind zwei Einstellungen vorzunehmen. Vergeben Sie im Feld **Dateiname** einen neuen Namen oder akzeptieren Sie den vorgeschlagenen Namen. In der Liste **Dateityp** können Sie ein Dateiformat auswählen. Klicken Sie abschließend auf **Speichern.** Sichern Sie Ihre Präsentation während Ihrer Arbeit regelmäßig, damit nichts verloren geht, indem Sie auf das **Diskettensymbol** der Symbolleiste für den Schnellzugriff klicken.

Informationsblatt 1.2 | Objekte einfügen

Um Präsentationen ansprechend zu gestalten, können Sie Objekte, wie z. B. Tabellen, Diagramme und Grafiken, über die **Objektplatzhalter** der Folie einfügen.

Tabellen einfügen

Um die Tabelle **Produktionsprogramm** der Fly Bike Werke GmbH in die Präsentation einzufügen, wählen Sie im Objektplatzhalter das Symbol. Es öffent sich ein **Dialogfenster**, in dem Sie festlegen, wie viele Spalten und Zeilen Ihre Tabelle haben soll. Bestätigen Sie Ihre Eingabe mit **OK**.

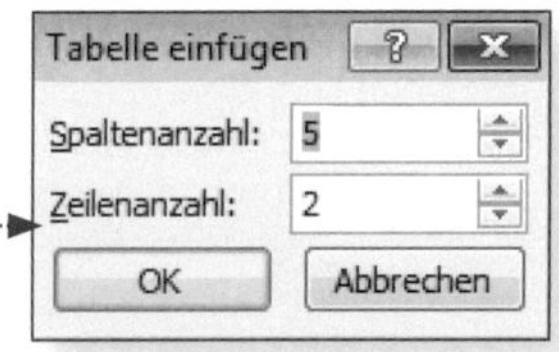

Automatisch öffnet sich nun ein neues sogenanntes Menüband. Das **Menüband Tabellentools** wird ausschließlich dann angezeigt, wenn ein entsprechendes Objekt ausgewählt wird. Zu diesem Menüband gehören zwei Register (Entwurf und Layout). Die Gestaltung einer Tabelle lässt sich über das Register **Entwurf** verändern.

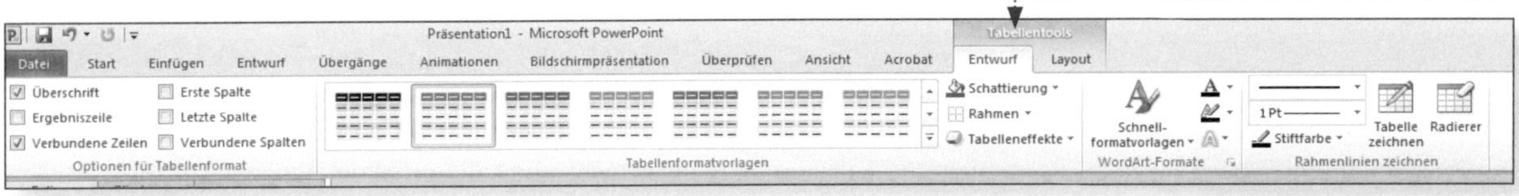

Wenn Sie bereits eine Tabelle erstellt haben, können Sie die Zeilenhöhe und die Spaltenbreite verändern. Um z. B. eine Spalte zu verbreitern, platzieren Sie den Mauszeiger auf der **Begrenzungslinie** und ziehen mit der gedrückten linken Maustaste die Begrenzungslinie nach rechts.

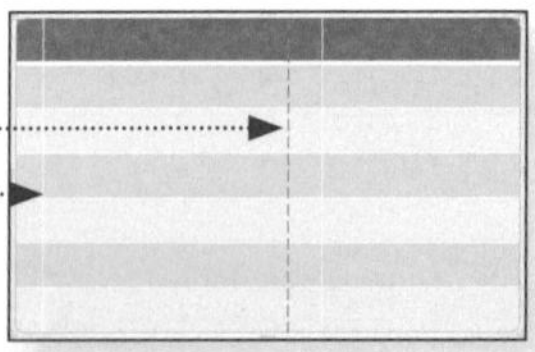

Diagramme einfügen

Um z. B. Zahlen aus Tabellen bildlich darzustellen, können über den Objektplatzhalter Diagramme erstellt werden. In einem Dialogfenster können Sie verschiedene Diagrammtypen auswählen.

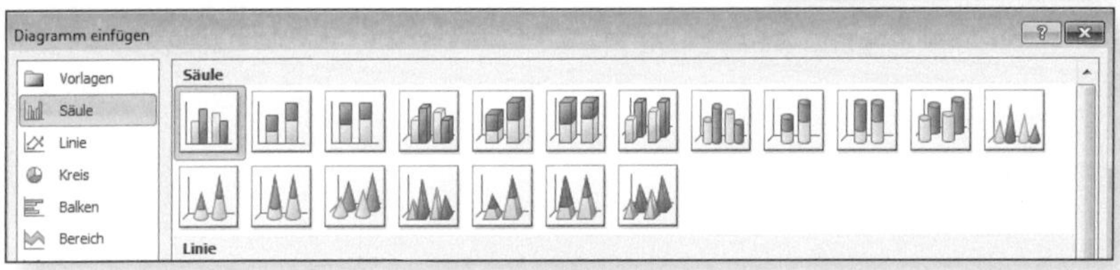

SmartArt-Grafik einfügen

Wenn Sie eine Grafik erstellen möchten, dann wählen Sie den Objektplatzhalter SmartArt-Grafik. Es öffnet sich ebenfalls ein **Dialogfenster** und Ihnen steht eine große Auswahl an unterschiedlichen Vorlagen zur Verfügung.

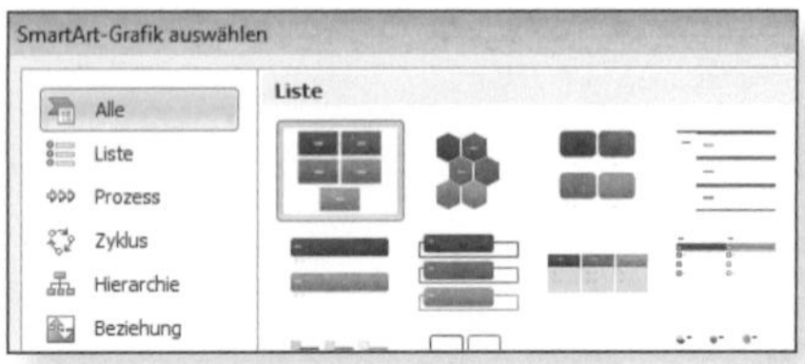

Grafik aus Datei einfügen

Alternativ zur Erstellung von SmartArt-Grafiken können Sie auch Grafiken aus Ihren Dateien einfügen. Dazu wählen Sie den Objektplatzhalter **Grafik aus Datei einfügen**. Es öffnet sich auch hier ein Dialogfenster und Sie wählen den Speicherort und den gewünschten Dateinamen aus und klicken auf **Einfügen**.

ClipArt einfügen

Sie können auch Grafiken und Bilder aus der ClipArt-Galerie einfügen. Dazu nutzen Sie den Objektplatzhalter **ClipArt** und wählen durch Eingabe eines Suchbegriffes im Eingabebereich **Suchen nach** die gewünschte Grafik aus.

Mediaclip einfügen

Wenn Sie Videos aus Ihren eigenen Dateien einfügen wollen, wählen Sie den Objektplatzhalter Mediaclip. Über das Dialogfenster können Sie Ihre Datei auswählen.

Größe und Lage von Objekten verändern

Auf den Rahmen von Grafiken befinden sich verschiedene Anfassungspunkte. Mit diesem Symbol verschieben Sie Objekte [1], mit diesem können Sie die Größe verändern [2] und mit diesem die Grafik drehen [3]. Mithilfe der **Entf-Taste** lassen sich alle Objekte wieder entfernen.

Informationsblatt 1.3 | Starten einer PowerPoint-Präsentation und hilfreiche Tastenkürzel

Auf den Folien Ihrer Präsentation stehen Stichwörter oder kurze Sätze. Um Ihre Arbeitsergebnisse zu präsentieren, zeigen Sie Ihre Folien und halten dazu einen kleinen Vortrag. Dazu müssen Sie eine Bildschirmpräsentation starten. Klicken Sie im Register **Bildschirmpräsentation** in der Gruppe **Bildschirmpräsentation starten** auf **Von Beginn an.**

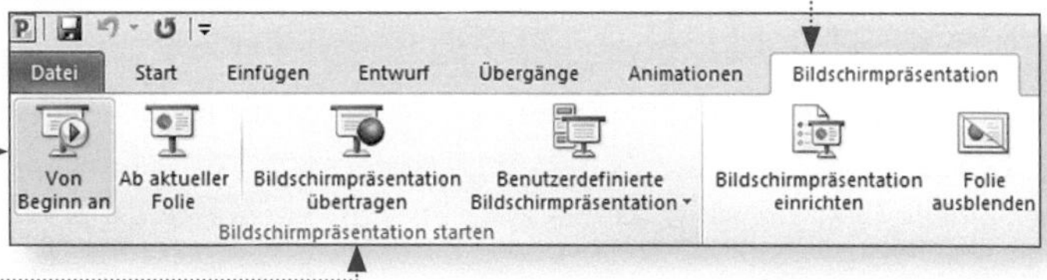

Ihre erste Folie erscheint auf dem Bildschirm. Unten links auf der Folie werden vier graue Schaltflächen angezeigt. Sie können die Schaltflächen aktivieren, wenn Sie mit dem Mauszeiger darüberfahren und diese mit der linken Maustaste anklicken.

Mit den **Pfeilen** ⇦ ⇨ können Sie in Ihren Folien vor- und zurückblättern. Während der Präsentation können Sie mit dem **Stift** ✎ auf der dargestellten Folie schreiben bzw. malen. Wenn Sie Folien überspringen oder die Präsentation vorzeitig beenden wollen, klicken Sie auf die **Schaltfläche** ▤. Beenden können Sie Ihre Präsentation auch mit **Esc**.

Tastenkürzel

Funktion	Tastenkombination
Neue Präsentation	Strg + N
Neue Folie einfügen	Strg + M
Start der Präsentation	F5
Präsentation mit der aktuellen Folie starten	Strg + F5
Drucken	Strg + P
Öffnet das Dialogfenster „Speichern unter“	Strg + S, F12
Während des Präsentationsmodus	
Nächste Folie	␣, ↵, →, ↓, N
Vorherige Folie	←, ↑, P
Mauszeiger	Strg + A
Stift für Notizen	Strg + P

Informationsblatt 1.4 | Erfolgreich präsentieren und Feedback geben

Erstellen von Notizen zur Vorbereitung des Vortrags

Um während des Vortrages möglichst frei zu sprechen, bereiten Sie Ihren Vortrag gut mit Stichpunkten vor. Diese Stichpunkte können Sie auf kleine Karteikarten notieren oder aber auch als Notizen in PowerPoint erstellen. Dazu nutzen Sie dort den **Notizbereich**.

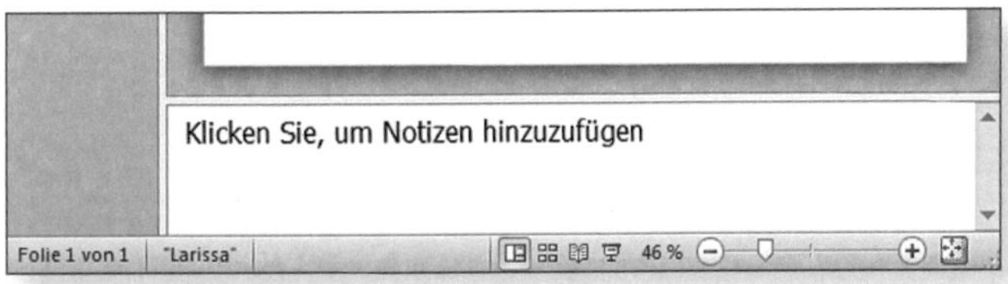

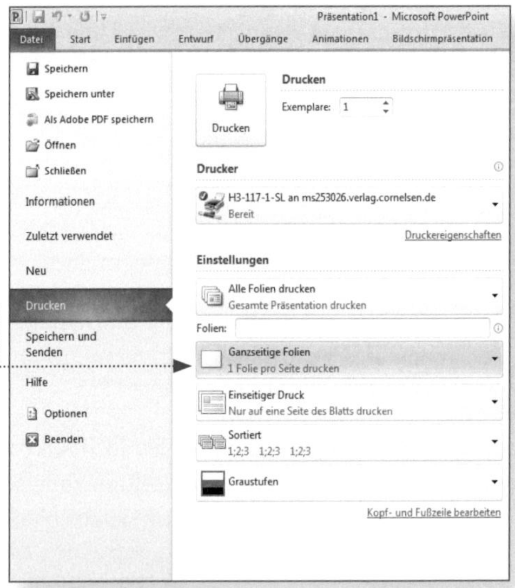

Um die erstellte Präsentation zusammen mit den Notizen auszudrucken, öffnen Sie in der Multifunktionsleiste **Datei**. Wählen Sie im Dialogfenster **Drucken** und unter Einstellungen **Ganzseitige Folien** aus. Es öffnet sich ein weiteres Dialogfenster, in dem Sie unter **Drucklayout Notizseiten** auswählen.

Eine Präsentation vortragen

Die Wirkung einer Präsentation wird zu 55 Prozent von der Körpersprache (z. B. Mimik, Gestik, Körperhaltung, Kleidung, Blickkontakt), zu 38 Prozent von Stimme und Sprechtechnik (z. B. Betonung, Stimme, Sprechtempo), aber nur zu sieben Prozent vom Inhalt beeinflusst.

Für die Präsentation gibt es keine Kleiderordnung. Das Outfit sollte dem eigenen Typ gerecht werden. Verkleiden Sie sich nicht. Beachten Sie aber: „Baggy-Pants", „Tops" und „Cappys" sind als Kleidungsstücke bei Präsentationen trotzdem unangemessen.

Körpersprache und Körperhaltung sind bei Vorträgen wesentliche Elemente. Das liegt nicht jedem Menschen, doch auch hier macht Übung sicherer.

Wichtig ist die richtige Position im Raum. Idealerweise stellen Sie sich seitlich zur Projektionsfläche. Versuchen Sie, sich so am Bildschirm des Computers zu platzieren, dass Sie, falls Sie ins Stocken geraten, auf den Bildschirm und nicht auf die Projektionsfläche schauen.

Eine aufrechte, offene und freundliche Körperhaltung sowie Blickkontakt zu den Zuhörern unterscheiden einen guten von einem mittelmäßigen Vortrag.

Um die Inhalte Ihrer Präsentation verständlich zu vermitteln, setzen Sie Ihre **Stimme** ein.
- Achten Sie auf kurze, einfache Sätze.
- Sprechen Sie laut und deutlich.
- Vermeiden Sie Verzögerungslaute, wie z. B. „äh" und „ähm".
- Erklären Sie Fachwörter und Fremdworte.
- Machen Sie Pausen, um eventuelle Verständnisfragen zu ermöglichen.
- Lassen Sie sich bei der Präsentation Zeit, um Ihre Inhalte in Ruhe zu präsentieren.

Feedback geben

Feedback ist wichtig, um beispielsweise die eigenen Präsentationstechniken zu verbessern. Es ist also eine Chance, sein Verhalten bei der Präsentation positiv zu verändern. Wenn Sie ein Feedback geben, sollte es immer fair, ehrlich, verantwortlich, sachlich, positiv verstärkend und aufbauend sein. Wenn Sie ein Feedback erhalten, dann hören Sie aktiv zu, seien Sie offen für Kritik und rechtfertigen Sie sich nicht.

Arbeitsblatt 1.5 | Feedbackbogen zur Präsentation

Beurteilungskriterien	**Vortrag 1**		**Vortrag 2**	
Angemessene Kleidung	gepflegtes Auftreten ☐	ungepflegt, zu lässig ☐	gepflegtes Auftreten ☐	ungepflegt, zu lässig ☐
Blickkontakt	spricht Zuhörer an ☐	fehlt ☐	spricht Zuhörer an ☐	fehlt ☐
Körperhaltung, Gestik und Mimik	sichere Ausstrahlung ☐	wirkt unsicher, steif, übertrieben ☐	sichere Ausstrahlung ☐	wirkt unsicher, steif, übertrieben ☐
Sprechweise	deutlich, angemessene Lautstärke ☐	undeutlich, zu leise, einschläfernd ☐	deutlich, angemessene Lautstärke ☐	undeutlich, zu leise, einschläfernd ☐
Sprechtempo	angemessenes Tempo, gute Pausentechnik ☐	zu schnell, keine Pausen ☐	angemessenes Tempo, gute Pausentechnik ☐	zu schnell, keine Pausen ☐
Sprache	verständlich, kurze Sätze ☐	unverständlich, umständlich, lange Sätze ☐	verständlich, kurze Sätze ☐	unverständlich, umständlich, lange Sätze ☐
Struktur des Vortrages	klar erkennbar ☐	nicht nachvollziehbar, sprunghaft ☐	klar erkennbar ☐	nicht nachvollziehbar, sprunghaft ☐
Gestaltung der Folien	übersichtlich, klar gegliedert ☐	unübersichtlich, keine Gliederung erkennbar ☐	übersichtlich, klar gegliedert ☐	unübersichtlich, keine Gliederung erkennbar ☐
Verwendung von Bildern, Grafiken und Tabellen	passend zum Inhalt, angemessene Menge ☐	passt nicht zum Inhalt, zu viele ☐	passend zum Inhalt, angemessene Menge ☐	passt nicht zum Inhalt, zu viele ☐
Inhalt	vollständig, sachlich richtig, angemessene Gewichtung von Haupt- und Nebenpunkten ☐	unvollständig, sachliche Fehler, wichtige Punkte zu kurz, nebensächliche Punkte zu ausführlich ☐	vollständig, sachlich richtig, angemessene Gewichtung von Haupt- und Nebenpunkten ☐	unvollständig, sachliche Fehler, wichtige Punkte zu kurz, nebensächliche Punkte zu ausführlich ☐
Verbesserungsvorschläge und offene Fragen				

Aufgaben

Aufgabe 1

Erstellen Sie ein verlinktes Inhaltsverzeichnis (Gliederung mit Hyperlinks). Öffnen Sie dazu die von Ihnen erstellte Unternehmenspräsentation und navigieren Sie zur Folie, auf der Sie das Inhaltsverzeichnis angelegt haben. Markieren Sie dort anschließend den Bereich, in dem die Hyperlinks eingefügt werden sollen. Danach klicken Sie im Register **Einfügen** auf die Schaltfläche **Hyperlink**, um die Verknüpfung zu erstellen.

Hyperlinks *sind Verknüpfungen mit denen Sie einen „Sprung" zu einem bestimmten Ziel (z. B. einer anderen Folie oder einer Webseite) erstellen können. Hyperlinks werden hauptsächlich als Verknüpfung im Internet genutzt. Außerdem kann damit aber auch die Benutzerfreundlichkeit einer Präsentation in PowerPoint erhöht werden. Der Benutzer der Präsentation klickt auf den Hyperlink und gelangt direkt zum im Hyperlink angegebenen Ziel.*

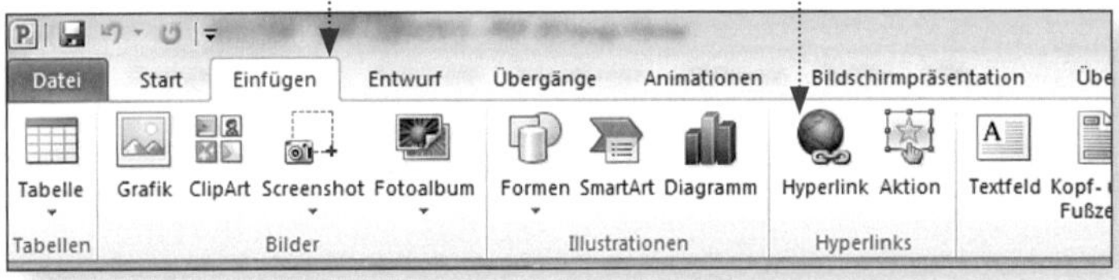

Das Ziel eines Hyperlinks kann eine Datei, eine Webseite, eine Folie im aktuellen Dokument, ein neues Dokument oder aber eine E-Mail-Adresse sein. An dieser Stelle soll ein Inhaltsverzeichnis für die Unternehmenspräsentation erstellt werden. Wählen Sie dazu im geöffneten Dialogfenster **Aktuelles Dokument** aus, klicken Sie die Folie an, zu der Sie verlinken möchten, und bestätigen Sie diesen Vorgang mit **OK**. Anschließend erstellen Sie für alle Punkte des Inhaltsverzeichnisses einen solchen Hyperlink.

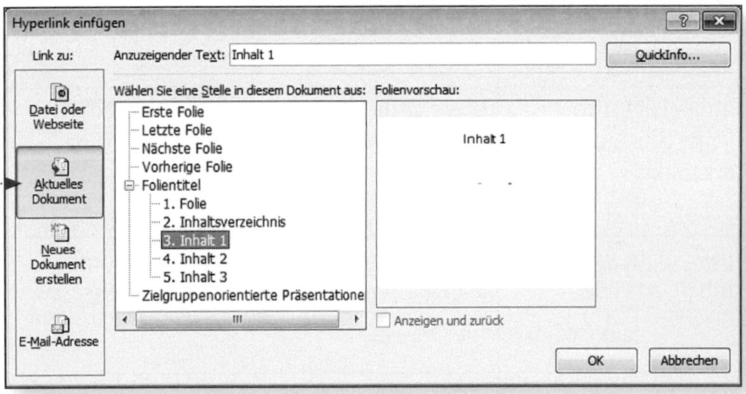

Damit Sie von jeder Folie auch wieder zurück zum Inhaltsverzeichnis gelangen können, müssen Sie auf jeder Folie einen Hyperlink einfügen, der zurück zum Inhaltsverzeichnis führt.

Hinweis

Die Hyperlinks funktionieren nur in der Präsentationsansicht. Daher müssen Sie, um die Hyperlinks zu testen, zunächst die Präsentation z. B. mit F5 starten.

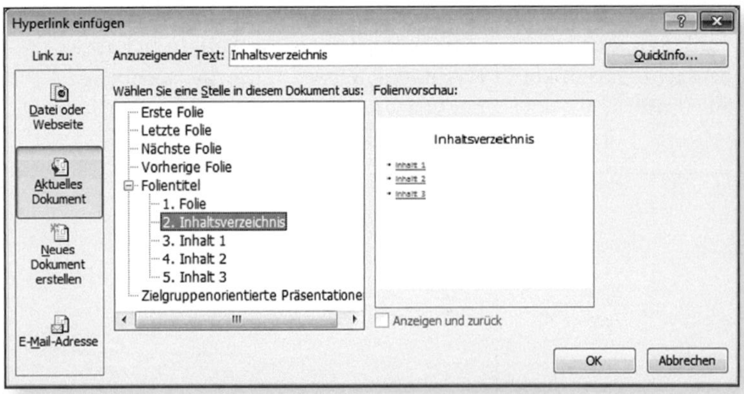

TIPP Alternativ kann der Hyperlink auch mithilfe der rechten Maustaste über das Kontextmenü eingefügt werden. Der Text, der als Hyperlink erscheinen soll, kann individuell festgelegt werden. Auch können Sie für andere Objekte (z. B. Bilder oder Symbole) einen Hyperlink erstellen, indem Sie wie oben beschrieben zunächst das gewünschte Objekt markieren und anschließend einen Hyperlink einfügen.

Aufgabe 2
Nutzen Sie Übergänge und Animationseinstellungen, um die Präsentation zu optimieren. Mithilfe der Register **Übergänge** und **Animationen** können Sie Ihre Präsentation individuell gestalten. Denken Sie aber dabei immer daran, dass gilt: „Weniger ist manchmal mehr." Testen Sie verschiedene Übergänge und Animationen und wählen Sie anschließend für Ihre Präsentation geeignete Übergänge und Animationen aus.

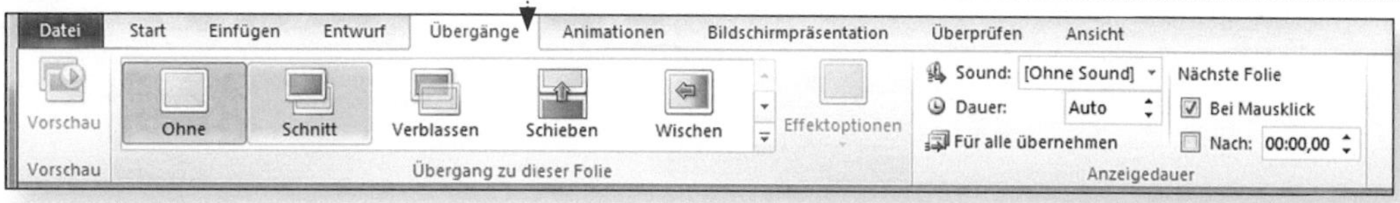

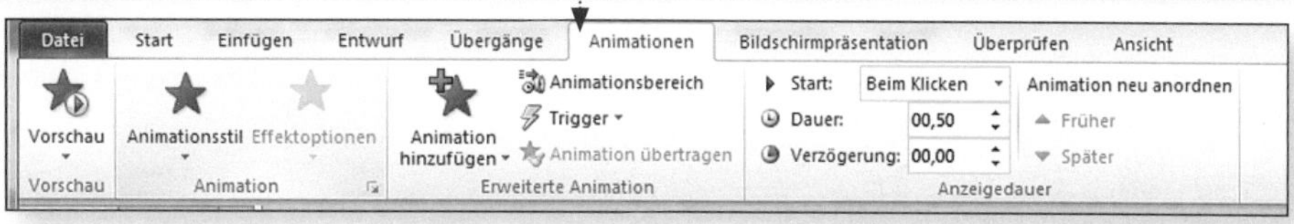

Das Register **Übergange** ermöglicht die Gestaltung des Übergangs von einer Folie zur nächsten. Navigieren Sie zu der Folie, für die Sie einen Übergang erstellen wollen, und wählen Sie einen Übergang aus. Außerdem können Sie festlegen, wie lange ein Übergang dauern und ob er beim Mausklick oder nach einer bestimmten Dauer erfolgen soll. Sie können den ausgewählten Übergang für alle Folien übernehmen oder für jede Folie einen individuellen Übergang festlegen.

Um einzelne Objekte zu animieren, markieren Sie das Objekt und klicken Sie anschließend auf das Register **Animationen.** Wählen Sie zunächst einen Animationsstil aus. Anschließend können Sie je nach Animationsstil weitere Einstellungen, wie z. B. Start-Optionen, Dauer oder Verzögerungen, festlegen.

Aufgabe 3
Erstellen Sie eine Selbstpräsentation. Diese sollte Informationen über Ihre Herkunft (Geburtsort, bisherige Schullaufbahn), Ihre Hobbys und Ihre beruflichen Ziele enthalten.

Aufgabe 4
Erstellen Sie eine Lernkartei als PowerPoint-Präsentation oder auf Karteikarten. Auf der ersten Folie oder der Vorderseite der Karte notieren Sie das zu lernende Wissenselement, z. B. Kriterien zur Präsentationsgestaltung oder einen Fachbegriff wie Objekt, als Frage. Auf einer zweiten Folie oder der Rückseite notieren Sie die Lösung. Sie können diese Lernkartei immer weiter ausbauen und Ihr Wissen erweitern.

Aufgabe 5
Erstellen Sie ein Lerntagebuch. Hier können Sie Ihre persönlichen Lernfortschritte, Ihre Eindrücke im Unterricht, aber auch Probleme und Schwierigkeiten beim Lernen dokumentieren. In einem kleinen Heft oder mit PowerPoint können Sie regelmäßig Eintragungen vornehmen. Sie können z. B. folgende Fragen in Ihr Lerntagebuch aufnehmen:
- Was habe ich gelernt?
- Was möchte ich noch lernen?
- Habe ich einige Sachverhalte nicht richtig verstanden? Welche?
- Was habe ich gerne/nicht gerne gemacht?
- Welche Schwierigkeiten hatte ich mit dem Stoff?
- Welche Probleme gab es mit Mitschülern?
- Wie schätze ich meinen Anteil am Gruppenergebnis bzw. am Ergebnis der Klasse ein?
- Was mache ich das nächste Mal genauso?
- Was mache ich das nächste Mal anders?

Sie können ein Lerntagebuch auch zur Wiederholung von Themen oder zur Vorbereitung auf Klassenarbeiten und Tests nutzen.

SB BWR ▸ Seite 47 | Handlungsfeld 1, Kap. 4

LS BWR ▸ Seite 38 | Lernsituation 4

Eine Betriebsorganisation entwickeln und dokumentieren

Situation

Fly Bike Werke GmbH – Nachricht (Rich-Text)

An...: linden@flybike.de

Cc...:

Betreff: Umstrukturierung der Fly Bike Werke GmbH

Sehr geehrte Frau Linden,

in der letzten Abteilungsleiterkonferenz haben wir darüber gesprochen, ob es sinnvoll ist, unser Unternehmen anders zu strukturieren. Wir haben über die derzeitige Aufbauorganisation diskutiert. Dabei war nicht allen Abteilungsleitern klar, welche Vor- und Nachteile funktions- und objektorientierte Organisationsstrukturen haben. Auch die Begriffe Aufgabenanalyse und Aufgabensynthese müssen noch einmal kurz erklärt werden. Bitte bereiten Sie für unsere nächste Sitzung eine kurze Präsentation dazu vor. Erstellen Sie außerdem ein Organigramm der Fly Bike Werke GmbH, welches nach Sparten organisiert ist. So können wir weiter über eine Umstrukturierung sprechen.

Mit freundlichen Grüßen

Hans Peters

Frau Linden bittet Sie um Unterstützung und zeigt Ihnen das Organigramm der Fly Bike Werke GmbH (vgl. S. 12).

Handlungsaufträge

1 Welche Problemstellung ergibt sich aus der Situation? Hierzu können Sie eine Übersicht wie im Arbeitsblatt 1.1 erstellen.

2 Wiederholen Sie Ihre Vorkenntnisse zur Ablauf- und Aufbauorganisation (Arbeitsblatt 2.1). Nutzen Sie dazu auch Ihr BWR-Lehrbuch.

3 Informieren Sie sich über die Aufgabenanalyse und die Aufgabensynthese (Informationsblatt 2.1) und nutzen Sie Ihr Wissen für die Arbeitsblätter 2.2 und 2.3.

4 Erarbeiten Sie Vor- und Nachteile von funktions- und objektbezogenen Organisationsstrukturen (Informationsblatt 2.2 und Arbeitsblatt 2.4).

5 Erstellen Sie das Organigramm für die Fly Bike Werke GmbH nach der Spartenorganisation. Nutzen Sie zunächst die Arbeitsblätter 2.5 und 2.6 und erstellen Sie anschließend eine PowerPoint-Präsentation mit dem Organigramm für die nächste Abteilungsleiterkonferenz. Speichern Sie die Datei unter dem Namen *Spartenorganisation.pptx* ab.

6 Bereiten Sie Ihr Ergebnis als Vortrag für eine Teambesprechung vor.

7 Geben Sie nach der Präsentation ein Feedback. Dazu können Sie einen Feedbackbogen (vgl. Arbeitsblatt 1.5) nutzen.

Arbeitsblatt 2.1 | Betriebliche Organisation

Betriebliche Organisation

Aufbauorganisation regelt:

____

____

Zur Darstellung dient ______________________________.

Ablauforganisation regelt:

____

____

Zur Darstellung dienen ______________________________.

Organisationseinheiten:

- Stellen:

____

- Arten von Stellen:

____

- Abteilungen:

____

Weisungssysteme:

- Einliniensystem

Organisation nach dem Prinzip „Einheit der Auftragserteilung“; jeder Mitarbeiter hat nur einen direkten Vorgesetzten.

- ______________________________

- ______________________________

- ______________________________

- Matrixorganisation

Fertigen Sie auf einem gesonderten Blatt für jede der hier beschriebenen fünf Organisationsformen eine Skizze an.

Informationsblatt 2.1 | Aufgabenanalyse und Aufgabensynthese

In einem Unternehmen lassen sich komplexe Gesamtaufgaben besser durch Arbeitsteilung erfüllen. Die Aufbauorganisation schafft dazu eine sinnvolle Ordnung und Struktur. Die Aufbauorganisation ist das Ergebnis der Aufgabenanalyse und der Aufgabensynthese.

Werden Aufgaben in immer kleiner werdende Teilaufgaben zerlegt, wird von einer **Aufgabenanalyse** gesprochen. Die Gliederung von Aufgaben kann sich über mehrere Gliederungsebenen erstrecken, d. h., Gesamtaufgaben werden über Hauptaufgaben, Teilaufgaben und Einzelaufgaben bis hin zu Handlungen und Handlungselementen gegliedert. Durch die Aufgabenanalyse lassen sich Aufgaben vollständig und übersichtlich erfassen. Nach der Aufgabenanalyse erfolgt die **Aufgabensynthese.** Die Einzelaufgaben werden in dieser Phase zu sinnvollen Aufgabenkomplexen gebündelt und den organisatorischen Einheiten, wie Stellen, Instanzen und Abteilungen, zugeordnet. Sowohl die Aufgabenanalyse als auch die Aufgabensynthese können nach der Funktion oder dem Objekt gegliedert werden (vgl. Informationsblatt 2.2).

Die Gesamtaufgabe des Unternehmens Fly Bike Werke GmbH ist die Herstellung und der Vertrieb von Fahrrädern. Mögliche Hauptaufgaben sind z. B. der Einkauf, die Fertigung und der Vertrieb. Der Einkauf lässt sich z. B. in die Teilaufgaben *Bezugsquellenermittlung, Angebotsvergleich, Bestellung, Terminüberwachung* und *Rechnungsausgleich* gliedern. Die Bestellung lässt sich weiter in *Lieferant wählen, Bestelldaten eingeben, Bestellung ausdrucken* und *Bestellung versenden* zerlegen. Die Handlung *Bestelldaten eingeben* kann weiter in die Handlungselemente *Adressdaten aufrufen, Artikelnummer und Menge eingeben, Preis eingeben* und *Zahlungsbedingungen auswählen* unterteilt werden.

Hauptaufgabe			Einkauf		
Teilaufgaben	Bezugsquellen-ermittlung	Angebots-vergleich	Bestellung	Terminüber-wachung	Rechnungs-ausgleich
Handlungen	Lieferant auswählen	Bestelldaten eingeben		Bestellung ausdrucken	Bestellung versenden
Handlungs-elemente	Adressdaten aufrufen	Artikelnummern und Mengen eingeben	Preise eingeben	Zahlungsbedingungen auswählen	

Bei der Aufgabensynthese werden die verschiedenen Handlungselemente nach der Aufgabenanalyse in unterschiedlichen Aufgabenkomplexen zusammengeführt und zur Bildung von Stellen genutzt:

Handlungs-elemente	günstigstes Angebot ermitteln	Lieferfähigkeit prüfen	zweitbesten Anbieter zu Preissenkung veranlassen	Preisgarantie verlangen	Adressdaten aufrufen	Artikelnummern und Preise eingeben
Handlungen	Lieferant auswählen		Vertragsbedingungen aushandeln		Bestelldaten eingeben	Bestellausdruck prüfen
Stelle	Einkaufssachbearbeiter/ Einkaufssachbearbeiterin				Assistent/Assistentin Datentypist/Datentypistin	
Abteilung			Einkauf			

Arbeitsblatt 2.2 | Aufgabenanalyse

Veruschka Linden aus der Personalabteilung geht für ein Jahr in Elternzeit. Es soll befristet eine Vertretung eingestellt werden. Frau Linden berichtet über ihre Tätigkeiten, um die Stellenausschreibung zu erstellen: „Meine Tätigkeit als Personalsachbearbeiterin ist ausgesprochen vielfältig. Grundsätzlich umfasst sie die Bedarfsplanung, die Einstellung, Verwaltung und Entlassung von Personal. Zurzeit liegt mein Arbeitsschwerpunkt im Bereich Einstellung. Hierbei stimme ich mich bei der Formulierung einer Stellenausschreibung mit den Abteilungen ab und lege das Auswahlverfahren für die Bewerbungen fest. Ich sammle die eingehenden Bewerbungen und sortiere sie nach Auswahlkriterien. Dazu gehört, dass ich den Eingang der Bewerbung bestätige, passende Bewerber auswähle, Einladungen zum Vorstellungsgespräch oder eine Absage versende.“

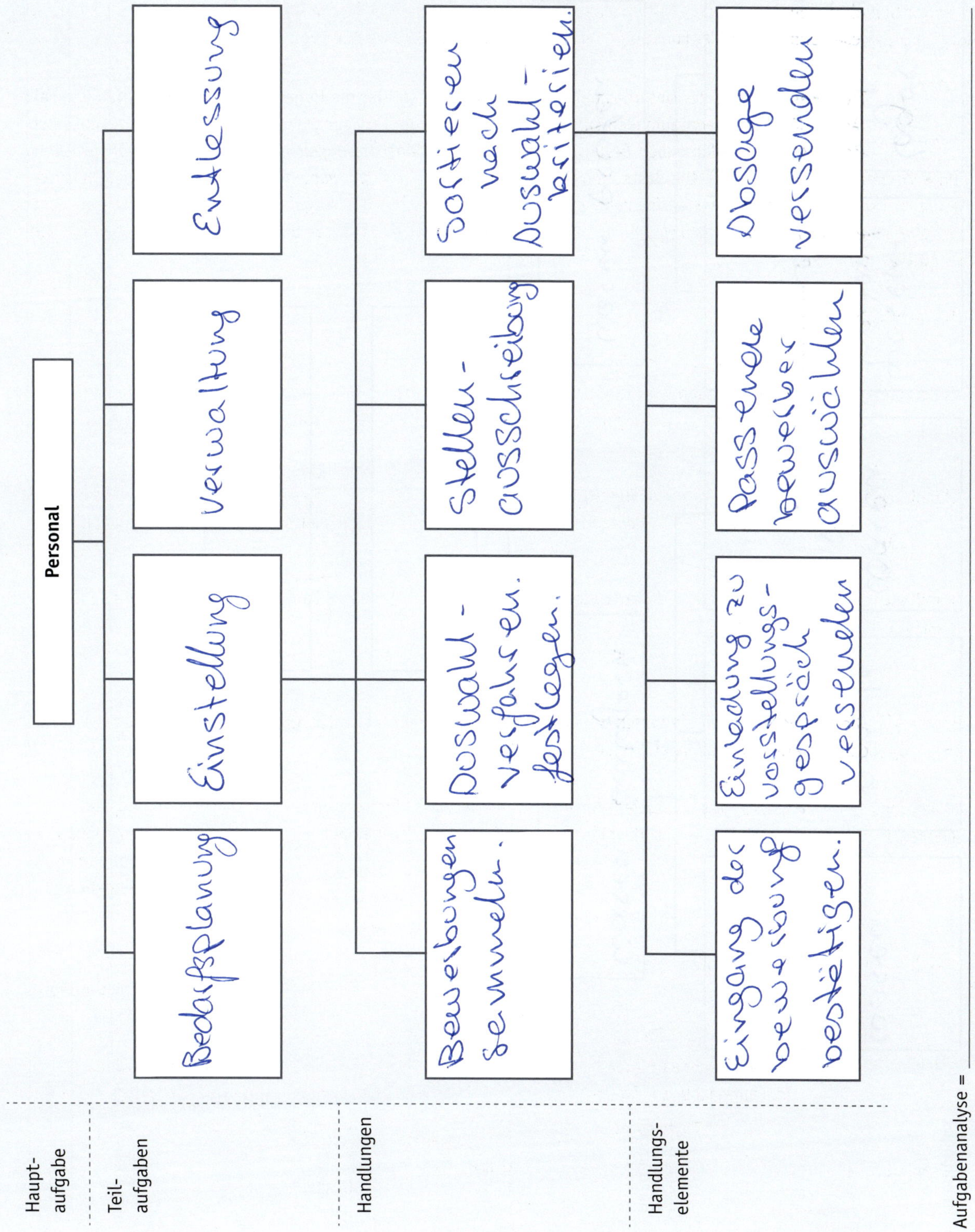

Arbeitsblatt 2.3 | Aufgabensynthese

Die Fly Bike Werke GmbH hat ihre Lagerfläche erweitert. Oliver Thüne sucht einen neuen Mitarbeiter: „Der Mitarbeiter soll eingehende Waren annehmen, Regale bepacken, Waren umräumen, den Warenbestand pflegen und die Lagerbedingungen kontrollieren. Das ist ganz wichtig, denn wir hatten in der Vergangenheit Probleme mit angerosteten Komponenten aufgrund zu hoher Luftfeuchtigkeit. Tätigkeiten wie Waren annehmen, Regale bepacken und Waren umräumen gehören zum Aufgabengebiet *Waren einlagern*. Die Tätigkeiten Warenbestand pflegen und Lagerbedingungen kontrollieren gehören zum Aufgabengebiet *Waren prüfen*. Diese beiden Aufgabengebiete bilden die Stelle ab, die ich besetzen möchte."

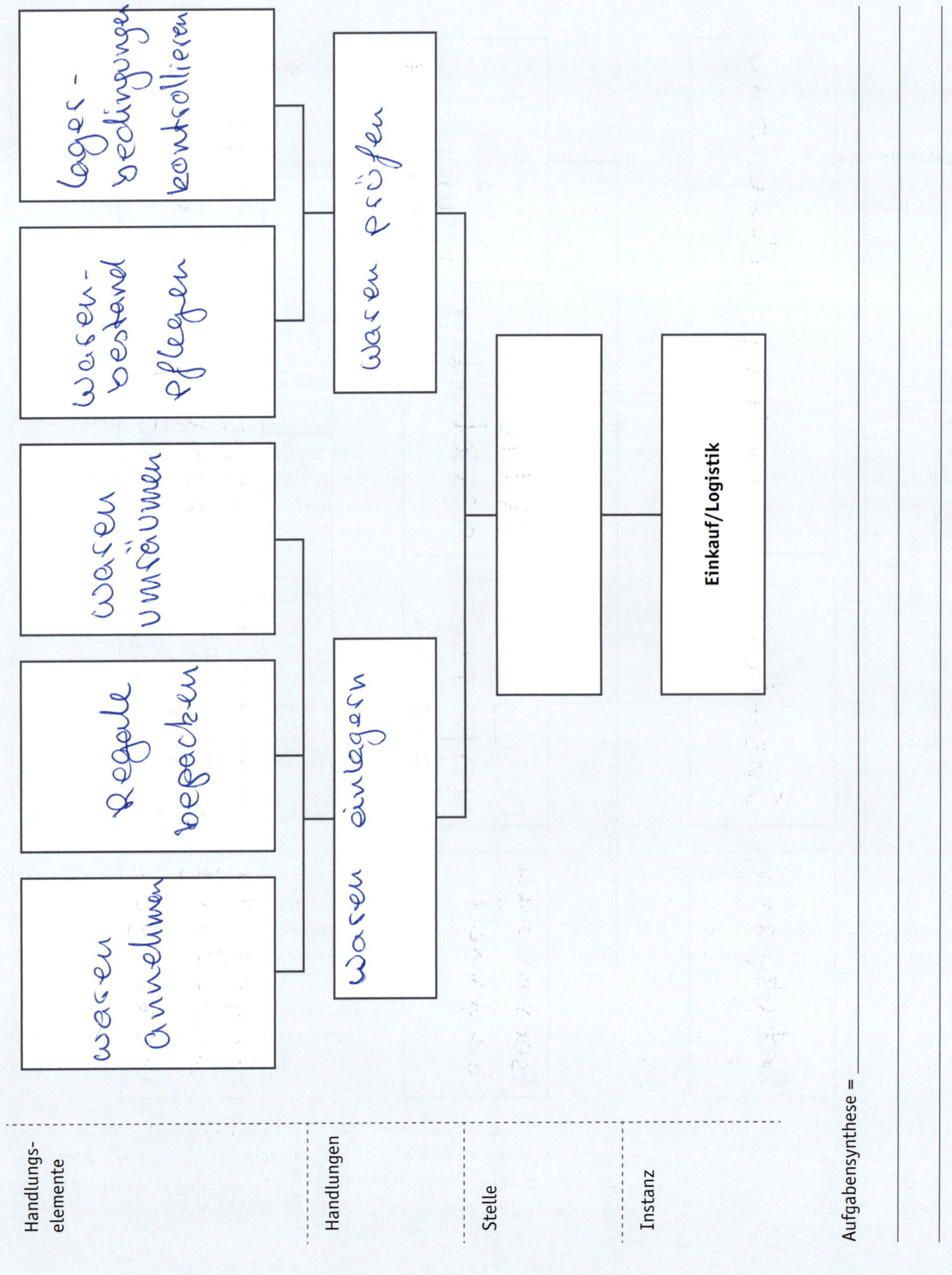

Informationsblatt 2.2 | Funktions- und objektorientierte Organisationsstrukturen

Die Aufteilung einer Gesamtaufgabe auf einzelne Stellen und Abteilungen kann nach den folgenden Prinzipien erfolgen:

Stellen- und Abteilungsbildung	
nach dem Funktionsprinzip	Verschiedene Abteilungen oder Stellen üben unterschiedliche Tätigkeiten aus.
nach dem Objektprinzip	Verschiedene Abteilungen oder Stellen betreuen unterschiedliche Planungs- oder Arbeitsgegenstände.

Je nachdem, welches Prinzip der Aufgabenverteilung bei der **Abteilungsbildung** angewendet wird, ergeben sich die unterschiedlichen Typen der Aufbauorganisation.

Die klassische Form der Aufgabenverteilung ist die **funktionale Organisation**: Hier werden die Abteilungen nach Funktionen gebildet, d. h., verschiedene Abteilungen üben jeweils andersartige Verrichtungen aus (z. B. Beschaffung, Produktion, Absatz und Verwaltung). In einer reinen Funktionsorganisation wurden auch die Stellen innerhalb der Abteilungen funktional gebildet. Diese Organisationsform ist typisch für kleine und mittlere Industriebetriebe mit kleinem Produktsortiment und regionalem Absatz. Die Struktur ist übersichtlich, die Arbeit jedes Mitarbeiters ist eindeutig bestimmt, es gibt klare Anweisungen und Aufgaben. Hierdurch vermeidet ein Unternehmen, Aufgaben doppelt zu erledigen. Das spart Kosten. Funktional gegliederte Unternehmen erinnern aber häufig an Behörden, deren Dienstwege lang und schwerfällig sein können. Dadurch kann es auch zu einer Überlastung der Geschäftsführer (bzw. Abteilungsleiter) kommen, denn alle Informationen laufen dort zusammen. So kann es passieren, dass weniger kunden- und marktorientiert gearbeitet wird.

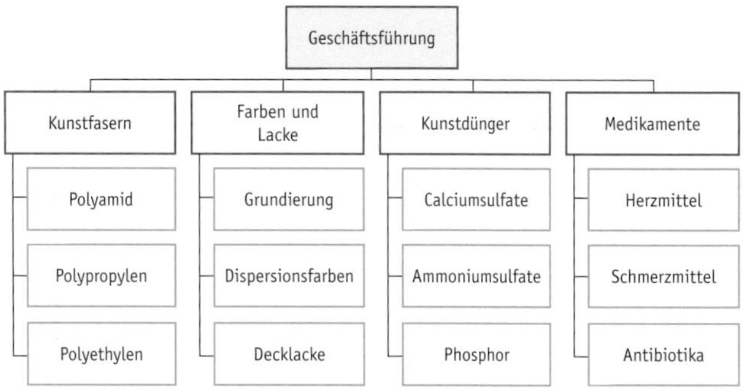

Ein weiteres Gliederungsprinzip ist die objektorientierte Organisationsstruktur (auch **divisionale** oder **Spartenorganisation** genannt). Dabei spezialisieren sich Abteilungen auf bestimmte Produkte, Regionen, Kunden etc. Das nebenstehende Beispiel einer reinen produktorientierten Aufbauorganisation ist aber selten, meist werden die zugeordneten Stellen funktional gebildet. Diese Organisationsform liegt nahe, wenn das Sortiment des Unternehmens aus sehr unterschiedlichen Produkt(grupp)en besteht und deshalb für jeden Produktzweig spezielle Kenntnisse erforderlich sind. Durch die Organisation in Sparten kann eine größere Kunden- und Marktnähe erreicht werden, denn auf veränderte Produktionsanforderungen kann flexibel und schnell reagiert werden.
Es entstehen kürzere Entscheidungs- und Kommunikationswege sowie ein wirksamerer Umgang mit Produktionsmitteln, da die Ergebnisverantwortung beim Spartenleiter liegt. Allerdings kann eine Spartenorganisation auch Gefahren beinhaltet, wie z. B. Unübersichtlichkeit, hoher Koordinierungsbedarf oder Tendenzen, dass sich einzelne Sparten vom Ziel des Gesamtunternehmens entfernen. Zudem besteht ein höherer Bedarf an Führungskräften durch gleichartige Bereiche im Unternehmen. Innerhalb der Sparte kommt es allerdings zu einer besseren Verzahnung der einzelnen Bereiche und damit zu einer höheren Identifikation der Mitarbeiter mit ihren Aufgaben. Auf der Gegenseite können Sparten, die sich nicht ausreichend entwickeln, leichter verkauft oder geschlossen werden.

In Reinform ebenfalls nur selten anzutreffen sind die anderen Formen der objektorientierten Aufbauorganisation, z. B. die **Regionalorganisation** oder die **kundenorientierte Organisation**. Diese sind angebracht, wenn die Abnehmergruppen sehr verschieden sind (z. B. gewerbliche Abnehmer und Privatkunden) oder in den internationalen Absatzgebieten sehr unterschiedliche Gebrauchsgewohnheiten und Rechtsvorschriften zu berücksichtigen sind.

Arbeitsblatt 2.4 | Funktions- und objektorientierte Organisationsstrukturen

Funktionsorientierte Organisationsstruktur	
Vorteile	Nachteile

Objektorientierte Organisationsstruktur	
Vorteile	Nachteile

Klären Sie, welche Abteilungen der Fly Bike Werke GmbH zurzeit nach welcher Organisationsstruktur aufgebaut sind:

____

____

____

Arbeitsblatt 2.5 | Organisation der Fly Bike Werke GmbH

Der Aufbau eines Unternehmens wird in einem Organigramm dargestellt. Es bildet die Hierarchie im Unternehmen ab und stellt die Über-, Gleich- und Unterordnungsbeziehungen eines Unternehmens grafisch dar. Zur grafischen Darstellung eines Organigramms gibt es keine allgemeingültigen Regelungen.
In der Praxis werden aber häufig nebenstehende grafische Formen genutzt.

Form	Beschreibung
	Leitungsstelle (Instanz) und ausführende Stelle
	Stabsstellen (Stellen mit Beratungs- und Assistenzfunktion)
	Verbindungslinie zur Über-, Gleich- und Unterordnung

Aufgaben

1 Fragen zur bisherigen Organisationsstruktur der Fly Bike Werke GmbH:

a Während die Instanzentiefe die Anzahl verschiedener Rangebenen beschreibt, umfasst die Instanzenbreite die Anzahl gleichrangiger Leitungsstellen. Wie sehen die Instanzenbreite und Instanzentiefe zurzeit aus?

– Instanzenbreite: ____________________ – Instanzentiefe: ____________________

b Nennen Sie Stabsstellen bei der Fly Bike Werke GmbH. ____________________

2 Erstellen Sie eine mögliche Spartenorganisation für die Fly Bike Werke GmbH.

Arbeitsblatt 2.6 | Ein Organigramm mit SmartArt-Grafiken erstellen

Mit PowerPoint können Sie Organigramme erstellen, dazu nutzen Sie am besten SmartArt-Grafiken. Diese können Sie über den Objektplatzhalter SmartArt-Grafik einfügen.

Im sich öffnenden Dialogfenster **SmartArt-Grafik auswählen** werden viele grafische Elemente angezeigt, mit denen sich logische Strukturen (z. B. das Organigramm eines Unternehmens) abbilden lassen. Alle hinterlegten SmartArt-Grafiken sind hier verschiedenen Bereichen zugeordnet. Wählen Sie im Bereich **Hierarchie** die Vorlage für **Organigramm** aus und bestätigen Sie Ihre Auswahl mit **OK.** In Ihre Folie wird ein Musterorganigramm mit Platzhaltern eingefügt.

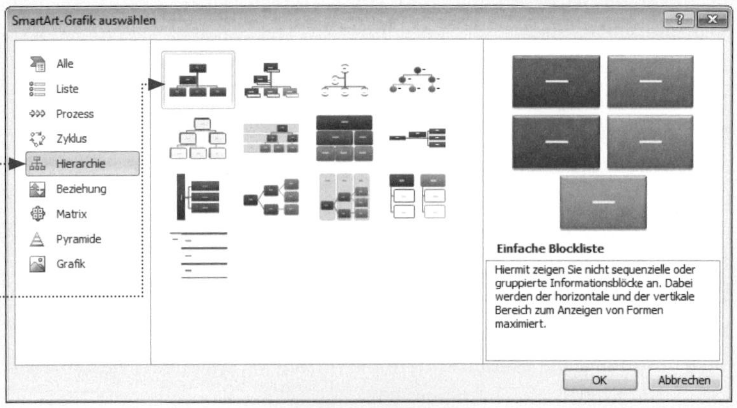

Hinzufügen und Löschen von Formen
Um zusätzliche Formen in Ihr Organigramm einzufügen, klicken Sie mit der rechten Maustaste auf eine vorhandene Form der SmartArt-Grafik, in deren Nähe Sie eine neue Form hinzufügen wollen.
Das **Kontextmenü** öffnet sich und Sie können darüber z. B. **Formen ändern**, **Ausschneiden** oder **Formen hinzufügen.** Probieren Sie die verschiedenen Möglichkeiten, die sich hier ergeben, aus und halten Sie fest, was passiert:

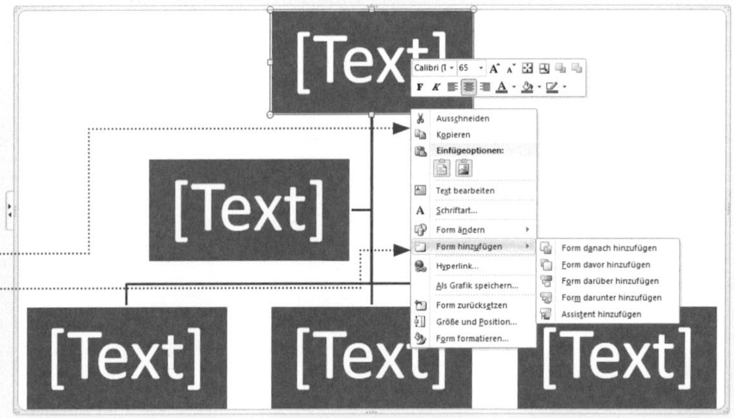

- Form danach hinzufügen: ______________________________

____

- Form vorher hinzufügen: ______________________________

____

- Form darüber hinzufügen: ______________________________

____

- Form darunter hinzufügen: ______________________________

____

- Assistenten hinzufügen: ______________________________

____

Die Assistentenform kann mit der linken Maustaste verschoben werden, sodass sie z. B. auf der gleichen Höhe der Form, der sie hinzugefügt werden soll, steht. Zur Darstellung einer Stabsstelle können Sie nun diese Form mit der rechten Maustaste anklicken und über das Kontextmenü die Form ändern.

Texte eingeben
Um Texte einzugeben, können Sie über das Kontextmenü gehen oder Sie klicken in eine Form der SmartArt-Grafik und geben Ihren Text (z. B. Geschäftsführer) dort ein. Die Größe des Textes wird automatisch an die Form angepasst.

Hinweis
Sie können SmartArt-Grafiken auch über das **Register**, **Gruppe Illustrationen** und den Befehl **SmartArt** einfügen. Weitere Gestaltungsmöglichkeiten finden Sie im **Register SmartArt-Tools** mit den Gruppen **Entwurf** und **Format.**

Aufgaben

Aufgabe 1

Die Nederland Coastal-Biking b.v. ist der größte Hersteller von Cityrädern und Rennrädern in den Beneluxstaaten. Geschäftsführer ist Hans van der Wiesen. Ihm unterstehen die Geschäftsfelder Cityrad (Abteilungsleiter: Eljero Enochs) und Rennrad (Abteilungsleiterin: Amanda D'Antale). Einkauf, Verkauf, Produktion und Verwaltung sind den Produktbereichen zugeordnet. Zeichnen Sie die Organisationsstruktur.

Aufgabe 2

Ordnen Sie die verschiedenen Handlungselemente (a–p) den Abteilungen der Fly Bike Werke GmbH zu.

Abteilungen	
1	Einkauf/Logistik
2	Vertrieb
3	Verwaltung
4	Produktion

Handlungselemente		
a	Lohndaten erfassen	
b	Zahlung an Lieferanten vornehmen	
c	Angebot schreiben	
d	Marketingmaßnahmen ergreifen	
e	Ware einlagern und pflegen	
f	Ware zu Kommissionen zusammenstellen	
g	Lieferantensuche	
h	Budget planen	
i	Angebotsvergleich	
j	Schweißen der Fahrradrahmen	
k	Lieferschein und Rechnung schreiben	
l	Bestellung schreiben	
m	Warenbestand überwachen	
n	Einstellungsverfahren planen und durchführen	
o	Weiterbildungsmaßnahmen organisieren	
p	Arbeitsplanung	

Aufgabe 3

Die Fly Bike Werke GmbH bilden jedes Jahr Auszubildende im technischen und kaufmännischen Bereich aus. Immer häufiger greifen sie dabei auf ehemalige Praktikanten zurück. Bisher wurde im Jour fixe der Abteilungsleiter entschieden, in welchen Abteilungen die Praktikanten abwechselnd eingesetzt werden sollten. Aufgrund der gestiegenen Anzahl der Praktikanten ist das nicht mehr so einfach möglich. Die Betreuung der Praktikanten soll nun organisatorisch verankert werden. Erarbeiten Sie eine Entscheidungsvorlage, wie die Praktikantenbetreuung zukünftig organisatorisch verankert sein soll, und präsentieren Sie Ihre Vorlage in der nächsten Abteilungsleitersitzung.

- **a** Identifizieren Sie hierzu zunächst mögliche Handlungselemente der Praktikantenbetreuung und Praktikantenbeschaffung.
- **b** Führen Sie anschließend auf Grundlage der identifizierten Handlungselemente eine Aufgabensynthese durch.
- **c** Entscheiden Sie begründet, ob die Praktikantenbeschaffung und -betreuung organisatorisch funktional oder divisional (spartenorientiert) zu verankern ist.

Aufgabe 4

Geben Sie anonym eine Rückmeldung, indem Sie in die ausgeteilte Kopie einer Zielscheibe in jedes Kreissegment ein Wertungskreuz setzen. Je eher Sie einer Aussage zustimmen, desto näher setzen Sie Ihr Kreuz am Mittelpunkt.

Aufgabe 5

Erweitern Sie Ihre Lernkartei, vgl. Aufgabe 4 in der Lernsituation 1 (S. 27).

Aufgabe 6

Führen Sie Ihr Lerntagebuch, vgl. Aufgabe 5 in der Lernsituation 1 (S. 27).

SB BWR ▶ Seite 55 ff. | Handlungsfeld 1, Kap. 5
LS BWR ▶ Seite 47 ff. | Lernsituation 5

Geschäftsprozesse analysieren und gestalten

Situation[1]

Seit einiger Zeit werden in der Fly Bike Werke GmbH auch hochwertige E-Bikes produziert. Zu Verkaufsbeginn gab es zahlreiche Kundenanfragen, ob Reparaturen für diese und andere hochpreisige Fahrräder von der Fly Bike Werke GmbH direkt ausgeführt werden. Seit dem letzten Jahr gibt es nun eine kleine Fahrradwerkstatt, in der zwei Zweiradmechaniker und seit einer Woche auch ein Auszubildender zum Zweiradmechaniker arbeiten. Sie kümmern sich um die Reparatur der Fahrräder von Kunden der Fly Bike Werke GmbH. Daneben werden auch E-Bikes anderer Hersteller in der kleinen Fahrradwerkstatt angenommen und repariert, sodass es immer genügend Aufträge für die beiden Fahrradmonteure gibt.

Organisatorisch wurde die Fahrradwerkstatt bei Herrn Rother (Abteilung Produktion) angeordnet. Um die Reparaturannahme, die Beschaffung der Ersatzteile und die Abrechnung der Kundenaufträge kümmern sich die beiden Fahrradmonteure Frau Plitsch und Herr Seumer allerdings selbstständig bzw. in Zusammenarbeit mit der Verwaltung und der Disposition. In dieser Woche hat Frau Plitsch Urlaub und Herr Seumer ist plötzlich erkrankt, sodass der Auszubildende Florian Gerdes alleine in der Werkstatt steht. Herr Rother bittet Florian um Hilfe.

Herr Rother: Florian, ich weiß, dass du nach einer Woche bei uns noch nicht mit allen Arbeitsabläufen in der Werkstatt vertraut sein kannst, aber ich weiß auch, dass du jahrelang als Schüler in einer kleinen Reparaturwerkstatt gearbeitet hast. Frau Plitsch hat ja Urlaub und nun ist auch noch der Herr Seumer erkrankt. Meinst du, du könntest dich um die ausstehenden Reparaturen alleine kümmern?

Florian: Ja, klar. Das mache ich doch gern. Allerdings kenne ich die Arbeitsabläufe bei der Reparatur von Fahrrädern hier wirklich noch nicht.

Herr Rother: Ich erkläre dir das einfach mal ganz schnell. In diesem Ordner findest du die Reparaturaufträge für die Fahrräder. Dann suchst du nach dem entsprechenden Fahrrad im Lager, bringst es in die Werkstatt und reparierst es. Denk aber bitte immer daran, dass du die Bremsen prüfst und die Ketten ölst. Das gehört bei uns nämlich zum Service. Ersatzteile holst du dir vor der Reparatur aus dem Lager. Das Lagerbuch, in dem du die Entnahme in der entsprechenden Spalte notierst, liegt im Büro, damit es nicht schmutzig wird. So, jetzt muss ich aber schnell zu meinem Termin. Du kommst klar?

Florian: Ja, natürlich!

[1] In Anlehnung an: CULIK, Darstellung von Geschäftsprozessen mit Hilfe Ereignisgesteuerter Prozessketten, http://www.ibw.uni-hamburg.de/culik/ergebnisse/culik2-1-03-st-24.pdf (Stand 15.7.2013)

Drei Stunden später ...

Herr Rother: Na, Florian, wie geht's voran? Bist du zurechtgekommen?

Florian: Läuft gut, ich hab schon vier Fahrräder repariert.

Herr Rother: Das klingt gut, dann können wir ja auch gleich schon die Rechnungen schreiben. Wie viel Zeit hast du für die Reparaturen gebraucht und welche Ersatzteile hast du für welches Fahrrad benötigt?

Florian: Oh, ich weiß gar nicht, wie viel Zeit ich für jedes Fahrrad benötigt habe. Ich wusste nicht, dass ich mir das merken sollte. Auch weiß ich nicht mehr, welche Teile ich an welchem Fahrrad ausgetauscht habe. Hm, aber ich habe alle Ersatzteile im Lagerbuch vermerkt.

Herr Rother: Ja, vielleicht habe ich das wirklich alles nicht gut erklärt und einfach ein paar Arbeitsschritte als selbstverständlich vorausgesetzt. Am besten ist es wohl, wenn du mir einmal darstellst, wie du den Prozess Reparatur verstanden hast. Dann können wir fehlende Tätigkeiten noch ergänzen.

Florian: Tja, kann ich machen, aber so genau verstanden habe ich jetzt nicht, was ich tun soll.

Handlungsaufträge

1 Erklären Sie Florian, was Geschäftsprozesse sind und welche Merkmale sie haben. In diesem Zusammenhang erläutern Sie ihm auch, was unter einer Ereignisgesteuerten Prozesskette (EPK) verstanden wird. Nutzen Sie hierzu das Arbeitsblatt 3.1 und das Informationsblatt 3.1.

2 Listen Sie alle anfallenden Tätigkeiten auf, die Herr Rother Florian für die Reparatur der Fahrräder erklärt hat. Achten Sie darauf, dass diese Tätigkeiten in ihrer Reihenfolge geordnet sind.

3 Welche Merkmale eines Geschäftsprozesses (vgl. Arbeitsblatt 3.1) werden in der Beschreibung von Herrn Rother erfüllt? Welche Merkmale werden nicht erfüllt und müssten ergänzt werden?

4 Ergänzen Sie wichtige Tätigkeiten, die ebenfalls bei der Reparatur anfallen. Tragen Sie alle Tätigkeiten (Funktionen) chronologisch in das Arbeitsblatt 3.2 ein.

5 Um eine EPK zu erstellen, benötigen Sie neben den Funktionen Ereignisse. Informationen zu den Elementen und Symbolen finden Sie auf dem Informationsblatt 3.2. Ergänzen Sie das Arbeitsblatt 3.2 um die jeweiligen vorangegangenen Ereignisse. Tragen Sie außerdem die Symbole für Funktionen und Ereignisse ein.

6 Setzten Sie den Geschäftsprozess „Reparatur eines Fahrrades" bei der Fly Bike Werke GmbH zunächst handschriftlich und anschließend in PowerPoint mit SmartArt um (vgl. Informationsblatt 3.3). Speichern Sie Ihre Datei unter dem Namen *EPK_Reparatur_eines_Fahrrades_1.pptx* und präsentieren Sie Ihr Ergebnis.

7 Geben Sie ein Feedback z. B. in Form eines Standogramms. Das funktioniert folgendermaßen: Alle Schüler, bis auf den Feedbacknehmer, bilden einen Kreis. Der Feedbacknehmer steht abseits, sodass er das Geschehen beobachten kann. Aus dem Kreis wird ein Feedbackgeber bestimmt, der sich in die Mitte des Kreises stellt. Er gibt nun z. B. zu jedem Punkt auf seinem Feedbackbogen eine Einschätzung ab. Nach jeder Äußerung macht er eine Pause, sodass seine Mitschüler auf diese Aussage reagieren können,
- indem sie sich auf den Vortragenden zubewegen,
- von ihm wegrücken oder
- auf der Stelle verharren.

Die Entfernung drückt das Ausmaß der Zustimmung bzw. Ablehnung zur jeweiligen Aussage aus. Kann ein Mitschüler mit einer Aussage gar nichts anfangen, bleibt er auf der Stelle stehen. Nach einer kurzen Pause gehen alle in die ursprüngliche Kreisform zurück und die nächste Einschätzung kann abgegeben werden.

Informationsblatt 3.1 | Überblick über Geschäftsprozesse

Ein **Geschäftsprozess** ist eine Abfolge zusammenhängender Tätigkeiten, die durchgeführt werden, um ein zuvor bestimmtes geschäftliches Ziel zu erreichen. Die Abfolge wird regelmäßig (zumindest wiederholt) ausgeführt. Sie reicht meist über bestimmte Stellenaufgaben, oft über Abteilungsgrenzen und manchmal auch über das eigene Unternehmen hinaus. Geschäftsprozesse lassen sich unterteilen in Kernprozesse und Unterstützungsprozesse.

Kernprozesse stellen die sogenannte Marktleistung des Unternehmens dar, die vom Kunden über die Produktpreise entlohnt wird. Das sind alle Tätigkeiten, die den Kundennutzen beim Produkterwerb unmittelbar steigern. Dies bewirkt eine Akzeptanz höherer Absatzpreise (und damit eine Wertschöpfung).

Beispiel:

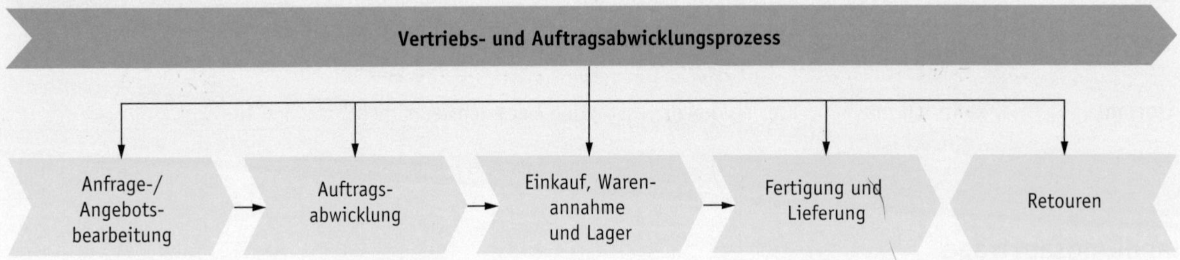

nach: de.wikipedia.org/wiki/Geschäftsprozessmodellierung

Unterstützungsprozesse stellen Hilfen und Mittel bereit, um Kernprozesse durchführen zu können.

Beispiel:

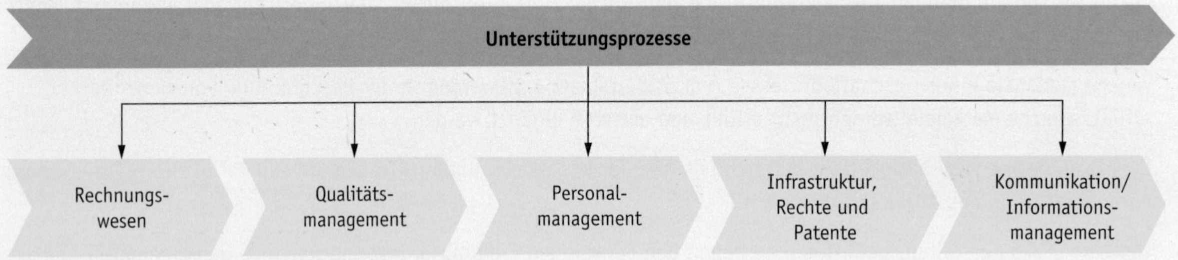

nach: de.wikipedia.org/wiki/Geschäftsprozessmodellierung

Ein Geschäftsprozess ist durch folgende **Merkmale** gekennzeichnet:
- Er wird durch ein Startereignis (= auslösendes Ereignis) ausgelöst, z. B. Eingang eines Kundenauftrags.
- Er soll ein festgelegtes Ergebnis bzw. einen Nutzen erreichen, z. B. Verkauf eines Produkts mit Gewinn.
- Er endet erst, wenn das Zielereignis bzw. Endereignis erreicht ist, z. B. Bezahlung der Kundenrechnung.
- Die Tätigkeiten werden von Aufgabenträgern ausgeführt, z. B. Bearbeiter, Maschine oder Programm.
- Er verursacht einen Verbrauch von Ressourcen, z. B. Materialien, Arbeitsleistungen, Informationen, Geld- und Betriebsmittel.
- Abnehmer des Prozessergebnisses sind interne und externe Kunden. Interne Kunden sind Empfänger von Teilergebnissen, die sie weiter verarbeiten.
- Er besteht aus einer Kette von betrieblichen Tätigkeiten (Funktionen), d. h. er ist in Teilprozesse zerlegt.
- Er ist messbar: Es können die Durchlaufzeit (Zeitbedarf von Beginn bis Ende des Geschäftsprozesses), die Kosten (z. B. Prozesskosten) und die Qualität (z. B. verschiedene Qualitätsmaße) ermittelt werden.
- Er ist auf Wiederholung angelegt.

Damit Unternehmen die komplexen Verbindungen und Rückkoppelungen eines Geschäftsprozesses so gut wie möglich erfassen können, wurde die **Ereignisgesteuerte Prozesskette (EPK)** entwickelt. Mit EPKs lassen sich Geschäftsprozesse einer Organisation grafisch darstellen. Sie können allen Mitarbeitern zugänglich gemacht werden, sodass jeder den Ablauf eines Geschäftsprozesses kennt.

Arbeitsblatt 3.1 | Geschäftsprozesse

Geschäftsprozess = Eine Abfolge zusammenhängender tätigkeit, mit ein bestimmten ziel.

lassen sich unterscheiden in …

- kernprozesse.
  Beispiel: Montage eines Fahrrads
- Unterstützungs-prozesse.
  Beispiel: Erstellung Stellenanzeige für einen Fahrradmonteur

Grafische Darstellungsweise = Ereignisgesteuerte Prozesskette (EPK)

Merkmale

- Startereignis
  Beispiel: ein Fahrradhändler bestellt zehn Fahrräder
- festgelegte ereignisse oder nutzen
  Beispiel: zehn Fahrräder werden verkauft
- Teilprozesse
  Beispiel: Montieren der räder, auslieferung
- Zielereignis
  Beispiel: bezahlung der kundenrechnung.
- Aufgabenträger
  Beispiel: Maschinen, Programme, Bearbeiter
- Verbrauch von Ressourcen
  Beispiel: Materialien
- Wiederholung
  Beispiel:
- Interne und externe kunden
  Beispiel: Sind Empfänger von Teilergebnisse.

Arbeitsblatt 3.2 | Funktionen und Ereignisse bei der Fahrradreparatur

Nr.	Ereignis	Funktionen (Tätigkeit)
–		
1	Kundenaufträge liegen vor	Reparaturauftrag auswählen
2	Auftrag ausgewählt	Fahrrad in die werkstatt bringen
3	Fahrrad im Lager gefunden	Schaden festlegen
4	Fahrrad steht in der werkstatt.	Ersatzteil ermitteln
5	Defekte teile ausgebaut	Ersatzteile aus dem Lager holen
6	Ersatzteile wurden ermittelt	Ausbau der defekter Teile
7	Ersatzteile werden geholt	Bremsen checken
8	Lagerbuch einge-tragen	ketten ölen
9	Ersatzteile in Lager eintragen	Ersatzteile auf dem reparaturauftrag vermerken;
10	wird reperiert, ersatzteile eingebaut	Entnommene Ersatzteile
11	Die bremsen checken	bremsen checken
12	kette geölt	kette ölen
13	Arbeitszeit vermerkt	Arbeitszeiten der reparaturen auftrag vermerken
14		Fahrrad zurück ins Lager bringen
15	repariertes Fahrrad für Abholung / Versand bereit	

Informationsblatt 3.2 | Funktionen, Ereignisse und Kontrollflüsse in der Ereignisgesteuerten Prozesskette

Ein als EPK dargestellter Prozess ist die Zusammenfassung und grafische Darstellung mehrerer Funktionen (Tätigkeiten). Er beginnt mit einem Start- und endet mit einem Zielereignis. In einer EPK werden verschiedene **Symbolelemente** verwendet.

Eine **Funktion** beschreibt eine anfallende Tätigkeit (Aktivität). Sie beginnt mit einem Ereignis. Jede Funktion bringt die Prozesse näher an das gewünschte Zielereignis. Sie stellen somit die **Abläufe** eines gängigen Prozesses dar. Grafisch wird eine Funktion durch ein Rechteck mit abgerundeten Ecken dargestellt. Zur Bezeichnung der Funktion bietet es sich an, die Aktivität zu benennen.

Beispiel:
Was soll gemacht werden? (Verrichtung)

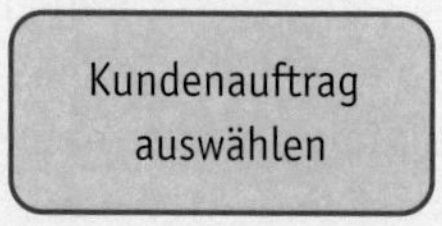

Ein **Ereignis** beschreibt das Eintreten eines konkreten betriebswirtschaftlichen Zustandes. Es löst eine Tätigkeit (Funktion) aus und / oder ist das Ergebnis einer Tätigkeit. Jeder Geschäftsprozess beginnt mit einem **Startereignis** und endet mit einem **Zielereignis**, das keine weitere Tätigkeit auslöst. Grafisch wird ein Ereignis mit einem Sechseck dargestellt. Die Benennung des Ereignisses erfolgt in der Vergangenheitsform.

Beispiel:
Was soll gemacht werden? (Verrichtung)

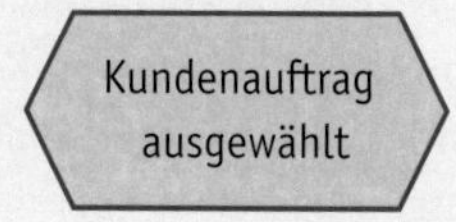

Der **Kontrollfluss**, der auch **Funktionsfluss** genannt wird, zeigt, wie Ereignisse und Funktionen in logischer und zeitlicher Reihenfolge ablaufen. In einer Funktion kann nur ein Kontrollfluss eingehen und nur ein Kontrollfluss ausgehen. Grafisch wird der Kontrollfluss mit einem Pfeil dargestellt. Zur besseren Lesbarkeit sollte eine EPK möglichst von oben nach unten verlaufen.

Beispiel:
Kontrollfluss

Hinweis
Der Kontrollfluss kann durch Operatoren aufgespalten und wieder verknüpft werden (vgl. Informationsblatt 3.4).

Aus Funktionen und Ereignissen lässt sich eine einfache EPK erstellen. Folgende **Regeln** bei der Erstellung einer EPK sind zu beachten:

1. Ereignisse und Funktionen wechseln sich ab. Es können also nicht zwei Ereignisse oder Funktionen aufeinanderfolgen.
2. Jede Prozesskette startet und endet mit mindestens einem Ereignis.
3. Jeder Vorgang hat mindestens ein eingehendes und mindestens ein ausgehendes Ereignis.
4. Jede Funktion hat genau einen eingehenden und einen ausgehenden Kontrollfluss.
5. Jedes Ereignis hat maximal einen eingehenden und einen ausgehenden Kontrollfluss.

Beispiel:
Geschäftsprozessmodell für den Arbeitsablauf „Bearbeitung von Eingangsrechnungen (ER)"

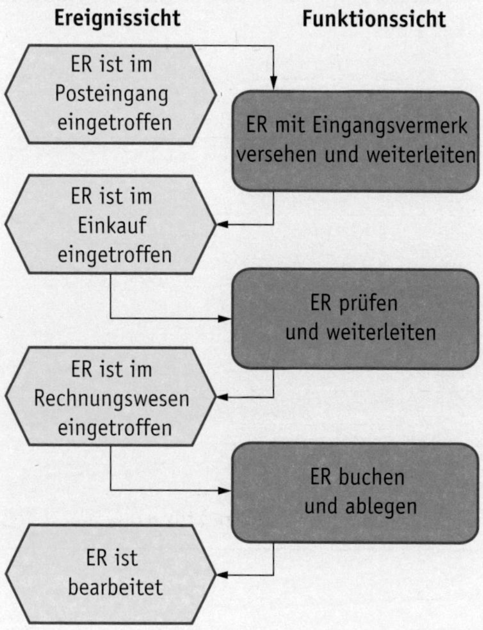

Informationsblatt 3.3 | Eine EPK mit Formen in PowerPoint erstellen

Zur Modellierung von Geschäftsprozessen können Sie z. B. vorgefertigte Formen aus PowerPoint nutzen. Die Symbole, die Sie zur Erstellung einer EPK benötigen, finden Sie über das Register **Einfügen** in der Gruppe **Illustrationen** über den Befehl **Formen**.

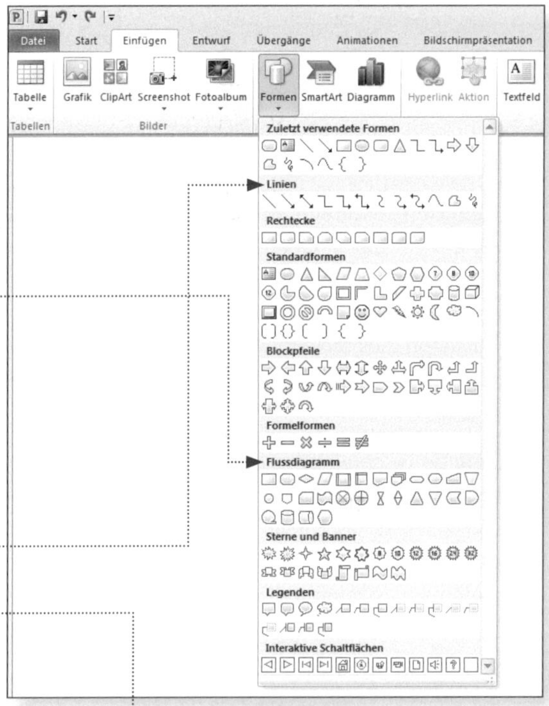

Um eine EPK mit **Ereignissen** und **Funktionen** zu erstellen, wählen Sie die Symbole aus der Formenauswahl des Bereichs **Flussdiagramme**. Wenn Sie ein Symbol anklicken, können Sie es auf Ihrer Folie positionieren und in der gewünschten Größe zeichnen.

Erstellen Sie zunächst ein Ereignis und dann eine Funktion. Verknüpfen können Sie diese beiden Symbole mit einem Pfeil. Verschiedene Pfeile finden Sie ebenfalls unter dem Befehl **Formen** im geöffneten **Kontextmenü** unter der Formenauswahl **Linien**. Nachdem Sie einen Pfeil ausgewählt haben und Sie Ihren Mauszeiger über das Ereignis schieben, erscheinen kleine rote Punkte (Ankerpunkte: hier blaugrau), sodass Sie Ihren Pfeil gerade zur Funktion platzieren können. Wenn Sie die linke Maustaste loslassen, haben Sie die Elemente Ereignis und Funktion miteinander verknüpft.

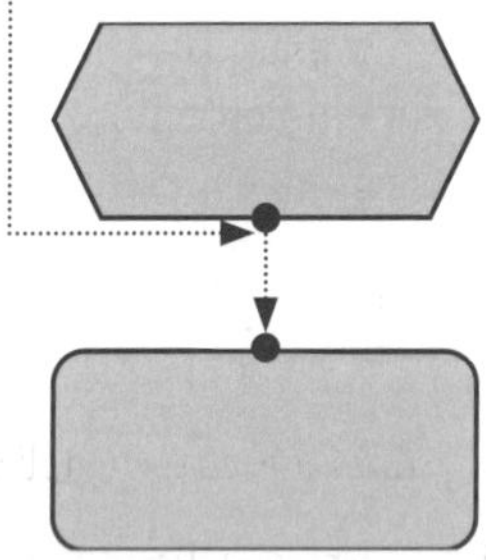

Um das Ereignis und die Funktion zu beschriften, klicken Sie das jeweilige Symbol mit der rechten Maustaste an. Das **Kontextmenü** öffnet sich. Sie wählen dort **Text bearbeiten** aus und geben Ihren Text ein, z. B. *Kundenauftrag ausgewählt*.

Zur besseren Lesbarkeit einer EPK empfiehlt es sich, unterschiedliche Farben für Ereignis und Funktion zu wählen. Die Farben können Sie selbst bestimmen. Sie müssen aber bei einer einheitlichen Darstellung bleiben, um die Einheitlichkeit der Darstellung zu gewährleisten.

Die Pfeile formatieren Sie zur besseren Darstellung in Schwarz und wählen eine stärkere Linie. Klicken Sie hierzu den Pfeil mit der linken oder rechten Maustaste an. Sie können Ihre Änderungen über das Register **Zeichentools Format** und die Gruppe **Formenarten** vornehmen. Dort wählen Sie **Moderate Linie – Dunkel 1** aus.

Hinweis
Über das **Kontextmenü** können Sie z. B. auch die Schriftart, die Schriftgröße, die Farbe der Formfüllung und der Formkontur auswählen.
Alle Formatierungen können Sie aber auch über das Register **Zeichentools Format** und die verschiedenen Gruppen vornehmen.

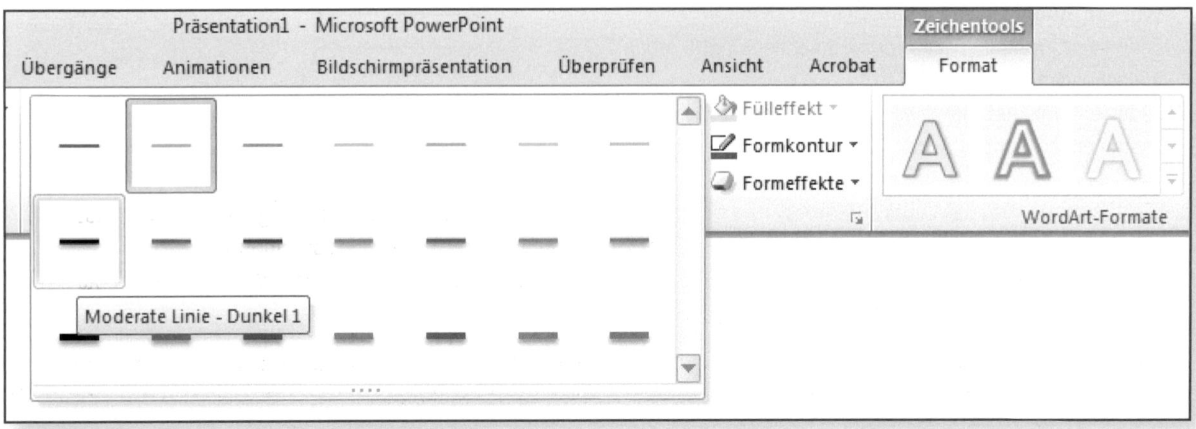

Folgesituation

Nachdem Florian eine Ereignisgesteuerte Prozesskette zur Fahrradreparatur erstellt und diese Herrn Rother präsentiert hat, kommt er mit Herrn Rother noch einmal ins Gespräch.

Florian: Was ein Geschäftsprozess ist und wie eine Ereignisgesteuerte Prozesskette aufgebaut wird, habe ich nun verstanden, aber das läuft ja nicht immer alles so reibungslos. Was soll ich z. B. machen, wenn ich das Fahrrad vom Reparaturauftrag nicht im Lager finde?

Herr Rother: Ja, du hast recht, es ist nicht immer genau vorhersehbar, welches Ereignis eintritt. Manchmal gibt es mehrere Möglichkeiten. Wenn du z. B. das Fahrrad im Lager nicht findest, fragst du in der Auftragsannahme – also bei mir – nach. Ich kann dann in der Auftragsdatenbank nachsehen, ob es an einem anderen Standort zu finden ist. Wenn ich dort nichts finden kann, dann kannst du das auf dem Reparaturauftrag vermerken und nimmst dir einen neuen Reparaturauftrag. Ich kümmere mich dann um den Verbleib des Fahrrads.

Florian: Okay, das verstehe ich. Anhand der Ereignisgesteuerten Prozesskette müsste dann bei jedem Ereignis geprüft werden, ob es noch weitere Möglichkeiten gibt.

Herr Rother: Richtig. In deinem Beispiel handelt es sich um eine „Entweder-oder-Verknüpfung". Es gibt aber auch Fälle, wo es sich um eine „Oder-Verknüpfung" oder um eine „Und-Verknüpfung" handeln kann.

Florian: Das hört sich aber kompliziert an.

Herr Rother: Ein bisschen vielleicht. Nimm dir doch noch mal deine erstellte EPK vor und ergänze die „Entweder-oder-Verknüpfung", falls du das Fahrrad im Lager nicht findest. Hier hast du auch noch ein Informationsblatt zu den Verknüpfungsoperatoren. Aber weißt du, noch etwas komplizierter wird es, wenn du eine erweiterte Ereignisgesteuerte Prozesskette, eine sogenannte eEPK, erstellst. Dann werden nämlich noch Organisationseinheiten und Informationsobjekte ergänzt. Auch dazu habe ich hier noch ein Informationsblatt für dich.

Florian: Danke. Ich vermute, ich soll dann auch noch eine eEPK erstellen?

Herr Rother: Zuerst nur die Ergänzung um die „Entweder-oder-Verknüpfung" und im nächsten Schritt dann die Ergänzung um Organisationseinheiten und Informationsobjekte. Wir besprechen deine Ergänzung dann wieder.

Handlungsaufträge

1 Sehen Sie sich Ihre erstellte EPK an und markieren Sie den Bereich, in dem Operatoren eingefügt werden müssen. Kopieren Sie diesen Bereich in eine neue PowerPoint-Präsentation und speichern Sie sie unter dem Namen *EPK_Reparatur_eines_Fahrrades_2.pptx* ab. Nun erweitern Sie Ihre EPK um die Operatoren. Die Informationsblätter 3.4 und 3.5 können als Informationsgrundlage genutzt werden.

2 Erstellen Sie auf Grundlage Ihrer EPK aus Handlungsauftrag 1 eine eEPK. Speichern Sie diese Datei unter dem Namen *eEPK_Reparatur_eines_Fahrrades.pptx*. Informationen zu Organisationseinheiten und Informationsobjekten finden Sie auf dem Informationsblatt 3.6.

Informationsblatt 3.4 | Operatoren in der Ereignisgesteuerten Prozesskette

Zu den Grundelementen einer Ereignisgesteuerten Prozesskette gehören auch drei **Operatoren**. Mit ihnen werden Kontrollflüsse aufgespalten bzw. mehrere Kontrollflüsse wieder zu einem Kontrollfluss zusammengefügt. Operatoren stehen vor Ereignissen oder vor Funktionen. Dadurch ist es möglich, Gabelungen in Prozessketten darzustellen. Grafisch werden die Operatoren durch einen Kreis dargestellt:

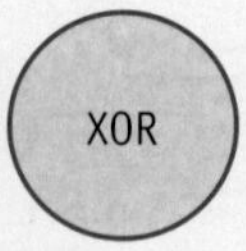

XOR-Operator (Entweder-oder-Operator)

Beispiel:
Der Kunde kann sich nur für eine Alternative entscheiden. Entweder er wählt das Rennrad oder das Mountainbike.

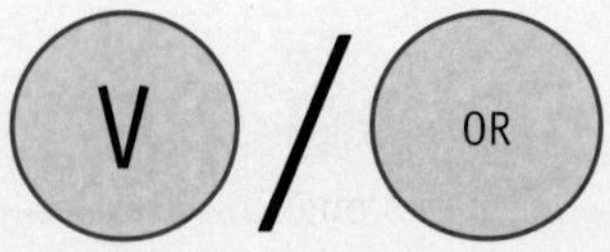

ODER-Operator

Beispiel:
Entweder nimmt der Kunde das eine Fahrrad oder das andere. Er kann aber auch beide nehmen.

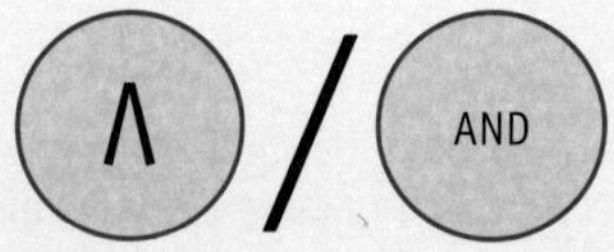

UND-Operator

Beispiel:
Die Rechnung kann erstellt werden, wenn das Fahrrad repariert und die Daten in der Datenbank eingegeben wurden.

Für die Darstellung der Operatoren gelten die folgenden **Regeln**:
- Alleinstehende Operatoren sind nicht erlaubt.
- Operatoren sind zu verwenden, um andere Symbole zu verbinden.
- Bei der Aufspaltung müssen die Operatoren einen eingehenden und zwei oder mehrere ausgehende Pfeile haben.
- Bei der Zusammenführung müssen die Operatoren zwei oder mehr eingehende Pfeile und einen ausgehenden Pfeil haben.
- ODER- oder XOR-Operatoren dürfen nicht nach nur einem Ereignis folgen.

Um Operatoren in PowerPoint einzufügen, gehen Sie – wie bereits beim Einfügen von Ereignissen, Funktionen und Kontrollflüssen – über das Register **Einfügen** → Gruppe **Illustrationen** → Befehl **Formen** und in der Formenauswahl wählen Sie im Bereich **Flussdiagramm** einen Kreis aus. Beschriften können Sie die Operatoren mit den Begriffen „AND", „OR" oder „XOR". Sie können aber auch die entsprechenden Symbole wählen, indem Sie im Register **Einfügen** in der Gruppe **Symbol** den Befehl **Symbol** anklicken. Es öffnet sich ein Kontextmenü. Dort können Sie die Symbole (Λ) und (V) suchen oder im Feld Zeichencode 02C4 und 02C5 eingeben.

Hinweis
Es kann vorkommen, dass nach einem Ereignis eine Funktion wiederholt durchgeführt werden muss, sodass ein Rücksprung erforderlich ist. Da es aber nur einen eingehenden Kontrollfluss in eine Funktion geben darf, muss ein Operator gewählt werden.

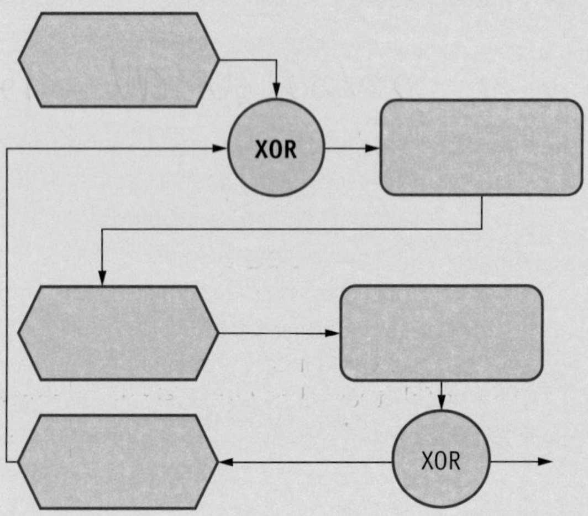

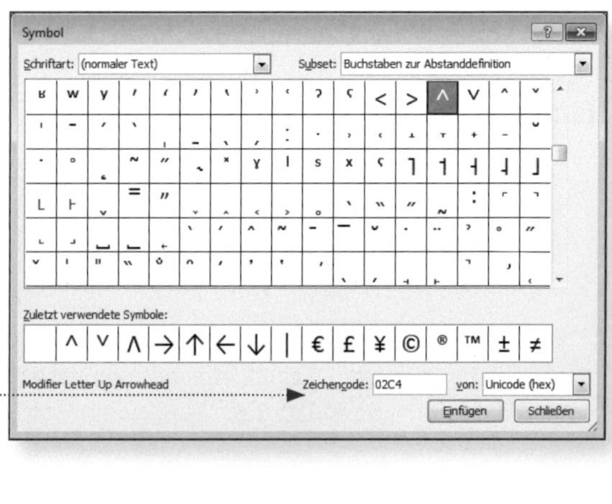

Informationsblatt 3.5 | Übersicht der Verknüpfungsmöglichkeiten

	XOR-Operator	OR-Operator	UND-Operator
Ereignisverknüpfung	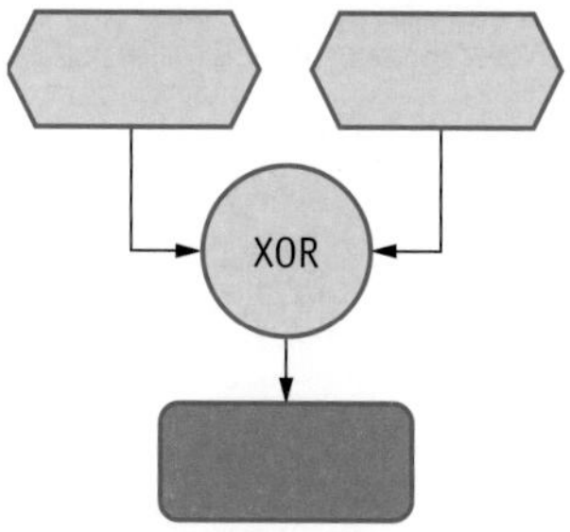 Genau ein Ereignis muss eintreten, damit die Funktion ausgeführt werden kann.	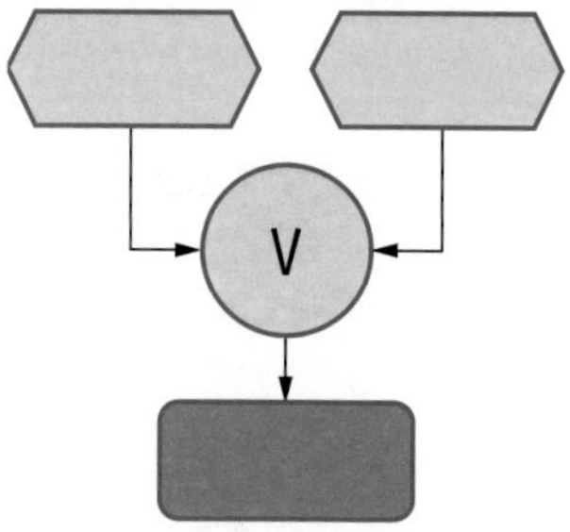 Mindestens eines der Ereignisse muss eintreten, damit die Funktion ausgeführt werden kann.	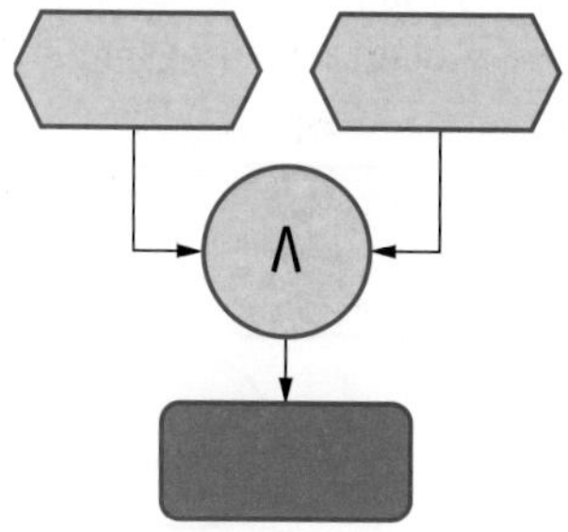 Alle Ereignisse müssen eingetreten sein, damit die Funktion ausgeführt werden kann.
	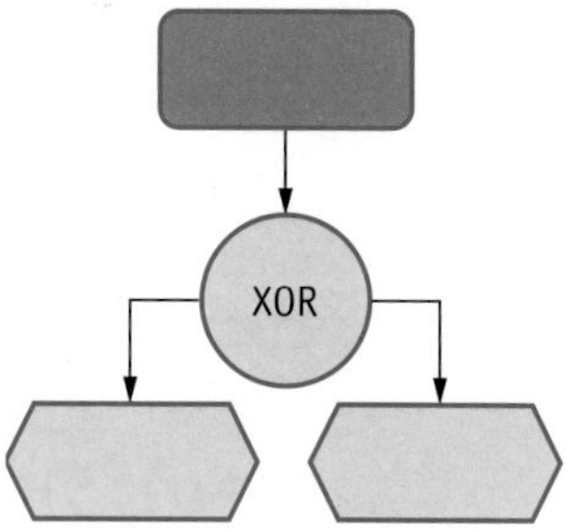 Nach der Durchführung der Funktion tritt genau eines der Ereignisse ein.	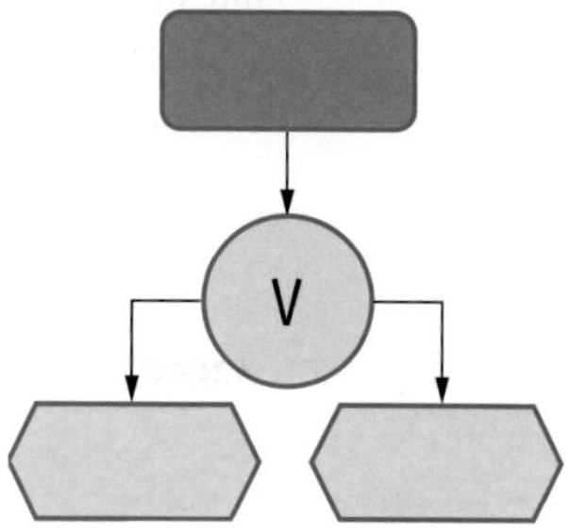 Nach der Durchführung der Funktion tritt mindestens eines der Ereignisse ein.	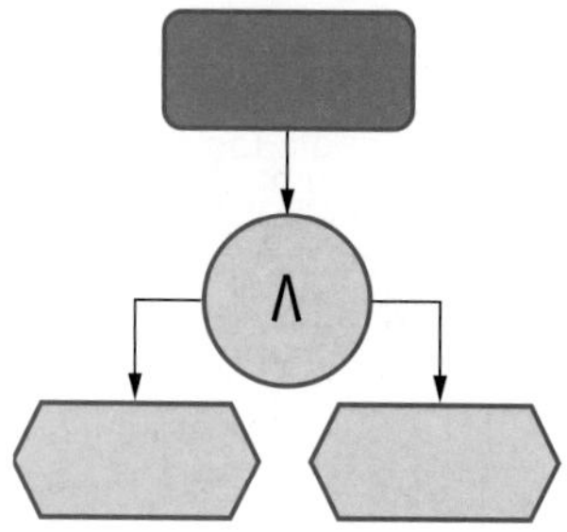 Ist die Funktion durchgeführt, treten beide Ereignisse ein.
Funktionsverknüpfung	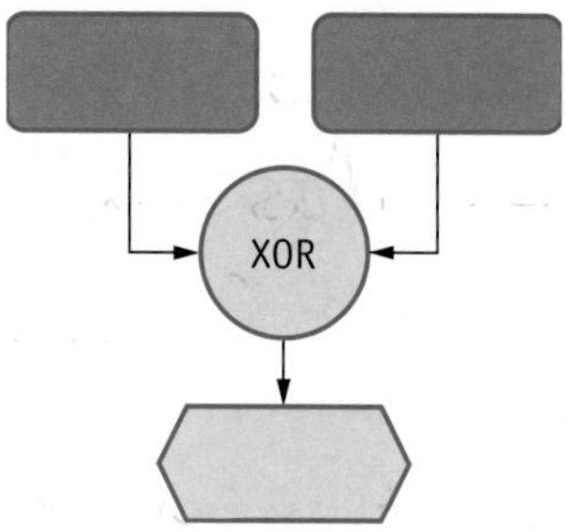 Genau eine Funktion muss ausgeführt sein, damit das Ereignis eintreten kann.	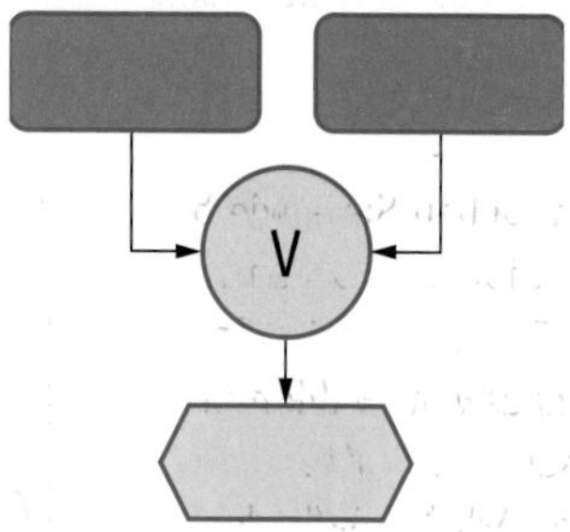 Mindestens eine der Funktionen muss durchgeführt sein, damit das Ereignis eintritt.	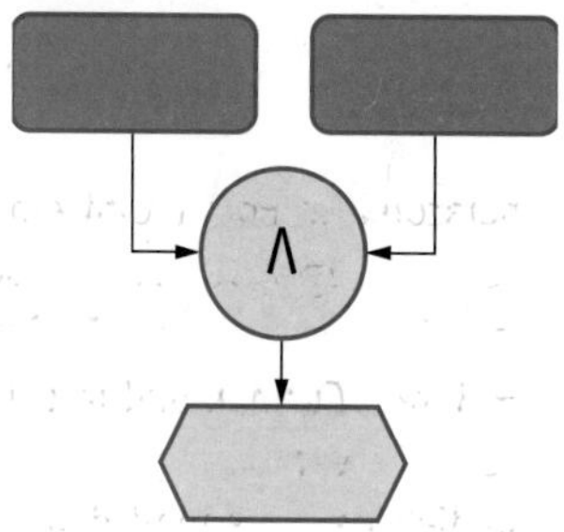 Alle Funktionen müssen durchgeführt sein, damit das Ereignis eintritt.
	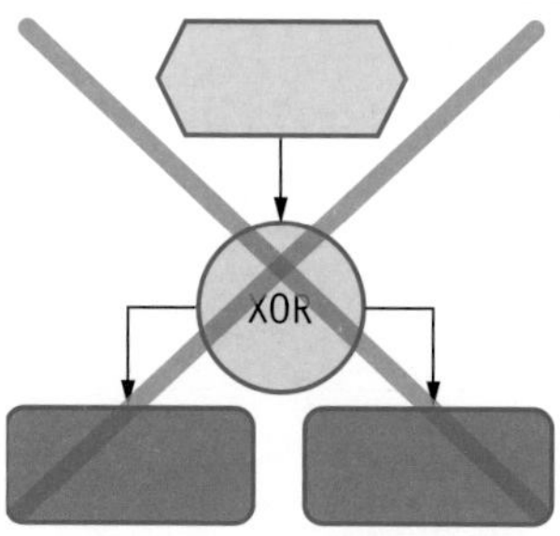 Ein Ereignis kann keine Entscheidung treffen, sodass ein Ereignis nicht auswählen kann, welche Funktion ausgeführt werden kann.	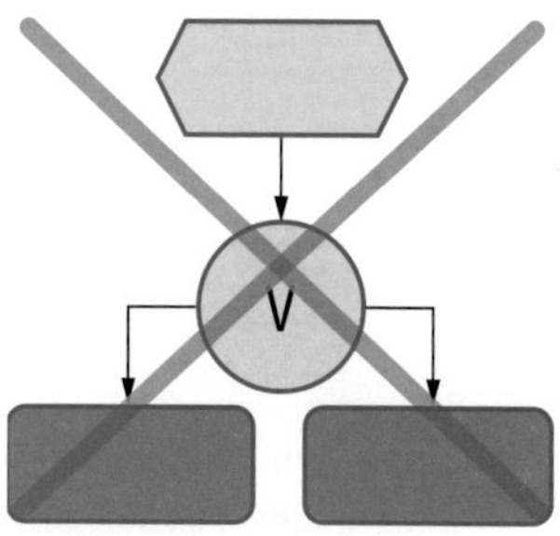 Ein Ereignis kann keine Entscheidung treffen, sodass ein Ereignis nicht auswählen kann, welche Funktion ausgeführt werden kann.	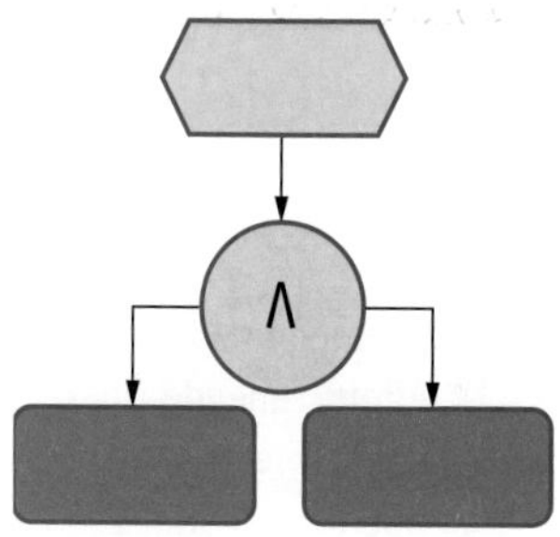 Tritt das Ereignis ein, müssen alle Funktionen ausgeführt werden.

Arbeitsblatt 3.3 | Verknüpfungsoperatoren

1 Ein Kunde der Fly Bike Werke GmbH möchte sich neue Zubehörteile für sein Citybike bestellen. Er hat sich für ein neues Lampenset entschieden. Er wird die Bestellung allerdings nur tätigen, falls beide Zubehörteile (Lampenset vorne und Lampenset hinten) vorrätig sind. Welche Verknüpfungsmöglichkeiten sind möglich? Kreuzen Sie an.

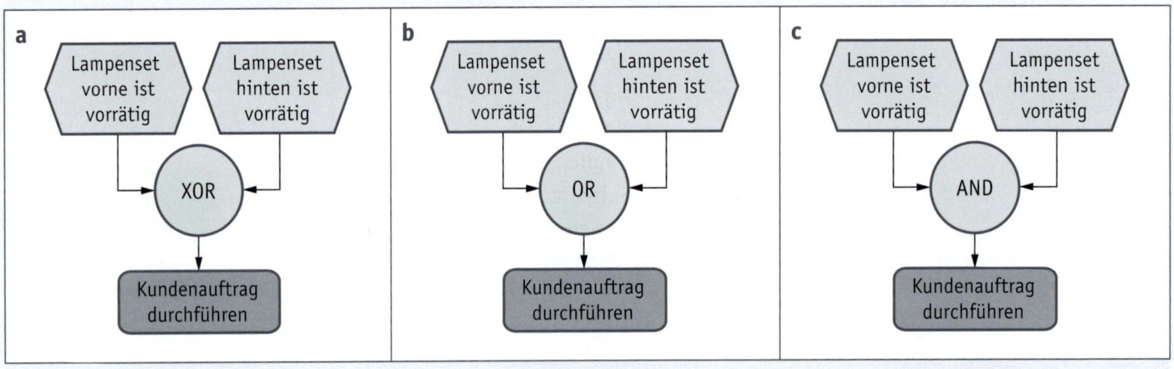

a [ ] b [ ] c [x]

2 Drücken Sie die logische Abfolge der nachfolgenden Ereignisgesteuerten Prozessketten in eigenen Worten aus und formulieren Sie jeweils ein Beispiel.

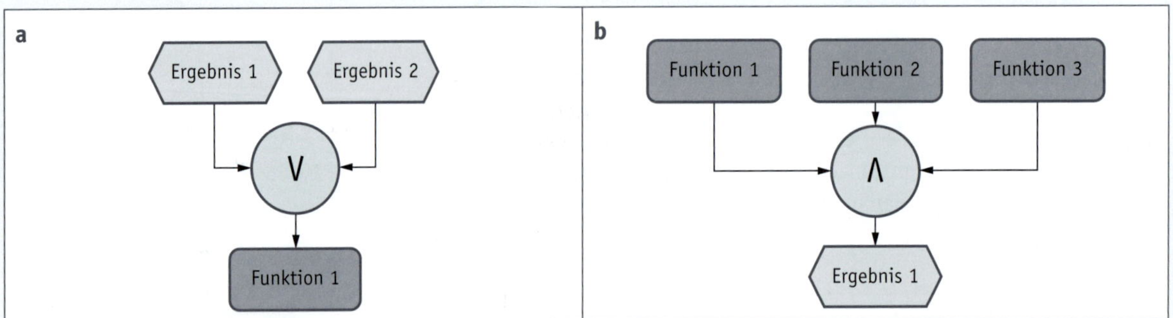

a	b
Der ODER-Operator bedeutet, dass mindestens ein Ereignis (oder alle ereignisse) eingetroffen sein muss damit die nachfolgende Funktion ausgeführt werden kann.	Der UND-Operator bedeutet, dass alle Funktionen ausgeführt sein müssen, bevor das nachfolgende Ereignis eintreffen kann.

3 Welche Aussagen zu den Operatoren sind richtig?

- **a** [■] Alleinstehende Operatoren sind erlaubt.
- **b** [x] Operatoren sind zu verwenden, um andere Symbole zu verbinden.
- **c** [■] Operatoren sind zu verwenden, um Gabelungen in einer Prozesskette zu erzeugen.
- **d** [x] Bei einer Aufspaltung in einer Prozesskette müssen die Operatoren einen eingehenden Pfeil und zwei oder mehr ausgehende Pfeile haben.
- **e** [x] Bei einer Zusammenführung in einer Prozesskette müssen die Operatoren zwei oder mehr eingehende Pfeile und einen ausgehenden Pfeil haben.
- **f** x [■] ODER- oder XOR-Operatoren, die eine Gabelung in der Prozesskette darstellen, dürfen einem Ereignis folgen.

Informationsblatt 3.6 | Informationsobjekte und Organisationseinheiten in erweiterten Ereignisgesteuerten Prozessketten

Werden die Grundelemente (Ereignis, Funktion, Kontrollfluss und Operatoren) der EPK um Organisationseinheiten und Informationsobjekte erweitert, handelt es sich um eine **erweiterte Ereignisgesteuerte Prozesskette** (eEPK).

Die **Organisationseinheit** gibt an, welche Stelle eine bestimmte Funktion ausführt und nicht welcher Mitarbeiter. Die Organisationseinheiten basieren in der Regel auf dem Organigramm des Unternehmens. Grafisch werden Organisationseinheiten durch eine Ellipse mit einem vertikalen Strich an der linken Seite dargestellt. Sie werden über **gestrichelte Linien** Funktionen zugeordnet oder stehen in der gleichen Zeile wie die Funktion.

Beispiel:

Organisationseinheit

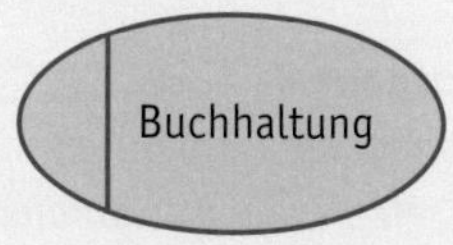

Mit einem **Informationsobjekt** werden die Daten angegeben, die für die Durchführung der Funktion benötigt werden. Es kann nur mit Funktionen verbunden werden. Grafisch wird ein Informationsobjekt durch ein Rechteck mit jeweils einem vertikalen Strick auf der linken und auf der rechten Seite dargestellt. Informationsobjekte werden über **horizontale Pfeile** an Funktionen geknüpft. Sie beschreiben den Datenfluss.

Beispiel:

Informationsobjekt

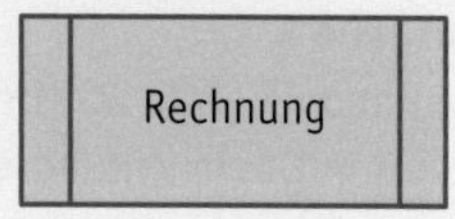

Eine vorgefertigte Form für die Organisationseinheiten gibt es in PowerPoint nicht. Sie können sich diese Form wie folgt erstellen: Über das Register **Einfügen** → Gruppe **Illustrationen** → Befehl **Formen** wählen Sie in der Formenauswahl im Bereich **Standartformen** eine Ellipse aus. Fügen Sie dann eine Linie in die Ellipse ein. Durch die roten Ankerpunkte werden die beiden Formen miteinander verknüpft.

Für Informationsobjekte gibt es aber wieder eine vorgefertigte Form in PowerPoint. Sie finden sie im Bereich **Flussdiagramm.**

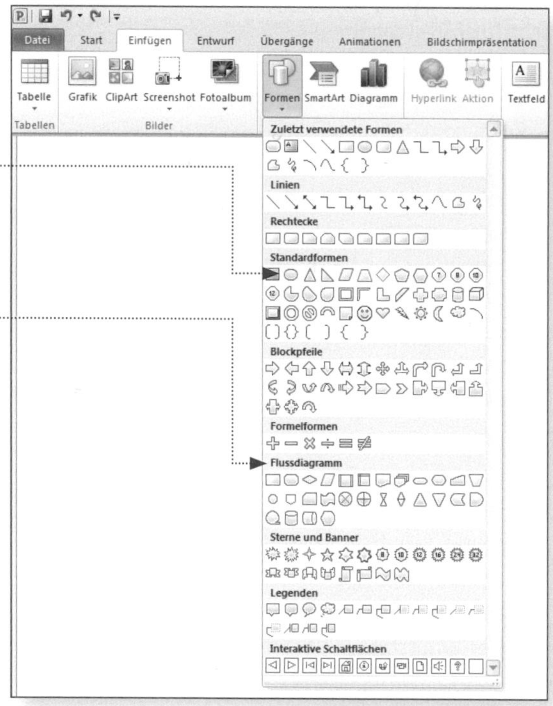

Aufgaben

Aufgabe 1
Erklären Sie am Beispiel des Geschäftsprozesses „Herstellung eines Schuhs", was Teilprozesse sind. Warum werden nicht alle Teilprozesse von einem Unternehmen durchgeführt?

Aufgabe 2
Gehen Sie auf den Geschäftsprozess *Auslieferung von 50 Mountainbikes an einen belgischen Kunden* ein. Nennen und erklären Sie die Merkmale von Geschäftsprozessen. Unterscheiden Sie außerdem zwischen Kern- und Unterstützungsprozessen.

Aufgabe 3
Die Union Elektro AG (Berlin) beliefert die Fly Bike Werke GmbH mit Beleuchtungssystemen. Im Rahmen der Analyse und Verbesserung der Arbeitsabläufe soll bei der Union Elektro AG (Berlin) der Prozess der Kundenauftragsbearbeitung neu organisiert werden. Bei einer Bestellung der Fly Bike Werke GmbH wurden folgende Teilprozesse schriftlich festgehalten:
- Überprüfung der vorhandenen Lagerbestände I
- Versand der Beleuchtungssysteme M
- Buchung der Bestellung G
- Einlagerung der bestellten Teile M
- Überwachung des Zahlungseingangs G
- Rechnungserstellung G
- Überprüfung des Kundenauftrages auf Machbarkeit I
- Einkauf der nicht im Lager vorhandenen Teile zur Produktion der Beleuchtungssysteme M
- Zusammenstellung der bestellten Ware I
- Wareneingangsprüfung der beschafften Teile I

a Bringen Sie die Teilprozesse in die richtige Reihenfolge.
b Geben Sie für jeden Teilprozess an, ob er Bestandteil des Informations-, Material- oder Geldflusses im Unternehmen ist.
c Geben Sie für jeden Teilprozess an, ob er ein Kern- oder Unterstützungsprozess ist.

Aufgabe 4
Die SPhone GmbH, ein Hersteller von Smartphones, wird nach einem schwachen Geschäftsjahr umgebaut. Um die Situation zu bewerten, hat der Aufsichtsrat eine Unternehmensberatung beauftragt. Diese kommt zu folgendem Ergebnis:

a Insgesamt denken die Mitarbeiter zu stark nur in ihren Abteilungen. Es wäre wünschenswert, wenn es eine stärkere Identifikation der Mitarbeiter mit ihren Aufgaben und eine reibungslosere Kommunikation zwischen den Abteilungen geben würde.
b Der Geschäftsführer, Herr Arthur, war drei Wochen erkrankt. Gerade während der Krankheit wurde deutlich, dass Herr Arthur überlastet ist, weil alle Angelegenheiten über seinen Schreibtisch laufen. Das führt zu langen Entscheidungsverzögerungen, die sich das Unternehmen nicht leisten kann. Denn die Kundenwünsche ändern sich schnell. Es entsteht zu wenig Kundennähe.

Stellen Sie anhand des Beispiels und einer Internetrecherche die Vorteile der Geschäftsprozessorientierung im Vergleich zur Funktionsorientierung in einer kurzen Präsentation dar.

Aufgabe 5
Welche Regeln zum Erstellen von Ereignisgesteuerten Prozessketten und erweiterten Ereignisgesteuerten Prozessketten sind richtig?

a Ereignisse und Funktionen wechseln sich ab.
b Operatoren sind neutral.
c Jede Prozesskette startet und endet mit einer Funktion.
d Jeder Vorgang hat mindestens zwei eingehende und ausgehende Ereignisse.
e Jede Funktion hat genau eine eingehende und eine ausgehende Kante.
f Jedes Ereignis hat maximal eine eingehende und eine ausgehende Kante.
g Verzweigungen können über Funktionen abgebildet werden.
h Operatoren verbinden andere Symbole.
i Eine EPK muss mindestens einen Operator haben.
j Eine EPK muss mindestens eine Funktion haben.
k Symbole müssen mit Linien verbunden werden.
l Ereignisse können direkt mit anderen Ereignissen verbunden werden.
m Ereignisse sind mit Funktionen zu verbinden.
n Symbole können sein: Ereignisse, Funktionen, Kontrollfluss, Operatoren, Organisationseinheiten, Informationsobjekte.
o Operatoren sind ausschließlich mit XOR ausgezeichnet.
p Operatoren müssen nicht, aber können für sich alleine stehen.
q Funktionen können nicht mit anderen Funktionen verbunden werden.
r Ein Ereignis kann nur eine Eingangslinie und eine Ausgangslinie haben.
s Eine Funktion kann mehrere Eingangs- und Ausgangslinien haben.
t Organisationseinheiten beschreiben Mitarbeiter.
u Organisationseinheiten basieren auf dem Organigramm des Unternehmens.
v Informationsobjekte sind an Funktionen geknüpft. Der Zusammenhang wird mit Pfeilen dargestellt.

Aufgabe 6
Eine EPK beginnt immer mit einem Startereignis. Bitte prüfen Sie, ob in der nebenstehenden Abbildung das richtige Symbol und die richtige Beschreibung gewählt wurden.

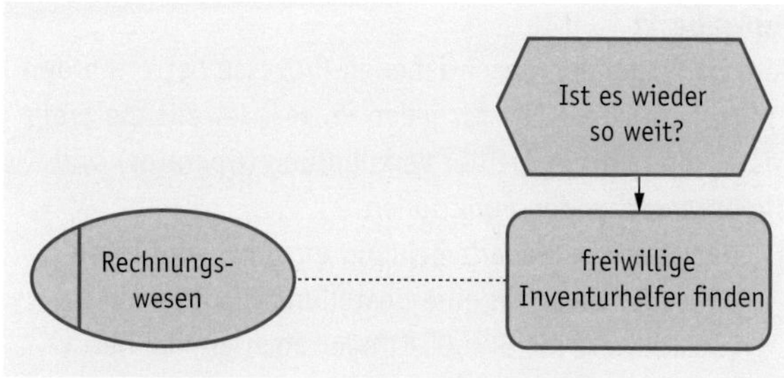

Aufgabe 7
Beurteilen Sie, ob der Operator in der nebenstehenden Abbildung richtig gewählt wurde. Falls nicht, machen Sie einen Korrekturvorschlag.

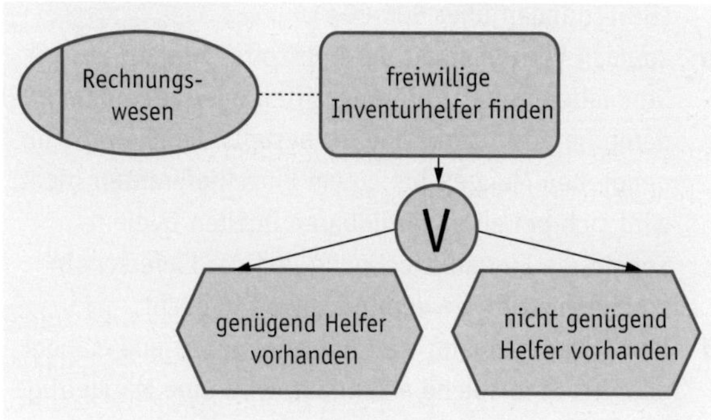

Aufgabe 8
Im nebenstehenden Abschnitt der EPK wurde offensichtlich ziemlich unachtsam gearbeitet. Entdecken Sie einen inhaltlichen und einen logischen Fehler?

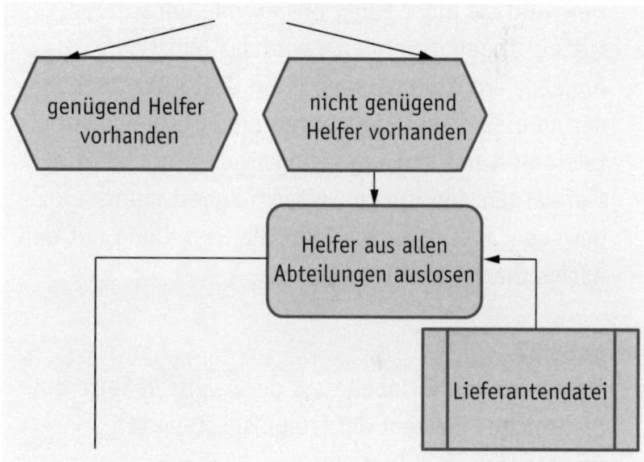

Aufgabe 9
Das linke Symbol in der nebenstehenden Abbildung weist auf ein Dokument hin. Dokumentensymbole lassen sich meist problemlos auch als Funktionen beschreiben. Wandeln Sie das Dokument durch entsprechende Neuformulierung in eine Funktion um.

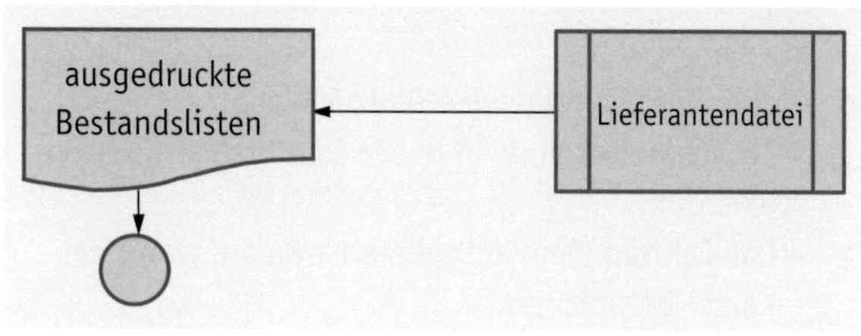

Aufgabe 10
Die Verzweigung am Ende der nebenstehenden Abbildung ist auch nicht ganz korrekt. Prüfen Sie den verwendeten Operator und die Ablauflogik. Können Sie eine Alternative skizzieren?

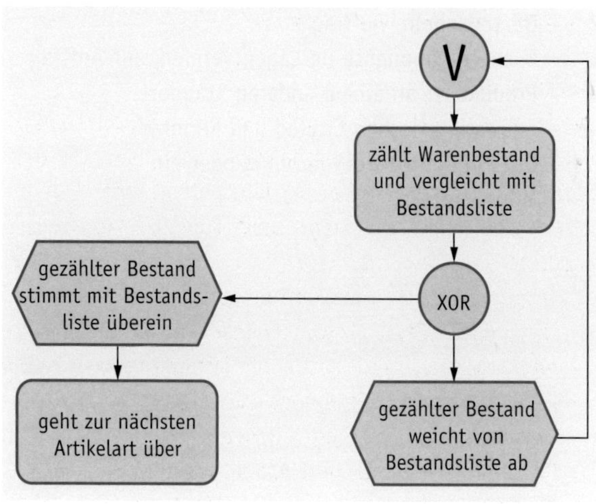

Aufgabe 11

Alle im Folgenden beschriebenen Prozesse betreffen den Einkauf. Zeichnen Sie für jeden Prozess jeweils die Ereignisse, die richtige Art der Verknüpfung (Operator) und die entsprechenden Funktionen.

a Nachdem die Bedarfsmeldung eingeht, wird diese entweder sofort in eine Bestellung umgewandelt (Bestellwert bis 500,00 €) oder noch einmal der Geschäftsführung zur Genehmigung vorgelegt (Bestellungen über 500,00 €).

b Je nach Verfügbarkeit der Rohstoffe wird auf die Stammlieferanten zurückgegriffen oder bei einem anderen lieferfähigen Anbieter bestellt. Reichen die angebotenen Mengen bei einem Einzellieferanten nicht, wird sich bei allen verfügbaren Quellen bedient.

c Sobald die Eingangsrechnung und der Lieferschein vorliegen, wird die Verbindlichkeit gebucht.

d Beim Wareneingang wird die Ware auf offene Mängel geprüft. Sind solche erkennbar, wird eine Mängelrüge geschrieben. Ist die Sendung aber äußerlich einwandfrei, wird sie einer Funktionsprüfung unterzogen.

e Mittels Angebotsvergleich wird das günstigste Angebot ermittelt. Nun wird ein Bestellvordruck mit der Adresse dieses Lieferanten erstellt. Gleichzeitig telefoniert der Einkaufssachbearbeiter noch mit dem Lieferanten, um ihn zu weiteren Zugeständnissen zu bewegen. Erst danach erfolgt die Bestellung mit den nachverhandelten Konditionen.

Aufgabe 12

a Tragen Sie in die Tabelle auf der nächsten Seite ein, um welches Element der Ereignisgesteuerten Prozesskette es sich handelt.

b Ergänzen Sie zu jedem Element eine Erklärung in eigenen Worten.

c Ordnen Sie die folgenden Beispiele zu:

3 – Zur Reparatur müssen Naben und Bremsen verfügbar sein.
7 – Das Fahrrad kann ausgeliefert werden, wenn der Kunde bezahlt hat.
5 – Einkauf, Lager, Vertrieb
8 – Bestellschein, Auftrag
4 – Suche Komponente im Lager, Vermerk auf Auftrag
6 – Produkt ist an einem anderen Standort
2 – Auswahl zwischen Cityrad und Rennrad
1 – Der Kunde kauft ein Rennrad oder ein Mountainbike.

d Erstellen Sie ein Memory-Spiel zum Thema EPK.

Schritt 1: Malen Sie gruppenweise die Symbole einer EPK und die Namen der Elemente auf jeweils eine Karte.

Schritt 2: Schreiben Sie für jedes Symbol eine geeignete Erklärung auf jeweils eine weitere Karte.

Schritt 3: Tauschen Sie Ihr Memory-Spiel mit einer anderen Gruppe.

Schritt 4: Mischen Sie die Karten und legen Sie sie verdeckt auf den Tisch. Nacheinander deckt jeder Spieler zwei Karten auf. Wer ein Frage-Antwort-Pärchen findet, darf die Karten behalten und noch einmal aufdecken. Wer am Ende des Spiels die meisten Karten hat, ist der Sieger.

Aufgabe 13

Entwickeln Sie eine erweiterte Ereignisgesteuerte Prozesskette, die folgende Tätigkeiten der Fly Bike Werke GmbH aufgreift:

Die Köller e. K. hat 100 Spezialfahrradrahmen angeliefert. Die Warenannahme überprüft die Ware. Informationsgrundlage bilden der Lieferschein und der Bestellschein. Ist die Ware beschädigt, wird die Annahme verweigert. Das wird auf dem Lieferschein vermerkt. Ist die Ware in Ordnung, wird die Menge anhand von Bestellschein und Lieferschein überprüft. Stimmt die Menge mit der Bestellung überein, wird die Bestellung angenommen. Stimmt die Menge nicht mit der Bestellung überein, wird die gelieferte Menge auf dem Bestellschein vermerkt und die Bestellung angenommen.

Aufgabe 14

Führen Sie ein Blitzlicht durch. Der Lehrer kann Ihnen dazu einen Satzanfang vorgeben. Sie müssen den Satz dann beenden. Folgende Regeln sollten beim Blitzlicht beachtet werden:

- Es spricht immer nur eine Person.
- Die Aussagen werden nicht kommentiert oder bewertet.
- Die Aussagen sollen kurz sein.

Aufgabe 15

Erweitern Sie Ihre Lernkartei.

Aufgabe 16

Führen Sie Ihr Lerntagebuch.

(zu Aufgabe 12)

Symbol	Element	Erklärung	Beispiel
	Ereignis-	Beschreib eine anfallende tätigkeit.	Produkt ist an einem anderen Standort.
	Funktion	Beschreibt das eintreten eines konkreten betriebwirtschaftlichen Zustandes.	Suche komponente im Lager, Vermerk auf Auftrag.
	Kontroll-fluss	Zeigt wie Ereignisse und Funktionen in logischer und zeitlicher reihenfolge ablaufen.	Das Fahrrad kann ausgeliefert werden, wenn der Kunde bezahlt hat.
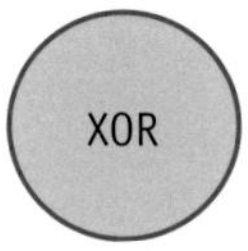	XOR-Operater	Der Kunde kann sich nur für eine Alternative entscheiden.	Auswahl zwischen Cityrad und Rennrad.
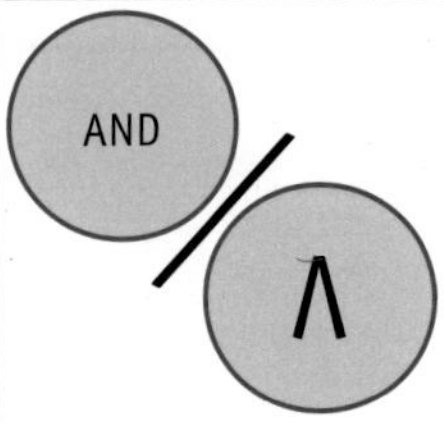	Und-Operater	Die rechnung kann erstellt werden, wenn das Fahrrad repariert und die daten in der datenbank eingegeben wurde.	Zur reparatur müssen Naben und bremsen verfügbar sein.
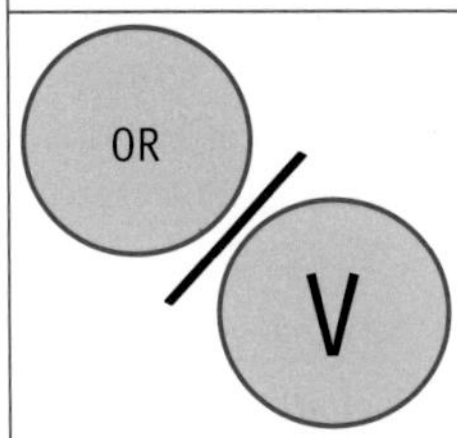	Oder-Operater	Entweder das eine oder das andere. Aber auch beide.	Der Kunde kauft ein Rennrad oder ein Mountainbike.
	Informations-objekt.	Daten eingegeben, die für die durchführung der Funktion benötigt werden.	Bestellschein, Auftrag.
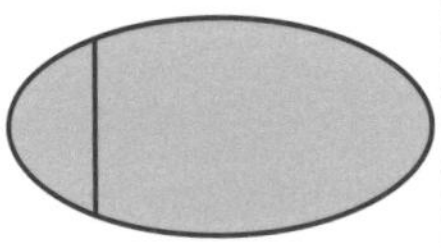	Organisations-einheit	Welche stelle eine funktion ausführt.	Einkauf, Lager, Vertrieb.

SB BWR ▸ Seite 146 ff. | Handlungsfeld 2, Kap. 2
LS BWR ▸ Seite 138 ff. | Lernsituation 22

Geschäftliche Kommunikation

Situation

Lieferschwierigkeiten Tamino Bremsen – Nachricht (HTML)

An...: Nemitz-Mueller@flybike.de, Rother@flybike.de
Cc...:
Betreff: Lieferschwierigkeiten Tamino-Bremsen
Angefügt: Geschäftsbriefvorlage.dotx; Information zur DIN 5008.pdf

Hallo Frau Nemitz-Müller, hallo Herr Rother,

die Firma Tamino INC teilte mir soeben telefonisch mit, dass die Mountainbike-Bremsen (MTB-Bremsen mit Bremsgriffen und Bowdenzügen[1]) aufgrund eines Transportschadens erst in zwei Monaten wieder lieferbar sind. Leider können die Bremsen auch nicht von der Firma Tamino Deutschland GmbH kurzfristig geliefert werden.

Mit freundlichen Grüßen
Evelyn Fee
(Zentralsekretariat)

PS: Bitte nutzen Sie nicht mehr unsere veraltete Geschäftsbriefvorlage mit Bezugszeichenzeilen. Frau Lai hat eine neue Vorlage mit einem modernen Infoblock erarbeitet (siehe Anhang). Ab sofort muss diese Vorlage für unsere Geschäftskorrespondenz verwendet werden. Außerdem habe ich der E-Mail Informationsmaterial zum Geschäftsbriefaufbau nach DIN 5008 angefügt.

Lieferschwierigkeiten Tamino Bremsen – Nachricht (HTML)

An...: Nemitz-Mueller@flybike.de
Cc...:
Betreff: Lieferschwierigkeiten Tamino-Bremsen
Angefügt:

Hallo Frau Nemitz-Müller,

wir müssen bis Ende übernächster Woche 50 Mountainbikes Dispo für die Austria Fahrradhandelsgesellschaft AG produzieren. Bitte beschaffen Sie zeitnah alternative Bremsen (Modell: MTB-Bremsen mit Bremsgriffen und Bowdenzügen).

Mit freundlichen Grüßen
Marco Rother
(Produktion)

[1] bewegliches Maschinenelement (Seilzug), z. B. für die Schaltung von Fahrrädern

Seit heute arbeiten Sie für Frau Nemitz-Müller, Sachbearbeiterin in der Einkaufsabteilung der Fly Bike Werke GmbH. Sie kann Ihre Hilfe sehr gut gebrauchen da sie gerade sehr viel zu tun hat. Sie möchte Sie mit der Bezugsquellenermittlung vertraut machen. Außerdem möchte sie, dass Sie mehr über das Arbeiten mit Word und das Schreiben von Geschäftsbriefen nach DIN 5008 erfahren. Sie hat jede Menge Aufträge für Sie.

Handlungsaufträge

1 Welche Problemstellung ergibt sich aus der Situation? Hier können Sie eine Übersicht wie im Arbeitsblatt 1.1 erstellen.

2 Sichten Sie alle Arbeits- und Informationsblätter, die Sie von Frau Nemitz-Müller erhalten haben. Lösen Sie die Aufgaben auf den Arbeitsblättern 4.1 bis 4.7, um sich mit Word vertraut zu machen.

3 Erstellen Sie in Word eine Checkliste, in der Sie eintragen, auf welche Bestandteile bei einem Geschäftsbrief zu achten ist. Diese Checkliste können Sie dann später immer nutzen, um zu überprüfen, ob Ihr Geschäftsbrief den Schreib- und Gestaltungsregeln der DIN 5008 entspricht. Speichern Sie die Checkliste unter *Checkliste_Geschäftsbrief.docx* ab. Bitte beachten Sie die Hinweise unten.

4 Erstellen Sie mithilfe von Word eine Übersicht möglicher Informationsquellen zur Beschaffung von Produkten. Nutzen Sie dazu Ihr BWR-Buch oder recherchieren Sie im Internet. Speichern Sie die Übersicht unter dem Namen *Bezugsquellenermittlung.docx* ab.

5 Diskutieren Sie in einer Kleingruppe, welche Bezugsquellen für die Beschaffung der 50 MTB-Bremsen infrage kommen.

6 Damit Sie für Frau Nemitz-Müller eine Anfrage schreiben können, sollen Sie zunächst in Word eine Liste erstellen, welche Inhalte eine Anfrage enthalten sollte. Von Frau Nemitz-Müller erhalten Sie dazu die nebenstehende Musteranfrage an die Tamino Deutschland GmbH. Speichern Sie Ihre Liste unter dem Namen *Inhalte_der_Anfrage.docx* ab.

7 Nutzen Sie die Geschäftsbriefvorlage.dotx und erstellen Sie eine Anfrage über die 50 MTB-Bremsen. Speichern Sie diese unter *Anfrage_Bremsen.docx* ab.

Fly Bike Werke GmbH

Fly Bike Werke GmbH · Rostocker Str. 334 · 26121 Oldenburg

Tamino Deutschland GmbH
Sebastian Freundlich
Immermannstraße 24
40210 Düsseldorf

Ihr Zeichen, Ihre Nachricht vom	Unser Zeichen, Unsere Nachricht vom	Telefon, Name	Datum
	nem15.01.20XX	0441885-0 Frau Nemitz-Müller	05.02.20XX

Betreff: Anfrage über 100 MTB XT Antriebe

Sehr geehrter Herr Freundlich,

für eine Sonderaktion benötigen wir zur Produktion unseres Mountainbikes Dispo 100 MTB XT Antriebe.

Die Lieferung der Antriebe sollte bis zum 28.02.20XX erfolgen können. Bitte übermitteln Sie uns schnellstmöglich ein Angebot unter Angabe Ihrer Zahlungs- und Lieferbedingungen.

Mit freundlichen Grüßen

Fly Bike Werke GmbH

i. A. Ann-Kathrin Nemitz-Müller
Ann-Kathrin Nemitz-Müller

Anlage
Prospekt der Fly Bike Werke GmbH

Fly Bike Werke GmbH	Bankkonten	Geschäftsführer	Handelsregister
Rostocker Str. 334 26121 Oldenburg www.flybike.de mail@flybike.de	Landessparkasse Oldenburg BLZ 280 501 00 Kto.-Nr. 112326444 IBAN DE86 2805 0100 0112 3264 44 BIC BRLADE21LZO	Hans Peters	Amstgericht Oldenburg HR Oldenburg B 2134 Steuer Nr. 112/8870/0057 USt-Id.-Nr. DE236667691

Hinweis

- In Word werden Vorlagen – Dateien, die immer wieder verwendet werden – mit der Dateiendung dotx abgespeichert. Bei „normalen" Dokumenten, die keine Vorlage enthalten, wird die Dateiendung docx verwendet.
- Damit die Dokumente, welche die Mitarbeiter der Fly Bike Werke GmbH erstellen, einheitlich aussehen, wird immer die Schriftart Arial verwendet. Als Standardschriftgröße für einen normalen Text sind 12 pt (Punkt) festgelegt.

Informationsblatt 4.1 (3 Seiten) | Geschäftsbriefaufbau nach DIN 5008

Damit schriftliche Kommunikation zwischen Unternehmen professionell und möglichst einheitlich aussieht, müssen alle Regeln der deutschen Rechtschreibung sowie die Schreib- und Gestaltungsregeln für die Textverarbeitung vom DIN (**D**eutsches **I**nstitut für **N**ormung e. V.) eingehalten werden. Schreib- und Gestaltungsregeln für die Textverarbeitung sind in der **DIN 5008** festgelegt. Inhaltliche Regeln gibt die Norm nicht vor. Die DIN 5008 regelt also nicht, was geschrieben wird, sondern nur, wie es geschrieben wird. Die DIN 5008 wird in regelmäßigen Abständen aktualisiert. Daher sollte man sich ständig über die aktuellen Regeln informieren.

Der Briefkopf

Die DIN 5008 sieht zwei Formen von Briefvorlagen vor: **Form A** mit einem Briefkopf, der 3,2 cm hoch ist, und **Form B**, deren Briefkopf 5 cm hoch ist. Die Fly Bike Werke GmbH arbeitet mit Form B. Der Briefkopf kann von jedem Unternehmen frei gestaltet werden und kann ein Logo in den Unternehmensfarben, den Unternehmensnamen oder eine Kombination aus beidem enthalten.

Das Anschriftfeld

Das Anschriftfeld besteht aus neun Zeilen, die sich auf zwei Bereiche aufteilen. Die oberen drei Zeilen bilden die Zusatz- und Vermerkzone. Die unteren sechs Zeilen bilden die Anschriftzone. In die **Zusatz- und Vermerkzone** werden alle Versandinformationen für die Post von unten nach oben eingefügt. Die erste Information wird in die dritte Zeile geschrieben, die nächste in die zweite Zeile usw. Gibt es nur eine Information, bleiben die oberen beiden Zeilen leer. Vermerke können sein: Express; Einschreiben; Nachnahme; Wenn Empfänger verzogen, an Absender zurück; Wenn Empfänger verzogen, nicht nachsenden; Werbesendung; Infopost

In die **Anschriftzone** tragen Sie alle Informationen zum Empfänger ein. Die eigentliche Anschrift beginnt immer in der 4. Zeile. Bestandteile einer Firmenanschrift sind: Firmenname, Straße mit Hausnummer oder Postfach mit Postfachnummer, Postleitzahl, Ort. Zusätzlich sind möglich: Anrede, Vorname und Nachname eines Ansprechpartners, akademischer Grad bzw. Titel des Ansprechpartners, Abteilung.

Wenn Sie einen Ansprechpartner innerhalb des Unternehmens haben, tragen Sie in der 5. Zeile die Anrede und den Namen des Ansprechpartners ein. Alle anderen Informationen rutschen dann um eine Zeile weiter nach unten. Alle Informationen zum Ansprechpartner (Anrede, Titel, Vorname und Nachname) befinden sich in einer Zeile.

Wenn der Brief an eine bestimmte Abteilung verschickt werden soll, tragen Sie die Abteilung unter dem Firmennamen ein. Sollten Sie innerhalb der Abteilung eine bestimmte Person anschreiben, wird der Ansprechpartner unter der Abteilungsangabe eingefügt.

Die Bezugszeichenzeile und der Infoblock

Um wichtige Kommunikationsinformationen, z. B. vorangegangene Korrespondenz, Ansprechpartner, Abteilung, Telefonnummern, anzugeben, kann entweder eine Bezugszeichenzeile (vgl. Anfrage der Fly Bike Werke GmbH, S. 55) oder ein Informationsblock (vgl. Musterbrief, S. 58) gewählt werden. Beide Versionen sind nach der DIN 5008 zulässig, allerdings gilt ein Geschäftsbrief mit Bezugszeichenzeile als veraltet. Außerdem bietet die **Bezugszeichenzeile** häufig zu wenig Platz für alle Informationen und die Inhalte werden daher aufgrund von Platzmangel zu klein geschrieben.

Der **Infoblock** befindet sich in der Regel rechts neben dem Anschriftfeld. Mögliche Informationen des Infoblocks sind z. B.: Ihr Zeichen, Ihre Nachricht vom, Unser Zeichen, Unsere Nachricht vom, Name, Telefon, Telefax, E-Mail, Datum. Die Leerzeile vor dem Datum muss laut DIN 5008 eingehalten werden und darf nicht mit weiteren Leitwörtern gefüllt werden. Sollten Sie weitere bzw. andere Leitwörter brauchen, ersetzen Sie stattdessen Begriffe, die Sie nicht brauchen, z. B. „Ihr Zeichen“ durch „Ihr Gesprächspartner“.

> Ihr Ansprechpartner: Ann-Kathrin Nemitz-Müller
> Abteilung: Einkauf
>
> Telefon: +49 441 885-0
> Telefax: +49 441 885-9211
> E-Mail: Nemitz-Mueller@flybike.de
>
> Datum: 10. 03. 20XX

Der Betreff
Ein Betreff ist eine stichwortartige Inhaltsangabe des Geschäftsbriefs. Der Empfänger soll daran erkennen können, worum es im Brief geht.
- Zwischen dem Briefdatum und dem Betreff müssen Sie zwei Leerzeilen einhalten.
- Verwenden Sie einen aussagekräftigen Betreff.
- Er darf in Fettschrift bzw. in Farbe geschrieben sein.
- Das Wort „Betreff" wird nicht mehr geschrieben (veraltet!).
- Längere Betrefftexte werden sinnvoll auf mehrere Zeilen verteilt.
- Ein Betreff hat keinen Punkt am Ende. Andere Satzzeichen wie Ausrufe- oder Fragezeichen sind aber erlaubt.
- Nach einem Betreff müssen Sie zwei Leerzeilen einhalten.

Die Briefanrede
- Wenn Sie im Anschriftfeld eine Person genannt haben (Privatperson oder Ansprechpartner innerhalb eines Unternehmens), müssen Sie sie auch in der Briefanrede ansprechen. Die Formel „Sehr geehrte Damen und Herren" dürfen Sie nur verwenden, wenn Sie keinen konkreten Ansprechpartner haben.
- Schließen Sie die Briefanrede immer mit einem Komma ab.
- Der nächste Absatz beginnt mit einem Kleinbuchstaben, wenn dieses Wort üblicherweise kleingeschrieben wird.
- Zwischen der Anrede und dem Folgeabsatz ist eine Leerzeile einzuhalten.

Der Brieftext
Kein Kunde liest gern einen Text, der nicht sauber strukturiert ist. Gestalten Sie Ihren Text anschaulich und ansprechend (vgl. Arbeitsblätter 4.1–4.7). Außerdem sollten Sie zusätzlich die folgenden Punkte beachten:
- **Absatz.** Auch wenn Ihr Brief nur ein Thema hat, müssen Sie den Text in sinnvolle Absätze einteilen, um den Leser nicht mit zu viel unstrukturiertem Text abzuschrecken.
- **Zeit- und Ortsangabe.** Heben Sie Termine und Ortsangaben stets durch Fettschrift hervor. Noch besser ist es, wenn Sie diese Textstellen zentrieren, sie sozusagen ins Zentrum Ihres Briefes stellen.
- **DIN 5008 beachten.** Durch einen gut gegliederten und DIN-gerechten Brief überzeugen Sie unaufdringlich. Jedes Schreiben, das Sie verfassen, ist eine Visitenkarte für Ihr Unternehmen. Sie vermitteln mit DIN-gerechten Briefen Kompetenz und Professionalität.

Der Briefschluss
Der Briefschluss ist die letzte Möglichkeit für Sie, den Kunden von sich und Ihrer Firma zu überzeugen. Nach dem Brieftext folgt die **Grußformel**. Zwischen der **Grußformel** und dem Brieftext müssen Sie einen Absatz machen. Auch unter der Grußformel müssen Sie einen Absatz machen. Fügen Sie dann den **Namen Ihres Unternehmens** ein. **Der Name des Unterzeichners** wird in Geschäftsbriefen genauso wiederholt, wie der Unterzeichner auch wirklich unterschreibt. Falls es in Ihrem Unternehmen üblich ist, nur mit dem Nachnamen zu unterschreiben, dürfen Sie auch nur den Nachnamen maschinenschriftlich einfügen. Die Anreden „Frau" und „Herr" sind nicht erlaubt, denn niemand unterschreibt mit der Anrede vor seinem Namen. Geschäftsbriefe der Fly Bike Werke GmbH werden jedoch immer mit Vor- und Nachname des jeweiligen Mitarbeiters unterschrieben.

Die Vertretungsform bei der Unterschrift zeigt dem Leser, mit welchen Rechten der Unterzeichner ausgestattet ist. Unterzeichnet eine Person den Brief ohne Vertretungsform, kann der Leser davon ausgehen, dass es sich um den Geschäftsinhaber handelt. Alle anderen Personen müssen mit einem Vertretungszusatz unterzeichnen:
- ppa = per Prokura
- i. V. = in Vertretung (Handlungsvollmacht)
- i. A. = im Auftrag (Einzelvollmacht)

Die Vertretungsform steht entweder zwischen der Unternehmensbezeichnung und der maschinenschriftlichen Angabe des Unterzeichners oder direkt vor der Namenswiederholung. Achten Sie darauf, genug Schreibabstand für den Unterzeichner einzuhalten. Die DIN 5008 gibt nicht an, wie viele Zeilen Sie leer lassen müssen. In der Praxis haben sich drei leere Zeilen bewährt.

Anlagenvermerk
Häufig werden Geschäftsbriefen Anlagen beigefügt. In diesen Fällen müssen Sie im Briefschluss vermerken, welche Anlagen Sie mitschicken. Fügen Sie bei kurzen Anschreiben eine Leerzeile nach der Unterschriftswiederholung ein. Danach folgt das Wort „Anlage" bzw. „Anlagen". Laut DIN 5008 darf das Wort „Anlage" bzw. „Anlagen" hervorgehoben werden, aber nur durch Fettschrift (nicht durch Kursivschrift oder Unterstreichung). Auch ein Doppelpunkt nach dem Anlagenvermerk ist falsch. Die DIN 5008 gibt nicht vor, ob Sie die Anlagen nennen müssen, die Sie dem Brief beigefügt haben. Der Sinn des Anlagenvermerks ist jedoch, dass der Leser sofort erkennen kann, ob der Brief vollständig ist.

Der Brieffuß
Im Brieffuß stehen die Firmendaten, Kontaktdaten, Verantwortliche der Firma, Kontoverbindungen und rechtliche Angaben zur Firma, wie das zuständige Gericht und dessen Sitz, sowie steuerliche Angaben. Die Aufteilung und Reihenfolge dieser Angaben sind in der DIN 5008 nicht vorgegeben. Es wird nur gefordert, dass bei der Gestaltung des Brieffußes die Rechtsvorschriften in der jeweils aktuellen Fassung zu beachten sind.

Briefkopf (Hier Form B)
kann von jedem Unternehmen frei gestaltet werden.

Fly Bike Werke GmbH

Fly Bike Werke GmbH · Rostocker Str. 334 · 26121 Oldenburg

Anschriftenfeld (9 Zeilen)
1.–3. Zusatz- und Vermerkzone, z. B. Express, Einschreiben, Infopost, Nicht nachsenden
4. Empfängerbezeichnung/Anrede, z. B. Firma oder Frau/Herr
5. Empfänger: Vor- und Nachname, ggf. mit Titel oder akademischem Grad
6. Postfach mit Nummer oder Straße mit Hausnummer
7. PLZ und Bestimmungsort
8. Bestimmungsland
9. Leerzeile

Infc
Cycl
Her
Am
204

Ihr Ansprechpartner:	Ann-Kathrin Nemitz-Müller
Abteilung:	Einkauf
Telefon:	+49 441 885-5
Telefax:	
E-Mail:	
Datum:	

Der moderne **Informationsblock** dient der Orientierung des Briefempfängers. Die Schriftgröße des Informationsblocks kann 8 pt (Punkt) und in Ausnahmefällen auch 6 pt betragen.

Katalog-Zusendu

Betreff
stichwortartige Inhaltsangabe des Geschäftsbriefs

Sehr geehrter Herr Weeseler,

Anrede
Ist der Empfänger bekannt, so wird dieser mit seinem Namen angesprochen, z. B.: Sehr geehrte Frau Müller. Nach der Anrede steht ein Komma.

wir möchten unser Zubehör-Sortiment u. a. um Fahrrad-Helme, Fahrrad-Schlösser sowie Fahrrad-Taschen erweitert B
zu.

Brieftext
Der Geschäftsbrief sollte strukturiert, anschaulich und ansprechend gestaltet sein. Damit der Brieftext gut lesbar ist, sollte die Schriftgröße nicht kleiner als 10 pt sein. Bei kurzen Texten sollten Sie nicht in Versuchung geraten, eine Schriftgröße von 13 oder 14 pt zu wählen, um den Text größer aussehen zu lassen. Als Schriftart sollte Arial oder Times New Roman verwendet werden, da sie gut lesbar sind. Der Zeilenabstand eines Fließtextes sollte einzeilig sein.

Mit freundlichen Grüßen

Fly Bike Werke GmbH

i. A. Ann-Kathrin Nemitz-Mü

Ann-Kathrin Nemitz-Müller

Anlage
Prospekt der Fly Bike Werke GmbH

Gruß
Der Geschäftsbrief wird mit einem Gruß abgeschlossen. Üblich ist: „Mit freundlichen Grüßen“ oder „Mit freundlichem Gruß“. Als distanzierte Grußformel, meist im Rahmen von Mahnungen eingesetzt, gilt die Formulierung „Hochachtungsvoll“.

Handschriftliche Unterschrift
Für die Unterschrift werden in der Regel drei Zeilen reserviert. Ist der Unterzeichner nicht Inhaber des Unternehmens, so gibt ein Kürzel vor der Unterschrift die entsprechende Vollmacht des Unterzeichners an.
ppa. (per Prokura) = Prokura
i. V. (in Vertretung) = Handlungsvollmacht
i. A.(im Auftrag) = Einzelvollmacht

maschinenschriftliche Namenswiederholung des Briefverfassers

Anlage
Wenn dem Brief weitere Unterlagen beigefügt werden, wird ein Anlagenvermerk verwendet, um die beigefügten Unterlagen aufzuzählen.

Brieffuß
Am Fuß des Geschäftsbriefes werden Angaben über das Unternehmen wie z. B. alle Kommunikationsmittel, Kontoverbindungen, Postanschrift sowie steuerrechtliche Angaben wie Steuer-Nr. bzw. USt-Id-Nr. festgehalten. Bei Kapitalgesellschaften müssen außerdem die Rechtsform, der Sitz der Gesellschaft, das Registergericht, die Handelsregister-Nummer sowie die Geschäftsführer, Gesellschafter oder Aufsichtsrats-Mitglieder dokumentiert werden.

Fly Bike Werke GmbH	**Bankkonten**	**Geschäftsführer**	**Handelsregister**
Rostocker Str. 334 26121 Oldenburg www.flybike.de mail@flybike.de	Landessparkasse Oldenburg BLZ 280 501 00 Kto.-Nr. 112326444 IBAN DE86 2805 0100 0112 3264 44 BIC BRLADE21LZO	Hans Peters	Amstgericht Oldenburg HR Oldenburg B 2134 Steuer Nr. 112/8870/0057 USt-Id.-Nr. DE236667691

Arbeitsblatt 4.1 | Texterfassung unter ergonomischen Regeln

Falsche Arbeitshaltung kann die Gesundheit gefährden und z. B. Rückenschmerzen auslösen. Die Ergonomie (altgriechisch ergon: „Arbeit" und nomos: „Regel") zielt darauf, Arbeitsbedingungen und Arbeitsabläufe zu verbessern. Bei der Texterfassung betreffen ergonomische Regeln u. a. Bildschirm, Tastatur, Maus, Schreibtischstuhl und Sitzposition.

Ein **Bildschirm**, der ergonomischen Standards entspricht, sollte
- flexibel aufstellbar, leicht drehbar, höhenverstellbar und neigbar sein. Die Neigbarkeit muss mindestens 20 Grad nach hinten und 5 Grad nach vorne betragen.
- ein flimmerfreies Bild mit hohen Kontrasten und hoher Bildschirmhelligkeit haben.
- matte, entspiegelte Oberflächen zur Vermeidung störender Blendungen aufweisen.
- Größe und Format der Bildschirme auf die jeweilige Arbeitsaufgabe anpassen können.
- eine angemessene Darstellung von Farben sicherstellen.

Die Augenbelastung hat aufgrund immer besser entwickelter Bildschirmtechnologie abgenommen. Gleichzeitig verbringen wir immer mehr Zeit am Bildschirm, sodass die Dauer der Bildschirmbindung belastend sein kann. Heutzutage sind LCD-Bildschirme (liquid crystal display) weitverbreitet. LCD-Bildschirme bauen Bilder durch Ansteuerung von Bildpunkten auf. Hierbei werden Flüssigkeitskristalle genutzt, die das Licht auf verschiedene Weise brechen, je nachdem, ob die Bildpunkte elektrische Spannung anlegen oder nicht. Aus ergonomischer Sicht haben LCD-Bildschirme zahlreiche Vorteile, insbesondere reflexionsarme Oberflächen, Flimmerfreiheit, weitgehende Strahlungsfreiheit, keine Verzerrungen an den Bildschirmkanten.

Folgende ergonomische Standards sind beim Einsatz der **Tastatur** vorgeschrieben:
- Rutschfeste Aufstellung und Standfestigkeit
- Eben geformte Tastenoberfläche, um den Fingern Halt zu geben
- Keine scharfen Ecken und Kanten.
- Tastaturen von Notebooks sollen weitgehend mit der Normtastatur übereinstimmen.

Eine ergonomische **Maus** soll
- eine bequeme, unverkrampfte Handhaltung ermöglichen,
- in ihrer anatomischen Form passend zur aufliegenden Hand sein,
- zur Handgröße passen,
- Tastenbedienung leicht und sicher mit minimaler Fingerkraft sicherstellen. Der Tastendruck darf nicht zum Verlust der Kontrolle über die Maus führen,
- nach Möglichkeit eine Anpassung für Links- und Rechtshänder enthalten.

Um Gesundheitsschäden (z. B. Rückenleiden) vorzubeugen, sind hohe ergonomische Standards an den **Schreibtischstuhl** zu legen. Im Speziellen sind zu nennen:
- Die Sitztiefe muss mindestens 380 mm, Sitzbreite mindestens 400 mm betragen. Verstellbare Sitzflächenneigung um mindestens 6 Grad ist Minimum.
- Rollen, die sich auch feststellen lassen.
- Die Sitzfläche muss dahingehend eingestellt werden, dass die Kniegelenke in etwa einen 90-Grad-Winkel bilden können.
- Die Armlehnen sollten gepolstert und höhenverstellbar sein sowie eine leicht runde Form besitzen. Hierdurch wird die Wirbelsäule, insbesondere in der Lendenregion, entlastet. Die Breite beträgt mindestens 40 mm, die Länge 200 mm.
- Breite der Rückenlehne mindestens 360 mm, Höhe mindestens 260 mm. Neigung muss um mindestens 15 Grad verstellbar sein.

Aufgaben

Kennzeichnen Sie die richtigen Antworten.

a Die Ergonomie zielt darauf ab, Arbeitsbedingungen zu verbessern.

b Kontraste dürfen bei hoher Bildschirmauflösung nicht zu groß sein.

c Der Bildschirm erfüllt ergonomische Standards, wenn dort gelbe Schrift auf blauem Hintergrund dargestellt wird.

d Die Augenbelastung am Bildschirm hat im Vergleich zu früher zugenommen.

e Ein Problem bleibt die hohe Dauer der Bildschirmbindung.

f LCD-Bildschirme bieten zahlreiche ergonomische Vorteile gegenüber alten Röhrenbildschirmen.

g Ergonomische Tastaturen von Notebooks dürfen sich nicht grundlegend von PC-Tastaturen unterscheiden.

h Schlecht eingestellte Armlehnen belasten die Wirbelsäule.

i Rollen von Bürostühlen dürfen nach ergonomischen Regeln nicht feststellbar sein.

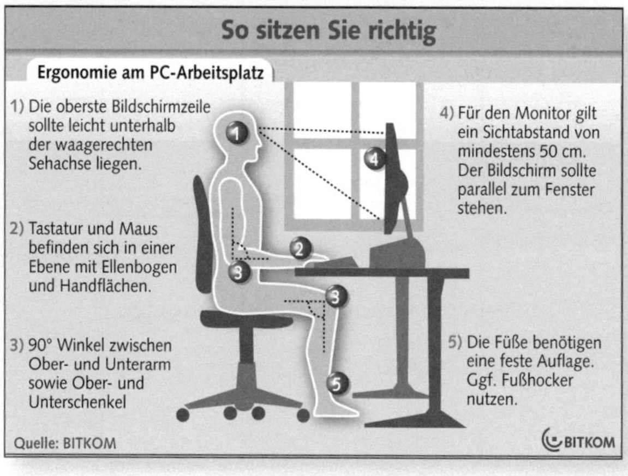

Arbeitsblatt 4.2 | Die Benutzeroberfläche von Word 2010

Um Texte wie z. B. Briefe zu schreiben und zu gestalten, wird ein Textverarbeitungsprogramm verwendet. Bei der Fly Bike Werke GmbH wird Word als Textverarbeitungsprogramm eingesetzt. Dieses Programm finden Sie auf dem Computer unter **Start** → **Alle Programme.** Starten Sie das Programm mit einem Klick. Das Programm öffnet sich mit einem neuen, leeren Dokument. Sie können jetzt dieses Dokument bearbeiten (Texte hinzufügen, die Seite einrichten usw.) oder ein bereits bestehendes Dokument öffnen.

Beschriften Sie die Abbildung mit folgenden Fachbegriffen:

Schließen, Titelleiste, Hilfe, Symbolleiste für den Schnellzugriff, Multifunktionsleiste, nichtdruckbare Zeichen, Zoomregler, Dialogfeld zur Gruppe Absatz, Minimieren, Ansichten, Cursor, Lineal, Register (Registerkarte), Verkleinern, Gruppe Schriftart, Register Datei

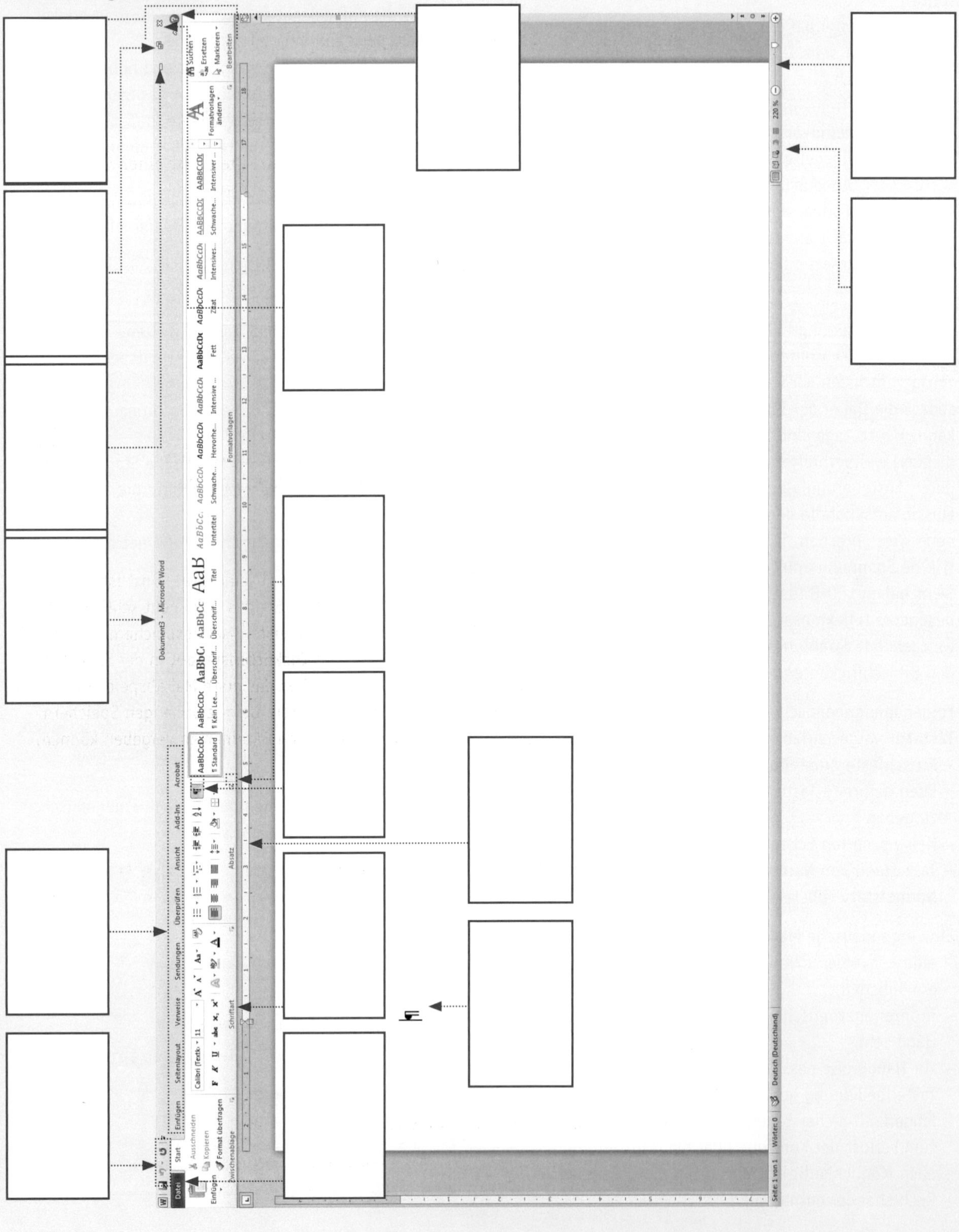

Arbeitsblatt 4.3 | Erste Schritte in Word

Nach dem Öffnen von Word können Sie sofort mit der Texteingabe beginnen, da sich automatisch ein neues, leeres Dokument geöffnet hat. Jeder Text kann durch verschiedene Formatierungen in Word gestaltet werden. Bevor Sie allerdings einen Text formatieren, sollte er zuerst vollständig eingegeben werden. Außerdem ist es in der Regel hilfreich, sich die nichtdruckbaren Zeichen anzeigen zu lassen, sodass Sie erkennen können, ob Sie z. B. zu viele Leerzeichen in einem Text verwendet haben oder wo ein Absatz endet.

Diese Zeichen sind bei einem Druck des Dokuments nicht sichtbar. Sie aktivieren die Anzeige der nichtdruckbaren Zeichen über das Register **Start** und den Befehl **Alle anzeigen.**

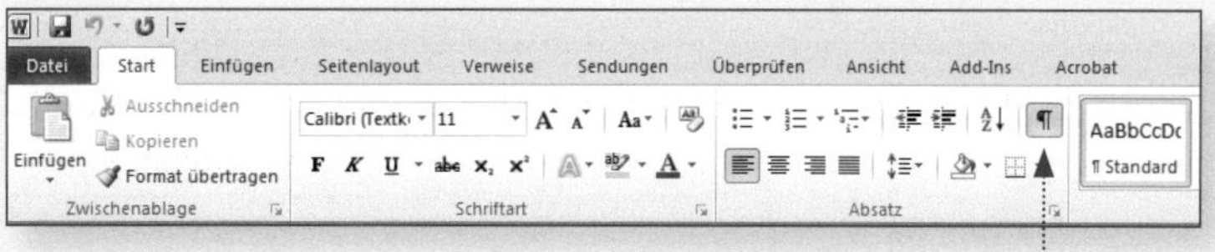

Die folgenden Zeichen werden Ihnen angezeigt, wenn Sie die nichtdruckbaren Zeichen aktiviert haben:

Zeichen	Bedeutung
¶	Das umgedrehte „P" am Ende jedes Absatzes zeigt Ihnen eine Absatzmarke an.
¤	So sieht eine Absatzmarke in einer Tabelle aus. Wenn Sie über die Enter-Taste einen weiteren Absatz in einer Zelle einfügen, sehen Sie eine herkömmliche Absatzmarke.
Wort·Wort	Der Punkt zwischen zwei Wörtern zeigt ein Leerzeichen an.
Wort°Wort	Ein kleiner Kreis zwischen zwei Wörtern ist ein geschützter Leerschritt. Der geschützte Leerschritt sorgt dafür, dass Textteile, die zusammen gehören, am Ende einer Zeile nicht voneinander getrennt werden, wie z. B. die Vorwahl und die Rufnummer einer Telefonnummer. Tastenkombination: Strg + ⇧ + [Leertaste]
Word → Word	Wenn Sie einen Pfeil zwischen zwei Wörtern sehen, heißt das, dass Sie hier einen Tabstoppsprung mit der Tabulatortaste gemacht haben. Tab
Word ↵	Ein Pfeil am Ende einer Zeile heißt, dass hier eine weiche Zeilenschaltung eingefügt wurde. Sie sorgt dafür, dass z. B. innerhalb einer Aufzählung Absätze gemacht werden können, die nicht nummeriert werden. Tastenkombination: ⇧ + ↵

Text speichern

Es ist ganz wichtig, dass Sie während Ihrer „Arbeitssitzung" Ihren geschriebenen Text abspeichern. Sonst ist dieser gelöscht, falls das Programm „abstürzt", und die Arbeit ist umsonst gewesen. Sobald Sie das Dokument schließen, fragt Sie das Programm automatisch, ob Sie speichern möchten. Wenn Sie einen Text zum ersten Mal abspeichern, müssen Sie einen Dateinamen vergeben. Klicken Sie dazu auf das Register **Datei** oder auf das **Diskettensymbol** in der Schnellstarterleiste. Wenn Sie über das **Diskettensymbol** gehen, erkennt Word, ob Sie Ihren Text das erste Mal abspeichern wollen oder ob Sie das Dokument unter dem gleichen Dateinamen zwischenspeichern möchten. Beim erstmaligen Speichern öffnet sich ein Fenster, in dem Sie den gewünschten Speicherort auswählen und einen Dateinamen vergeben können. **Wichtig!** Folgende Zeichen sind im Dateinamen nicht erlaubt: / \ : * ? < > |

Aufgabe

Geben Sie nachfolgenden Text ein und lassen Sie sich die nichtdruckbaren Zeichen anzeigen. Nutzen Sie Absatzmarken, Tabstopps und weiche Zeilenschaltungen, um den Text entsprechend der Vorlage zu gestalten. Speichern Sie den Text unter dem Dateinamen *Bezugsquellenermittlung_text.docx* ab, indem Sie über das Register **Datei** gehen.

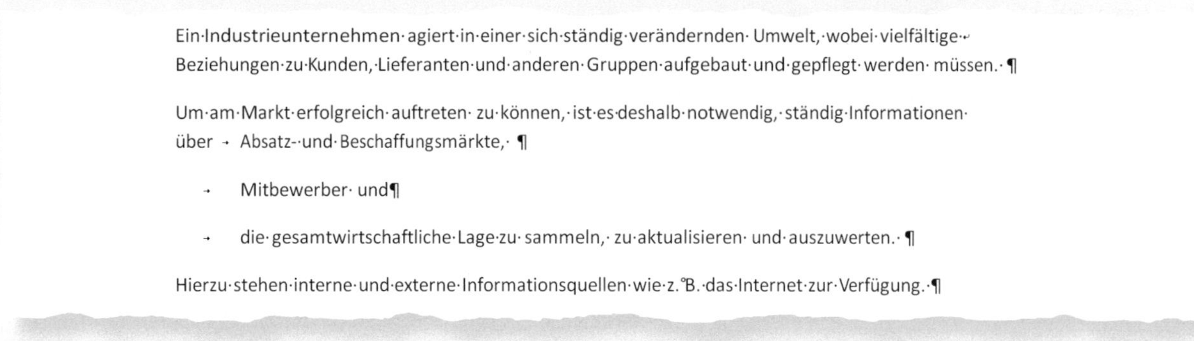
Ein·Industrieunternehmen·agiert·in·einer·sich·ständig·verändernden·Umwelt,·wobei·vielfältige·↵
Beziehungen·zu·Kunden,·Lieferanten·und·anderen·Gruppen·aufgebaut·und·gepflegt·werden·müssen.·¶

Um·am·Markt·erfolgreich·auftreten·zu·können,·ist·es·deshalb·notwendig,·ständig·Informationen·
über → Absatz-·und·Beschaffungsmärkte,·¶

→ Mitbewerber·und¶

→ die·gesamtwirtschaftliche·Lage·zu·sammeln,·zu·aktualisieren·und·auszuwerten.·¶

Hierzu·stehen·interne·und·externe·Informationsquellen·wie·z.°B.·das·Internet·zur·Verfügung.·¶

Arbeitsblatt 4.4 | Seitenlayout

Sie können jede Seite auf Ihre Bedürfnisse anpassen. Gehen Sie dazu über das Register **Seitenlayout.** Dort finden Sie eine Vielzahl von Möglichkeiten, um Ihre Seiten einzurichten.

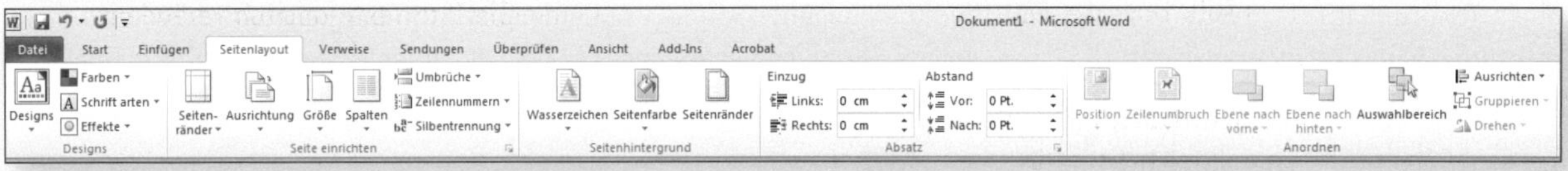

Word gibt standardmäßig folgende Seiteneinrichtung vor:
Seitenränder: Links: 2,5 cm Rechts: 2,5 cm Oben: 2,5 cm Unten: 2,0 cm
Seitenorientierung: Hochformat
Die Seitenränder können Sie in der Gruppe **Seite einrichten** über den Befehl **Seitenränder** verändern. Dort können Sie über einen Klick auf den **Listenpfeil** verschiedene Seitenränder auswählen oder selbst benutzerdefinierte Seitenränder festlegen.

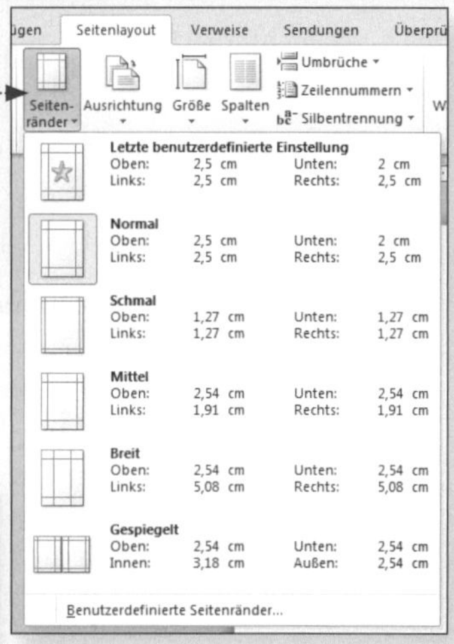

Aufgaben

1 Erstellen Sie den nachfolgenden Text und speichern Sie ihn unter dem Namen *Externe_Informationsquellen.docx* ab.

> Externe Informationsquellen
> Nicht alle notwendigen Informationen lassen sich mithilfe der internen Informationsquellen ermitteln. Um Informationen über Konkurrenten oder die Entwicklung des Marktes zu erhalten, ist es notwendig, Informationsquellen außerhalb des eigenen Unternehmens in Anspruch zu nehmen. Auch hierzu stehen verschiedene Quellen zur Verfügung. Viele Informationen kann man in Katalogen und Prospekten anderer Unternehmen finden. Diese geben sowohl einen Überblick über deren Sortiment als auch über deren Preise. Auch auf Fachmessen und Ausstellungen können Unternehmen in kurzer Zeit und auf einem begrenzten Raum Anbieter einer bestimmten Branche treffen. Eine wichtige Quelle zur Informationsbeschaffung jeder Art ist das Internet. Branchenbücher wie das „ABC der deutschen Wirtschaft" und die „Gelben Seiten" bieten einen Überblick über Unternehmen der unterschiedlichen Wirtschaftszweige. Auch aus Fachzeitschriften können Adressen und Tätigkeitsfelder anderer Unternehmen entnommen werden. Für die Industrie ist es von großer Bedeutung, stets über eine Vielzahl von möglichen Bezugsquellen zu verfügen. Die schnelle Entwicklung in fast allen Branchen der Industrie erfordert eine konsequente Nutzung aller grundsätzlich vorhandenen Bezugsmöglichkeiten. So können durch die zunehmende Globalisierung und den Abbau von Handelsschranken (z. B. Zöllen) Lieferanten interessant werden, die in der Vergangenheit erst gar nicht in die nähere Auswahl für eine Bestellung gekommen wären. Auch der unvorhergesehene Ausfall eines Lieferanten kann durch das Vorhandensein von Alternativen im Bereich der Bezugsquellen besser aufgefangen werden.

Hinweis
Alternativ können Sie verschiedene Einstellungen für das Seitenlayout auch über das Register **Datei** und den Befehl **Drucken** (Strg + P) festlegen. Bitte überprüfen Sie in der Seitenansicht, ob alle Formatierungen und das Layout den Wünschen entsprechen, bevor Sie Ihre Dateien ausdrucken. In der Seitenansicht werden Ihre Texte und deren Gestaltung so angezeigt, wie diese ausgedruckt aussehen würden. Daher verschwinden alle nichtdruckbaren Zeichen in der Seitenansicht.

2 Ändern Sie die Größe in DIN A5 und die Ausrichtung in Querformat.
3 Wählen Sie mittlere Seitenränder.
4 Formatieren Sie den Text in zwei Spalten.
5 Aktivieren Sie die Silbentrennung.
6 Fügen Sie ein Wasserzeichen im Hintergrund ein.

TIPP Wenn Sie etwas rückgängig machen wollen, dann verwenden Sie in der Symbolleiste für den Schnellzugriff die Schaltfläche **Rückgängig** oder die Tastenkombination Strg + Z. Eine Liste mit Befehlen, die rückgängig gemacht werden können, erhalten Sie, wenn Sie rechts neben die Schaltfläche Rückgängig auf den Listenpfeil klicken.
Mit der Schaltfläche **Wiederholen** oder der Tastenkombination Strg + Y können Sie die zuletzt durchgeführte Aktion wiederholen. So können Sie einen Text z. B. an verschiedenen Stellen einfügen, ohne diesen neu eintippen zu müssen.

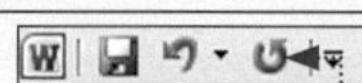

Arbeitsblatt 4.5 | Zeichenformatierungen

Mit Zeichenformatierung ist die Gestaltung der Buchstaben, Ziffern, Satz- und Sonderzeichen gemeint. Denken Sie daran, dass Sie den zu verändernden Text **vorher immer markieren müssen**, denn sonst weiß Word nicht, an welcher Stelle die Veränderung stattfinden soll. Über das Register **Start**, Gruppe **Schriftart** können Sie Ihre Texte optisch verändern.

In der Gruppe **Schriftart** sehen Sie oben links die derzeit eingestellte **Schriftart**, rechts daneben eine Zahl, welche die **Schriftgröße** angibt. Beides kann nach Wunsch verändert werden, indem Sie auf den jeweiligen Listenpfeil neben der Schaltfläche klicken und die gewünschte Schriftart oder -größe auswählen.

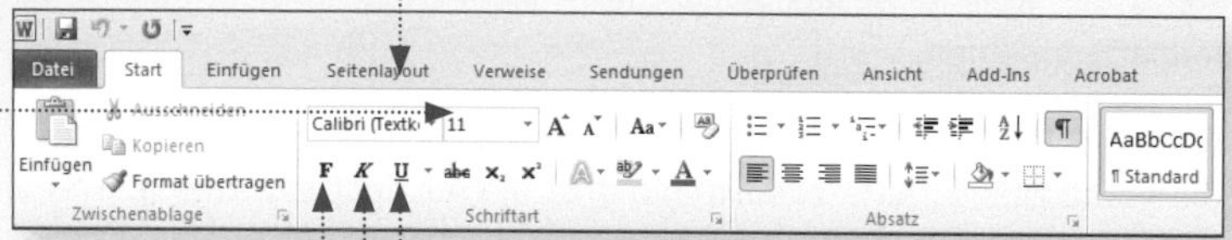

Die Eingabe kann alternativ direkt über das Eingabefenster neben dem Listenpfeil erfolgen, indem dort die passende Schriftart oder -größe direkt eingetragen wird.

Die Optionen **Fett**, *Kursiv* und Unterstrichen werden als **Schriftschnitt** bezeichnet. Die Symbole für Fett, Kursiv (Schrägschrift) und Unterstrichen befinden sich unterhalb des Auswahlfensters für die Schriftart.

Aufgaben

1 Geben Sie nachfolgenden Text ein und speichern Sie den Text unter dem Dateinamen *Interne_Informationsquellen.docx* ab.

Interne Informationsquellen greifen auf **Informationen** zurück, die bereits im eigenen Unternehmen existieren. Hierzu gehören z. B. ~~Lieferanten-, Artikel- und Kundendatei.~~ ~~Lieferantendateien~~ geben **Auskunft** über den bestehenden Lieferantenstamm. Neben Anschrift, Telefonnummer und Ansprechpartner kann man der **Lieferantendatei** auch einen *Überblick über das Sortiment sowie die Liefer- und Zahlungsbedingungen* der Lieferanten entnehmen. Besonderer Vorteil von Lieferantendateien ist die Möglichkeit, Bemerkungen über die **ZUVERLÄSSIGKEIT** des entsprechenden Lieferanten festzuhalten. In der **Artikeldatei** findet sich das **gesamte Sortiment** des Industrieunternehmens, üblicherweise unterteilt nach Warengruppen. ***Die Artikeldatei gibt Auskunft über Lieferanten, Bestellnummer, Listeneinkaufspreis und Listenverkaufspreis des jeweiligen Artikels***. Neben allgemeinen **Angaben** wie Anschrift, Telefonnummer und Ansprechpartner bieten **Kundendateien** einen Überblick über Umsätze, bevorzugtes *Sortiment und Zahlungsmoral* vorhandener Kunden. Diese Informationen sind wichtige Entscheidungshilfen z. B. für die Frage, ob und in welcher Höhe Rabatte eingeräumt und welche Zahlungsbedingungen gewährt werden. Außerdem können Kunden gezielt auf neue Sortimente und Sonderangebote hingewiesen werden.¶

2 Die Standardschriftart und -größe bei Word sind für den Textkörper Calibri 11. Markieren Sie nach der Texteingabe den gesamten Text und wählen Sie die Schriftart **Times New Roman**, Schriftgrad **12**.

3 Formatieren Sie den Text wie in der Vorlage, indem Sie die verschiedenen Befehle der Gruppe Schriftart ausprobieren.

4 Bewerten Sie die Formatierung des Textes kritisch und optimieren Sie anschließend die Formatierung. Erstellen Sie dazu eine Kopie des Textes, indem Sie ihn zunächst markieren, anschließend mithilfe des Kontextmenüs (rechte Maustaste) kopieren und unterhalb des bereits formatierten Textes erneut einfügen.

5 Beschreiben Sie, was passiert, wenn Sie die folgenden Schaltflächen zur Formatierung Ihrer Texte nutzen.

a ______________________ f ______________________

b ______________________ ______________________

c ______________________ g ______________________

d ______________________ h ______________________

e ______________________ ______________________

i ______________________

TIPP Wenn Sie die Maus über einer Schaltfläche platzieren, erscheint eine Vorschau, die Ihnen die Funktion der Schaltfläche erklärt. Wenn es eine entsprechende Tastenkombination für den Befehl gibt, wird auch diese angezeigt.

Arbeitsblatt 4.6 | Absatzformatierungen

Nicht nur die Formatierung von Zeichen kann einen Text gestalten. Machen Sie Ihre Texte übersichtlich und teilen Sie sie in **Gedankenabschnitte** ein. Dies erreichen Sie, wenn Sie zwischen zwei Gedankengängen einen Absatz einfügen. Alle Zeichen, die sich zwischen zwei Absatzmarken ¶ befinden, bilden einen Absatz. Der obere Seitenrand begrenzt den ersten Absatz eines Dokuments. Um einen Absatz zu formatieren, reicht es aus, dass der Cursor in diesem Absatz steht. Der gesamte Absatz braucht nicht markiert zu werden. Absätze können über das Register **Start**, Gruppe **Absatz** formatiert werden.

Ausrichtung des Absatzes

Die grundlegende Absatzformatierung ist die Ausrichtung. Hier gibt es vier Möglichkeiten:

1. Standard ist linksbündig, d. h., der Text richtet sich beim Eingeben automatisch an der linken Seite des Blattes aus. Dort ist er gerade (d. h. bündig), an der rechten Seite bildet sich ein sogenannter Flatterrand.
2. Das Gegenteil zu linksbündig ist rechtsbündig, der Text richtet sich also an der rechten Seite des Blattes aus. Der Flatterrand entsteht dementsprechend links.
3. Richtet sich der Text in der Mitte des Blattes aus, so wird das zentriert genannt.
4. Richtet sich der Text an beiden Seiten des Blattes aus, so wird vom Blocksatz gesprochen.

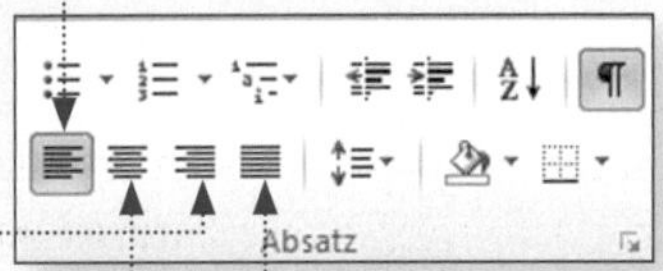

Hinweis
Sie können die Ausrichtung aber auch über das Dialogfeld Absatz → Registerkarte Einzüge und Abstände ändern.

Aufzählungen und Nummerierungen

Für die Gliederung von Texten können Aufzählungszeichen und Nummerierungen sehr nützlich sein, da sie einen Text übersichtlich gestalten. Markieren Sie den Text, der als Aufzählung oder Nummerierung erscheinen soll, und wählen Sie in der Gruppe **Absatz** durch Klicken auf den **Listenpfeil** für **Aufzählungszeichen** oder **Nummerierung** ein Format aus der Aufzählungszeichenbibliothek bzw. der Nummerierungsbibliothek aus. Sie können auch neue Aufzählungszeichen oder ein neues Zahlenformat definieren.

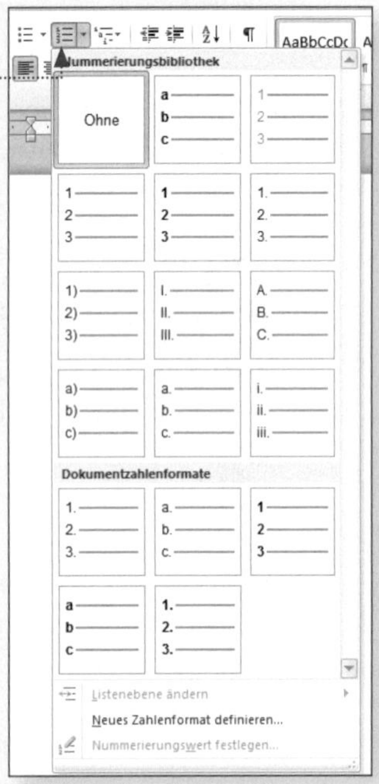

Beispiel: Für eine Checkliste kann z. B. das Symbol ❑ verwendet werden. So können Sie später die Punkte von Hand abhaken.

Aufgaben

1 Erstellen Sie den nachfolgenden Text und speichern Sie ihn unter dem Namen *Beschaffungsprozesse.docx* ab.

> Beschaffungsprozesse beinhalten die folgenden Teilprozesse: geeignete Bezugsquellen ermitteln, Angebote einholen und vergleichen, Beschaffungsvorgänge planen (Zielsetzungen beachten, Beschaffungsverfahren auswählen), Beschaffungsvorgänge durchführen, Waren lagern, Beschaffungsprozesse buchen (Kreditorenbuchhaltung), Wirtschaftlichkeit in der Beschaffung beurteilen.

2 Geben Sie dem Text eine Überschrift und gestalten Sie ihn mithilfe von Aufzählungszeichen.

3 Öffnen Sie Ihre Datei *Interne_Informationsquellen.docx* (vgl. Arbeitsblatt 4.5). Gliedern Sie diesen Text in Absätze und geben den Absätzen Überschriften. Speichern Sie Ihr Ergebnis unter *Interne_Informationsquellen_mit_Absaetzen.docx* ab. Verändern Sie den Text, indem Sie die verschiedenen Befehle der Gruppe Absatz ausprobieren. Beschreiben Sie, was passiert, wenn Sie die folgenden Schaltflächen zur Formatierung Ihrer Texte nutzen.

 ____________________

 ____________________

 ____________________

 ____________________

 ____________________

 ____________________

Arbeitsblatt 4.7 | Tabellen erstellen

Zur übersichtlichen Darstellung von Inhalten können neben Aufzählungen in einem Textverarbeitungsprogramm auch Tabellen verwendet werden. Wollen Sie aber Berechnungen durchführen oder Auswertungen vornehmen, so empfiehlt sich die Nutzung eines Tabellenkalkulationsprogramms (vgl. LS 6 ff.)

Eine Tabelle besteht aus **Zeilen** (waagerecht), **Spalten** (senkrecht) und **Zellen** (einzelne Eingabebereiche). Positionieren Sie Ihren Cursor dort, wo Sie eine Tabelle einfügen wollen. Klicken Sie dann auf das Register **Einfügen**. In der Gruppe **Tabellen** wählen Sie den Befehl **Tabelle** aus. Es öffnet sich ein Dialogfeld, in dem Sie mithilfe des Mauszeigers im Raster die Anzahl der gewünschten Spalten und Zeilen markieren können. In Ihrem Dokument erscheint eine Vorschau. Zur Bestätigung klicken Sie die linke Maustaste oder Return.

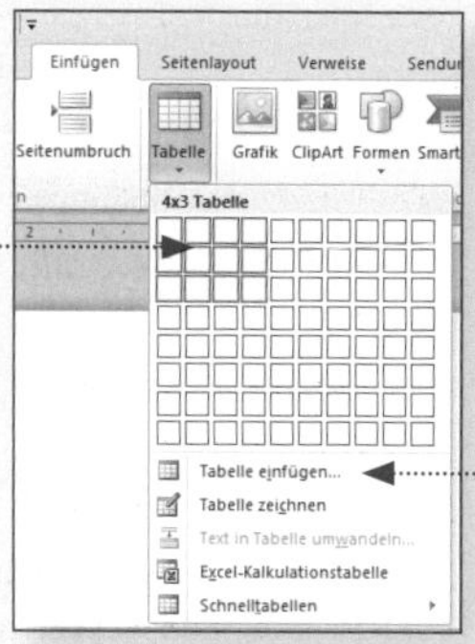

Nachdem Sie eine Tabelle erstellt haben, öffnet sich automatisch das Register **Tabellentools** mit der Registerkarte **Entwurf** und der Registerkarte **Layout**. Hier haben Sie die Möglichkeit, Ihre Tabelle weiterzubearbeiten.

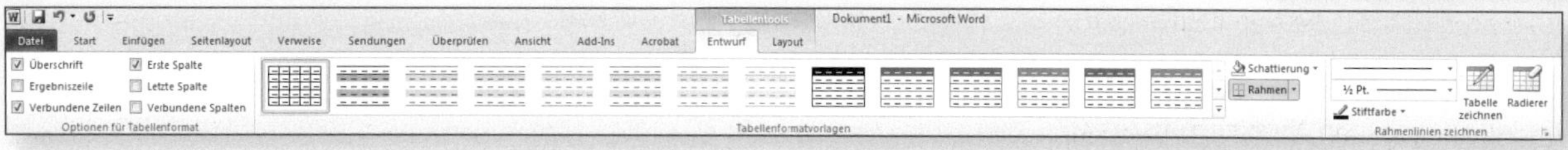

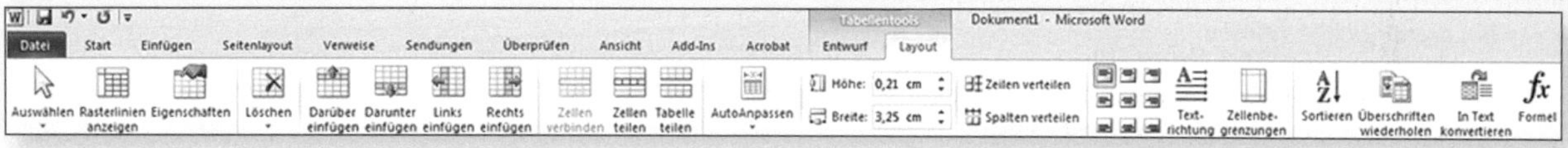

Wenn Sie die **Breite der Spalten** oder die **Höhe der Zeilen** verändern wollen, dann legen Sie den Mauszeiger auf die Linie zwischen zwei Spalten bzw. auf die Linie zwischen zwei Zeilen und ziehen die Linie mit der gedrückten linken Maustaste in die gewünschte Richtung.

TIPP Innerhalb einer Tabelle können zur übersichtlicheren Gestaltung auch Aufzählungszeichen und Nummerierungen verwendet werden.

Hinweis
Sie können auch eine Tabelle erstellen, indem Sie im **Dialogfeld** des Befehls Tabelle auf **Tabelle einfügen** klicken. Es öffnet sich ein Fenster, in dem Sie die gewünschte Anzahl von Spalten und Zeilen bestimmen können. Bestätigen Sie Ihre Auswahl mit **OK**.

Aufgaben

1 Erstellen Sie die nachfolgende Tabelle und speichern Sie sie unter dem Namen *Tabelle_Bestellung.docx* ab.

Menge	Artikelnummer	Artikelbezeichnung	Netto-Preis
10	128503	MTB ST Bereifung	21,98 €
10	128504	MTB XT Bereifung	24,20 €
15	128505	Renn Bereifung	42,10 €

Hinweis
Klicken Sie in eine Zelle der Tabelle und öffnen Sie mit der rechten Maustaste das **Kontextmenü**. Über den Befehl **Einfügen** können Sie sowohl weitere Spalten als auch Zeilen einfügen. Außerdem haben Sie die Möglichkeit, über das Kontextmenü weitere Veränderungen an der Tabelle vorzunehmen.

2 Fügen Sie oberhalb der Kopfzeile der Tabelle eine Zeile ein.
3 Nutzen Sie das Tabellentool-Register **Layout**, um die Zellen dieser Zeile über alle Spalten hinweg zu verbinden, und fügen Sie den Text „Bestellung“ ein.
4 Passen Sie die Spaltenbreite der Tabelle mithilfe des Befehls **AutoAnpassen** so an, dass sich die Spaltenbreite am Inhalt der jeweiligen Spalte orientiert.
5 Formatieren Sie Ihre Tabelle nach einer Tabellenformatvorlage aus dem Tabellentool-Register **Entwurf.**
6 Nutzen Sie „Optionen für Tabellenformat“, um die Überschrift der Tabelle in der ersten Zeile besonders hervorzuheben. Speichern Sie Ihr Ergebnis ab.

Folgesituation

Frau Nemitz-Müller ist mit Ihrer Arbeit sehr zufrieden und möchte Sie demnächst noch mit weiteren anspruchsvollen Aufgaben beauftragen. Deshalb legt sie viel Wert auf eine gute Einarbeitung und Schulung ihres Bereichs. Heute möchte sie mit Ihnen über geschäftliche E-Mails und den Umgang mit Dateien und Ordnern sprechen.

Zunächst erhalten Sie von ihr den folgenden E-Mail-Wechsel, den sie vor einigen Monaten von Herrn Peters erhalten hat. Sie sollen die Fehler, die der Verfasser der E-Mail gemacht hat, auflisten und einen E-Mail-Text verfassen, der den Richtlinien einer geschäftlichen E-Mail entspricht. Hierzu erhalten Sie auch zwei Informationsblätter (4.2 und 4.3).

WG: - Nachricht (HTML)

Von: peters@flybike.de
An: nemitz-mueller@flybike.de
Cc:
Betreff: WG: Anfrage per Mail mit Betreff: Trinkflaschenhalter ;-(
Gesendet: Di 06.08.2013 17:11

Hallo Frau Nemitz-Müller,

so geht das nicht!

Gerade habe ich das Angebot der Firma Cycle-Tools bzgl. der Trinkflaschenhalter gelesen. Das Angebot ist gut.
Aber was ist das für eine Anfrage-Mail, die wir an die Firma Cycle-Tools geschickt haben?!
Wer ist schmusekaetzchen@hotmail.com? Und was in aller Welt bedeutet „LG“?

Mit freundlichen Grüßen

Hans Peters

Von: mail@cycle-tools.com
Gesendet: Dienstag, 24.Februar 20XX 12:23
An: mail@flybike.de, schmusekaetzchen@hotmail.com
Betreff: Trinkflaschenhalter :-(

Sehr geehrte Damen und Herren,

leider konnten wir unser Angebot nicht an einen Mitarbeiter persönlich adressieren, da in Ihrer E-Mail kein Absender steht. Aufgrund unserer langjährigen Geschäftsbeziehung unterbreiten wir Ihnen trotz der ungewöhnlichen E-Mail-Adresse gerne ein Angebot.

Bitte entschuldigen Sie, dass die Angebotserstellung so lange gedauert hat. Ihre E-Mail war im Spam-Ordner gelandet und wir haben diese nur zufällig entdeckt.

Wir hoffen, Ihnen sagt unser Angebot im Anhang zu.

Mit freundlichen Grüßen

Cycle-Tools-Import GmbH

Martin Weeseler
(Vertrieb)

Am Sandtorkai 30
20457 Hamburg
Telefon 040 378 231
Fax 040 378 232 00

Von: schmusekaetzchen@hotmail.com
Gesendet: Dienstag, 17.Februar 20XX 15:45
An: mail@cycle-tools.com
Betreff: Trinkflaschenhalter :-(

bitte erstelllen sie ein angebot über 100 trinkfaschenhalter modell cubi.

LG
Fly Bike Werke

Frau Nemitz-Müller möchte außerdem, dass Sie verschiedene Dateitypen kennen und eine Ordnerstruktur für Ihre Dateien entwickeln, sodass Sie Ihre Dateien im vorhandenen Netzwerk verwalten können. Damit Sie wieder einiges eigenständig ausprobieren und für Ihre Unterlagen festhalten können, hat sie ein Informationsblatt (4.4) und zwei Arbeitsblätter (4.8 und 4.9) mit Aufträgen vorbereitet.

Informationsblatt 4.2 | E-Mails schreiben nach DIN 5008

Die DIN 5008 gilt auch für das Schreiben von E-Mails, wenn es um geschäftliche Kontakte geht. Denn auch mit einer E-Mail möchten Sie beim Empfänger einen positiven Eindruck machen. Allerdings sind beim Schreiben von geschäftlichen E-Mails ein paar Besonderheiten zu beachten.

„Gut ankommen" hat eine doppelte Bedeutung. Auf der einen Seite soll die E-Mail zeitgemäß wirken und verständlich sein. Auf der anderen Seite sollen die Mails auch wirklich beim gewünschten Empfänger ankommen. Dabei ist die Auswahl der E-Mail-Adresse häufig schon der erste wichtige Schritt. E-Mail-Adressen sollten den Empfänger auf einen Blick erkennen lassen, wer die E-Mail verfasst hat. Denn eine E-Mail von einer unseriös wirkenden E-Mail-Adresse kann vom Empfänger als Spam betrachtet und gar nicht erst öffnet werden. E-Mails mit Absender wie super-man89@hotmail.de bleiben meistens ohnehin direkt im Spam-Filter hängen und erreichen so nie ihren Empfänger.

Richten Sie sich ggf. eine private E-Mail-Adresse und eine E-Mail-Adresse für „offizielle" Anlässe ein. In Unternehmen erhalten die Mitarbeiter in der Regel eine E-Mail-Adresse, wie z. B. Frau Nemitz-Müller: Nemitz-Mueller@flybike.de. Wenn Sie sich eine „offizielle" E-Mail-Adresse einrichten, sollte sie sich z. B. aus Vorname und Nachname zusammensetzen, damit der Empfänger direkt weiß, wer die E-Mail verfasst hat.

E-Mails können gleichzeitig an mehrere Empfänger verschickt werden. Sie können dabei auswählen, ob die E-Mail an alle E-Mail-Adressen für alle Empfänger sichtbar (CC) oder nicht sichtbar (BCC) verschickt wird.

Bestandteile einer E-Mail

Neben dem Betreff gehören in E-Mails als feste Bestandteile eine Anrede sowie der E-Mail-Text und ein Gruß.

Da der **Betreff** für die Bearbeitung und die Verwaltung der E-Mail eine zentrale Bedeutung hat, ist diese Angabe zwingend erforderlich. Die Auswahl eines aussagekräftigen Betreffs erleichtert außerdem die Arbeit des Empfängers. Der Betreff sollte daher möglichst kurz und präzise formuliert werden, damit er schnell vom Empfänger erfasst werden kann. E-Mails können so zügiger und effektiver bearbeitet und „wiedergefunden" werden. Auch sollte pro Mail nur ein Thema angesprochen werden. Der Empfänger kann das Thema direkt bearbeiten oder ggf. an eine andere Person weiterleiten.

Die **Anrede** wird durch eine Leerzeile, wie bei einem Geschäftsbrief, vom übrigen Text getrennt (vgl. Informationsblatt 4.1).

Auch bei geschäftlichen E-Mails gilt es, die Regeln der deutschen Rechtschreibung zu beachten, d. h., dass nicht alle Wörter kleingeschrieben und ohne Satzzeichen aneinandergereiht werden dürfen. Verwenden Sie auch nur Abkürzungen, die Sie auch in einem gewöhnlichen Brief schreiben, und verzichten Sie auf Smileys.

Verfassen Sie Ihren **E-Mail-Text** als Fließtext, da Umbrüche durch die Software des Empfängers gesteuert werden. Hat Ihr E-Mail-Text mehrere Absätze, trennen Sie diese Absätze durch eine Leerzeile.

Zum **Abschluss** einer E-Mail gehören immer ein Gruß sowie Ihr vollständiger Name, ggf. Ihre Position sowie Ihre Durchwahl im Unternehmen. Diese Angaben erleichtern es dem Empfänger der E-Mail, sich bei Rückfragen direkt an Sie zu wenden. Die Absender-Informationen können Sie in einer elektronischen Signatur Ihres E-Mail-Programms festlegen. Sie müssen sie dann nicht immer jedes Mal neu eingeben. Manchmal ist es auch sinnvoll, unterschiedliche Signaturen zu verwenden, eine geschäftliche und eine private.

Beispiel:

Mit freundlichen Grüßen

Cycle-Tools-Import GmbH

Martin Weeseler
(Vertrieb)

Am Sandtorkai 30
20457 Hamburg
Telefon: 040 378 231
Fax: 040 378 232 00
E-Mail: martin.weeseler@cycle-tools.com
Geschäftsführer: Peter Jansen
Handelsregister: AG Hamburg, HRB 134879 B

E-Mail-Anhänge

Sie können Ihrer E-Mail auch Anlagen, die hier Anhänge heißen, hinzufügen. Wichtige Informationen, von denen Sie möchten, dass sie der Empfänger nicht verändern kann, wie z. B. eine Rechnung, sollten im PDF-Format verschickt werden.

Informationsblatt 4.3 | Kommunikation per E-Mail

Um E-Mails empfangen und verschicken zu können, benötigten Sie eine **Internetverbindung**. Es gibt grundsätzlich zwei verschiedene Möglichkeiten, seine E-Mails zu verwalten:

1. **Webmail**. Der Benutzer verwaltet seine E-Mails über die Internet-Seite eines Webmail-Anbieters, die im **Browser** angezeigt wird. Der Vorteil von Webmail liegt darin, dass der Benutzer von jedem Computer, auf dem ein Browser installiert ist und der über eine Internetverbindung verfügt (also auch vom Smartphone oder einem Tablet-Computer), auf seine E-Mails zugreifen kann. Zur Verwaltung der E-Mails können verschiedene Ordner angelegt werden.
   Da die E-Mails auf dem Webserver eines Webmail-Anbieters gespeichert werden, ist das Risiko eines Datenverlustes geringer als bei einer lokalen Speicherung auf dem privaten PC, da der Webmail-Anbieter professionelle Möglichkeiten der Datensicherung hat. Dadurch ergibt sich auf der anderen Seite aber auch ein gewisses Datenschutzproblem, da die E-Mails auf dem Webserver des Anbieters dauerhaft gespeichert werden und dadurch der unberechtigte Zugriff Dritter nicht vollständig ausgeschlossen werden kann.
   Auch die Verwaltung der E-Mails ist in der Regel weniger komfortabel als bei einem E-Mail-Programm. Außerdem kann auf die E-Mails nur bei einer bestehenden Internetverbindung zugegriffen werden. Ist diese schlecht oder wird sie unterbrochen, ist kein Zugriff auf die E-Mails möglich. Je nach Anbieter ist auch die Postfachgröße beschränkt oder mit einer monatlichen Gebühr verbunden.
2. **E-Mail-Programm**. Benutzerfreundlicher ist die Verwaltung von E-Mails mithilfe von E-Mail-Programmen, die auf einem Computer installiert sind. E-Mails werden in der Regel automatisch vom Server geholt und im Programm geöffnet. Außerdem können mit einem E-Mail-Programm mehrere E-Mail-Adressen gleichzeitig verwaltet werden. Dies reduziert den Zeitaufwand erheblich, wenn Sie mehrere E-Mail-Adressen zur Kommunikation nutzen. Auch das Anhängen von Dateien wie z. B. Fotos oder PDFs ist in einem E-Mail-Programm wesentlich komfortabler. Je nach E-Mail-Protokoll können die E-Mails mithilfe eines E-Mail-Programms direkt auf dem Computer archiviert werden. Neben dem gebührenpflichtigen und sehr umfangreichen Microsoft-Programm Outlook stehen zahlreiche kostenfreie Programme wie Windows Live Mail oder Thunderbird zur Verfügung.

Hinweis
Wer seine E-Mails mit einem E-Mail-Programm z. B. auf dem heimischen PC verwaltet, kann in der Regel trotzdem über einen Browser mithilfe von Webmail auf seine Mails zugreifen.

*Ein **Browser** ist ein Programm, mit dem Sie Internetseiten öffnen können. Gängige Browser sind z. B. Internet Explorer, Firefox, Google Chrome oder Opera.*

E-Mail-Protokolle
E-Mail-Protokolle sind Vereinbarungen (Regeln) zur Datenübertragung. Um über das Internet z. B. E-Mails zu versenden oder auf Internet-Seiten zu surfen, werden verschiedene Protokolle verwendet. Um das für seine Bedürfnisse richtige E-Mail-Verfahren auszuwählen und um ein E-Mail-Programm richtig einzurichten, sollten Sie die unterschiedlichen E-Mail-Protokolle kennen.

Zum **Versenden einer E-Mail** wird in der Regel SMTP (Simple Mail Transfer Protocol) genutzt. Das **Empfangen einer E-Mail** erfolgt in der Regel über IMAP (Internet Message Access Protocol) oder POP3 (Post Office Protocol – Version 3). Der Benutzer kann beim Einrichten seiner E-Mail-Adresse je nach Anbieter zwischen IMAP oder POP3 auswählen. Bei IMAP werden die E-Mails direkt auf dem Mail-Server geöffnet. Beim POP3 werden die E-Mails hingegen durch ein E-Mail-Programm vom Mail-Server heruntergeladen und dann lokal auf dem PC gespeichert und anschließend geöffnet.

E-Mail-Verwaltung bei der Fly Bike Werke GmbH
Die Mitarbeiter der Fly Bike Werke GmbH nutzen auf ihren PCs im Büro das PIM-Programm (Personal Information Manager = engl. für persönlicher Informationsverwalter) Microsoft Outlook mit IMAP. Auf ihren Smartphones bzw. auf Tablet-PCs greifen sie mithilfe einer mobilen App (engl. Application = Anwendung bzw. Anwendungssoftware) und auf dem PC zu Hause mithilfe eines Browsers über Webmail auf ihre E-Mails zu. Die Unterordner, die sie im Büro in Outlook komfortabel einrichten, können sie aufgrund von IMAP auch mobil per Smartphone bzw. Tablet-PC nutzen.

Die Mitarbeiter der Fly Bike Werke GmbH nutzen das PMI-Programm Outlook nicht nur zur Verwaltung ihrer E-Mails, sondern verwalten damit auch Termine, Adressen, Aufgaben und Notizen. Jeder Mitarbeiter kann seine eigenen Termine mithilfe der Kalenderfunktion verwalten sowie auf Termine (je nach Benutzerrechten) anderer Kollegen der Fly Bike Werke GmbH zugreifen. So können Termine wie z. B. Besprechungen gemeinsam geplant, abgestimmt und im Kalender eingetragen werden, da Outlook die Termine der Mitarbeiter anzeigt und so Terminüberschneidungen verhindert werden können. Außerdem nutzen die Mitarbeiter der Fly Bike Werke GmbH die Adress-Datenbank. In Outlook hinterlegte E-Mail-Adressen von Kunden und Lieferanten stehen allen Mitarbeitern zur Verfügung.

Informationsblatt 4.4 | Dateitypen

Wenn Sie Word starten, wird automatisch ein neues Dokument erstellt. In Ihrer Titelleiste lesen Sie „Dokument1.docx“. Dies ist der Dateiname, den Word automatisch vergibt. Ein **Dateiname** besteht aus zwei Teilen, die durch einen Punkt voneinander getrennt sind: dem **Dokumentennamen** (Dokument1) und einer Abkürzung, die den **Dateityp** angibt (docx). Anhand der Abkürzung können Sie auch erkennen, in welchem Programm die Datei erstellt wurde.

Die folgenden Dateitypen kommen am häufigsten vor.

Dateityp	Abkürzung	Dokumentenart
Word-Dokument Word-Dokument 1997–2003 OpenOffice-Dokument Text Works-Textdokument	*.docx *.doc *.odt *.wps	Texteinzeldokument
Word-Dokumentvorlage Word-Dokumentvorlage 1997–2003 OpenOffice-Dokument Text Works-Textdokument	*.dotx *.dot *.ott *.wpt	Dokumentvorlage, die als Kopiervorlage für Textdokumente dient
Excel-Dokument Excel-Dokument 1997–2003 OpenOffice-Dokument Kalkulation DOS-Dokument	*.xlsx *.xls *.ods *.csv	Kalkulationstabelle
PowerPoint-Dokument PowerPoint-Dokument 1997–2003 OpenOffice-Dokument Präsentation	*.pptx *.ppt *.odp	Präsentation
Access-Datenbank OpenOffice-Datenbank	*.mdb *.odb	Datenbank
Graphics Interchange Format JPEG-Dateiaustauschformat Portable Network Graphics Tag Image File Format Geräteunabhänige Bitmap Windows-Metadatei	*.gif *.jpg/*.jpeg *.png *.tif *.bmp *.wmf	Grafikdatei
Transportables Dokumentenformat	*.pdf	programmunabhängiges Dokument, bei dem die Formatierungen erhalten bleiben. Die Datei kann nur gelesen, nicht aber bearbeitet werden.
Rich-Text-Format	*.rtf	Programmunabhängiges Dokument, bei dem die Formatierungen nicht erhalten bleiben
Nur-Text-Format	*.txt	einfache Textdatei
Hypertext Markup Language	*.htm *.html	Website

Alle Dateitypen sind **aufwärtskompatibel**, d. h., ein Word-Dokument, das Sie in Word 2003 erstellt haben, können Sie auch mit den Versionen von 2007 und 2010 öffnen und bearbeiten. Ein Dokument, das Sie in Word 2007 oder 2010 erstellt haben, können Sie aber nicht in Word 2003 öffnen und bearbeiten, wenn Sie es nicht vorher auf diese Programmversion heruntergespeichert haben.

Arbeitsblatt 4.8 | Windows-Explorer I

Um Zugriff auf Ihre Dateien (z. B. die Word-Datei *Bezugsquellen.docx*) auf Ihrem PC bzw. im **Netzwerk** zu erhalten, stellt Windows den Windows-Explorer bereit. Mithilfe dieses Programms organisieren Sie Ihre Dateien und erschließen den Inhalt Ihres Laufwerks.

*Unter einem **Netzlaufwerk** wird ein Laufwerk verstanden, welches sich auf einem anderen Computer/Server befindet und mit dem eigenen PC über ein Netz verbunden ist. In diesem Netzwerk können Sie auf freigegebene Ordner und Dateien zugreifen. Wenn Datenspeicher und Programme nicht nur innerhalb eines Schul- bzw. Unternehmensnetzwerks, sondern über das Internet verwendet werden, wird von **Cloud-Computing** gesprochen.*

Hinweis: Jede Schule organisiert das interne Schulnetzwerk unterschiedlich. Daher kann es sein, dass Sie nicht alle unten aufgeführte Aktionen durchführen können bzw. Ihnen nicht alle Laufwerke zur Verfügung stehen.

Folgende Laufwerke stehen im Schulnetzwerk zur Verfügung:

Damit Sie Ihre Dateien und Ordner in Ihrem Laufwerk bzw. im Netzwerk wiederfinden, sollten die Ordner- und Dateinamen eindeutig sein. Die einzelnen Programme vergeben zwar auch selbstständig Dateinamen, aber wenn die Dateien *Unbenannt1* bis *Unbenannt255* heißen, dann können Sie am Dateinamen nicht erkennen, was sich hinter der Datei verbirgt. Das Gleiche gilt für *Neuer Ordner* bis *Neuer Ordner (123)*.

Daher empfiehlt es sich,

1. die Datei immer direkt am Anfang zu speichern,
2. einen eindeutigen Namen zu vergeben und
3. einen Speicherort (Laufwerk, Ordner und ggf. Unterordner) auszuwählen.

TIPP Wenn Sie mit der Erstellung eines Textes beginnen, dann sollten Sie immer **Speichern unter** (F12) wählen, um die Datei mit einem neuen Namen und in ihrem gewünschten Speicherort zu sichern. Das Speichern zu Beginn und während der Erstellung des Textes ist wichtig, damit Ihre Texte bei einem Computer- oder Server-Absturz nicht verloren gehen.

Falls Sie verschiedene Versionen einer Datei speichern wollen, dann ergänzen Sie den Dateinamen z. B. um eine Versionsnummer (*Anfrage_Mountainbike_Version_1.docx*) oder um das Erstellungs- bzw. Aktualisierungsdatum (*Anfrage_Mountainbike_09.12.2013.docx*).

Der **Windows-Explorer** hilft Ihnen bei der Organisation Ihrer Dateien. Sie können ihn durch Klicken auf das Symbol für den Windows-Explorer in der Taskleiste öffnen. Sollte dieses Symbol nicht in der Taskleiste liegen, ist der Explorer auch aufrufbar über das Kontextmenü (rechter Mausklick) des Start-Buttons.

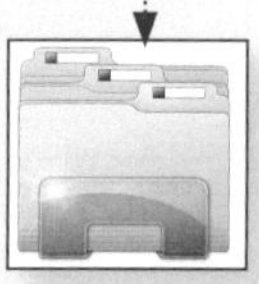

Auf der linken Seite des geöffneten Windows-Explorers sehen Sie den **Navigationsbereich** und auf der rechten Seite den **Detailbereich**.

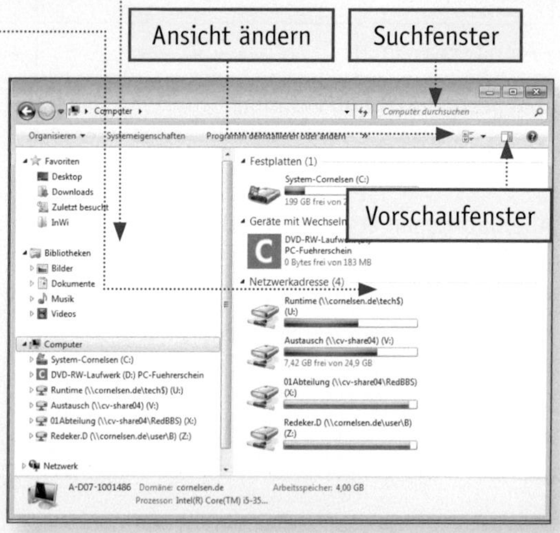

Aufgaben

1 Öffnen Sie den Windows-Explorer und erkunden Sie nun Ihren PC.

- **a** Wie viele Festplatten stehen zur Verfügung?
- **b** Welche Netzwerkadressen gibt es?
- **c** Was sehen Sie, wenn Sie die Favoriten und die Bibliothek öffnen?
- **d** Suchen Sie Ihre Dateien *Tabelle_Bestellung.docx* und *EPK_Reparatur_eines_Fahrrades_1.pptx*. Nutzen Sie dazu das Suchfenster.
- **e** Verändern Sie die Ansicht so, dass Sie sich in der Detailansicht eine Liste der Bibliothek anzeigen lassen.

Arbeitsblatt 4.9 | Windows-Explorer II

Navigieren Sie in Ihr persönliches Verzeichnis im Schulnetzwerk. Erstellen Sie einen neuen Ordner über den **Button Neuer Ordner** oder mithilfe des Kontextmenüs (rechte Maustaste). Klicken Sie dazu auf **Neu** und wählen Sie **Ordner** aus. Anschließend können Sie den Ordner direkt mit einem neuen Namen benennen. Bestätigen Sie die Namensänderung mit der Eingabetaste. Falls Sie sich vertippt haben oder später den Namen einfach nur ändern wollen, nutzen Sie die Funktionstaste F2 oder das Kontextmenü mit dem Befehl **Umbenennen**.

Hinweis
Der Befehl **Kopieren** ist dann sinnvoll, wenn Sie Objekte innerhalb von Programmen (z. B. Sätze innerhalb einer Textverarbeitung) duplizieren. Das Kopieren ist auch sinnvoll, wenn Dateien verdoppelt werden sollen, die auf andere Laufwerke (z. B. USB-Stick) oder eine andere Festplatte gebracht werden müssen oder auf eine CD gebrannt werden sollen.

Dateien kopieren

Um Dateien aus einem Ordner in einen anderen Ordner zu kopieren, markieren Sie zuerst die gewünschte Datei. Anschließend öffnen Sie das Kontextmenü mit der rechten Maustaste und wählen **Kopieren**. Damit ist die Datei im Arbeitsspeicher hinterlegt. Dann wählen Sie den Zielorder aus und über das Kontextmenü den Befehl **Einfügen**.

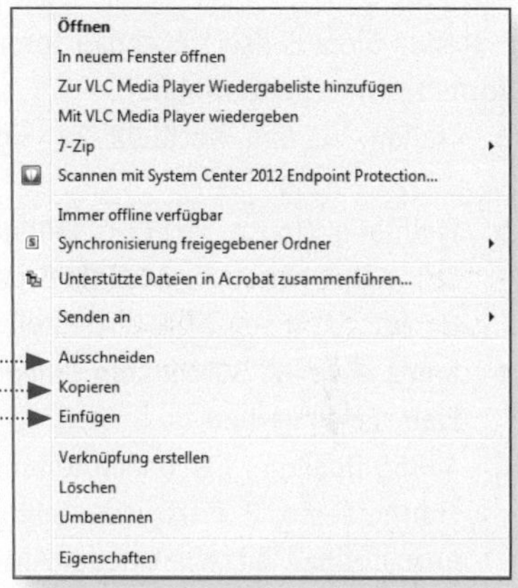

Dateien verschieben

Im Gegensatz zum Kopieren verbleiben die Dateien beim Verschieben nicht im Ursprungs-Ordner, sondern werden in den Zielordner verschoben. Dazu wählen Sie im Kontextmenü den Befehl **Ausschneiden**. Im Zielordner fügen Sie die Datei – wie beim **Kopieren** – über den Befehl **Einfügen** wieder ein.

Dateien löschen

Um eine Datei zu löschen, nutzen Sie im Kontextmenü den Befehl **Löschen** oder Sie drücken die **Entf-Taste**. Bestätigen Sie die Nachfrage von Windows mit einem Mausklick auf JA.

Hinweis
Wie oben beschrieben können nicht nur Dateien, sondern auch Ordner kopiert, verschoben und gelöscht werden.

Aufgaben

1 Recherchieren Sie, welcher Befehl ausgeführt wird, wenn Sie die folgenden Tastenkombinationen drücken.

Tastenkombination	Befehl
Strg und c	
Strg und x	
Strg und v	
Strg und d	
Strg und z	
Strg und s	
F12	

2 Welche Gemeinsamkeiten und Unterschiede gibt es bei den Operationen Kopieren und Verschieben?

3 Überlegen Sie sich eine Ordnerstruktur für Ihre bisherigen Dateien. Welche Ordner benötigen Sie?

Aufgaben

Aufgabe 1
Überprüfen Sie Ihren Arbeitsplatz zu Hause oder in der Schule. Welche ergonomischen Regeln werden eingehalten, welche nicht?

Aufgabe 2
Welche Schriftart und welche Schriftgrößen sollten bei der Erstellung von Textdokumenten gewöhnlich verwendet werden?

Aufgabe 3
Erstellen Sie aus den folgenden Informationen ein korrektes Anschriftenfeld.

a Italien, Via San Pietro 22–24, Sig. Maletti, Sella SA, 10121 Torino
b Wolfgang Krause, 26133 Oldenburg, Cloppenburger Str. 450, Bitte nachsenden!, Druckerei & Design, Herrn
c Sonja Magnus, 50679 Köln, Regenbogenstraße 1, Frau, Einschreiben
d 44866 Bochum, Personalabteilung, Büchersendung, Lohrheidestr.72, Frikawerke GmbH & Co KG, Wenn unzustellbar, bitte mit neuer Anschrift zurück

Aufgabe 4
Erstellen Sie sich eine persönliche Geschäftsbriefvorlage mit Ihren persönlichen Angaben. Nutzen Sie dazu die Geschäftsbriefvorlage der Fly Bike Werke GmbH und passen Sie die Daten an. Speichern Sie die Datei unter *Geschäftsbrief_Ihr Name.docx*.

Aufgabe 5
Schreiben Sie in Word die Anfrage zur Lernsituation 22, S. 138 Ihres BWR Buches. Berücksichtigen Sie dabei die DIN 5008 und nutzen Sie die Geschäftsbriefvorlage der Fly Bike Werke GmbH.

Aufgabe 6
Worin unterscheiden sich Webmail und E-Mail-Programme? Erstellen Sie in Word folgende Übersicht und ergänzen Sie diese um Vorteile der jeweiligen E-Mail-Verwaltung.

Vergleich Webmail und E-Mail-Programm		
Kriterien	**Webmail**	**E-Mail-Programm**
Definition		
Anbieter/ Programme		
Vorteile		
Nachteile		

Aufgabe 7
Welche Protokolle werden zum Empfangen und zum Senden von E-Mails in der Regel verwendet?

Aufgabe 8
Welche Vor- bzw. Nachteile haben IMAP und POP3? Recherchieren Sie im Internet und erstellen Sie folgende Übersicht in Word.

Vor- und Nachteile von E-Mail-Protokollen		
	POP3	**IMAP**
Vorteile		
Nachteile		

Aufgabe 9
Warum haben sich die Mitarbeiter der Fly Bike Werke für die Nutzung von IMAP zur E-Mail-Kommunikation entschieden?

Aufgabe 10
Was versteht man unter einem PIM-Programm? Welche Funktionen bietet ein solches Programm?

Aufgabe 11
Welche Regeln gelten für die geschäftliche E-Mail-Kommunikation? Erstellen Sie eine Checkliste mit dem Namen „Fehlerfreie E-Mail-Kommunikation" und speichern Sie diese unter *Checkliste_E-Mail_Kommunikation.docx* ab.

Aufgabe 12
Welche Inhalte sollte eine E-Mail-Signatur haben? Entwickeln Sie eine Signatur für Frau Nemitz-Müller.

Aufgabe 13
Richten Sie sich eine E-Mail-Adresse (z. B. vorname.nachname@anbieter.de) bei einem Anbieter Ihrer Wahl (z. B. Google, Hotmail, GMX oder Web.de) ein. Recherchieren Sie, wie bei diesem Anbieter eine Signatur eingerichtet werden kann. Erstellen Sie eine Signatur, die Sie zukünftig für Ihre „offizielle" Korrespondenz (z. B. bei Bewerbungen oder mit der Schule) nutzen.

Aufgabe 14
Worin unterscheiden sich die Angaben CC und BCC bei einer E-Mail? Wann sollte welche Verteilerangabe verwendet werden?

Aufgabe 15
Erstellen Sie ein Memory-Spiel zu den Tastenkombinationen, die Sie bereits in Word kennen.

Aufgabe 16
Ergänzen Sie Ihre Lernkartei.

Aufgabe 17
Führen Sie Ihr Lerntagebuch.

SB **BWR** ▸ Seite 304 ff./343 ff. | Handlungsfeld 4, Kap. 9 und 13
SB **BWR** ▸ Seite 258 ff. | Lernsituation 50

Gefahren des Internets

Situation

Frau Nemitz-Müller kommt völlig aufgelöst ins Büro der Fly Bike Werke. Sie hält eine ausgedruckte E-Mail in der Hand und ist ratlos. „Was soll ich denn jetzt machen?! Ich würde mir niemals Kinderpornos ansehen und schon gar nicht über das Internet verbreiten! Jetzt funktioniert mein Computer nicht mehr und ich muss doch noch dringend einige Bestellungen tätigen!"

Frau Fee beruhigt die aufgeregte Frau Nemitz-Müller „Ann-Kathrin, jetzt reg Dich mal nicht auf. Dabei handelt es sich bestimmt um einen Irrtum. Das kann doch gar nicht sein."

Frau Lai kommt gerade mit einer Tasse Kaffee am Büro vorbei. „Was ist denn los? Stimmt etwas nicht Frau Nemitz-Müller?"

Frau Fee: „Gut, dass Sie kommen. Sie als unsere EDV-Expertin können uns vielleicht helfen. Sehen Sie sich mal diese Mail an."

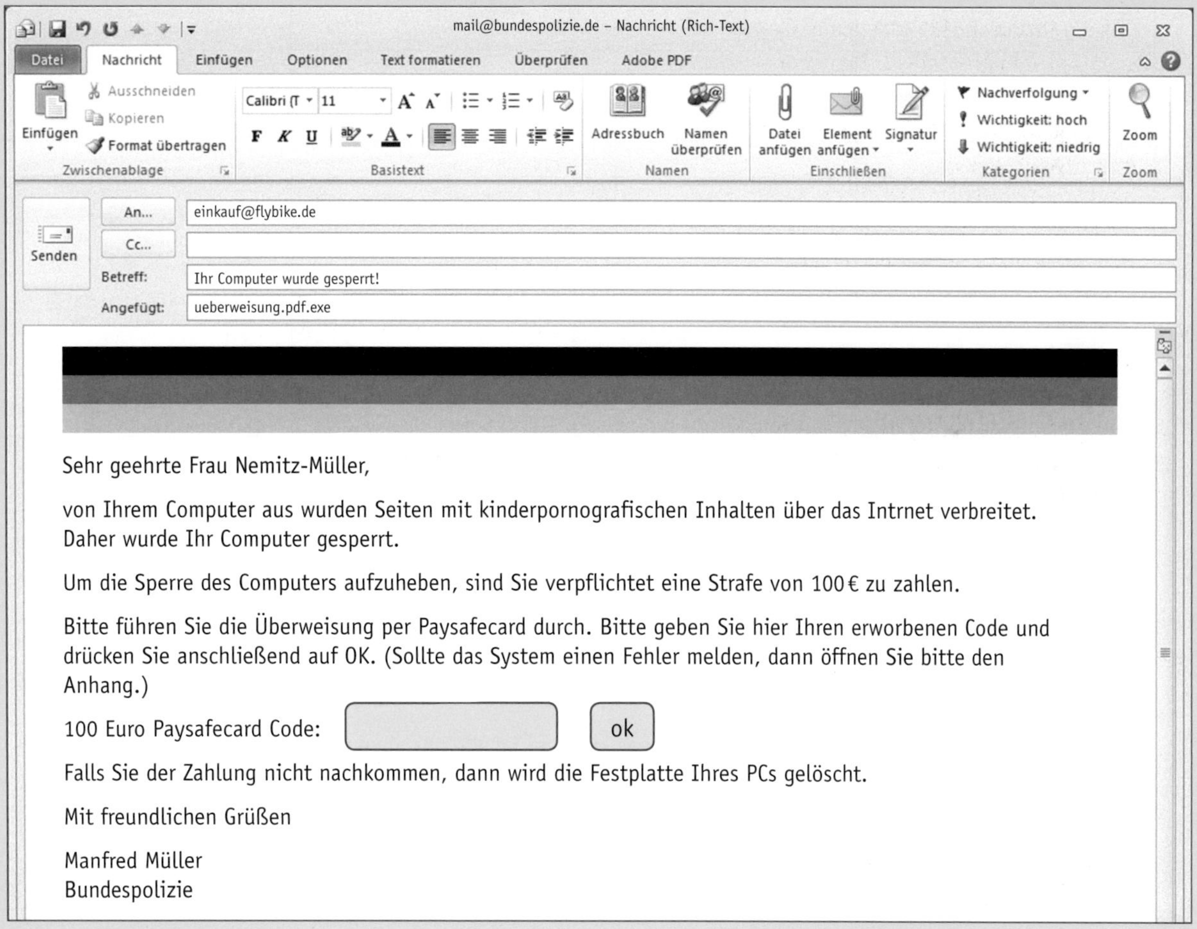
mail@bundespolizie.de – Nachricht (Rich-Text)

Datei | Nachricht | Einfügen | Optionen | Text formatieren | Überprüfen | Adobe PDF

An...: einkauf@flybike.de
Cc...:
Betreff: Ihr Computer wurde gesperrt!
Angefügt: ueberweisung.pdf.exe

Sehr geehrte Frau Nemitz-Müller,

von Ihrem Computer aus wurden Seiten mit kinderpornografischen Inhalten über das Intrnet verbreitet. Daher wurde Ihr Computer gesperrt.

Um die Sperre des Computers aufzuheben, sind Sie verpflichtet eine Strafe von 100 € zu zahlen.

Bitte führen Sie die Überweisung per Paysafecard durch. Bitte geben Sie hier Ihren erworbenen Code und drücken Sie anschließend auf OK. (Sollte das System einen Fehler melden, dann öffnen Sie bitte den Anhang.)

100 Euro Paysafecard Code: [ ] ok

Falls Sie der Zahlung nicht nachkommen, dann wird die Festplatte Ihres PCs gelöscht.

Mit freundlichen Grüßen

Manfred Müller
Bundespolizie

Frau Lai: „Frau Nemitz-Müller, machen Sie sich mal keine Sorgen. Eigentlich sollten solche E-Mails die Sicherheitssysteme der Fly Bike Werke gar nicht überwinden, aber es kommt immer wieder einmal vor, dass sich eine durchmogelt. Und Sie sind bestimmt nicht die Einzige, die schon einmal eine solche Mail bekommen hat. Schicken Sie ruhig alle Mails, die Ihnen merkwürdig vorkommen, an mich weiter oder rufen Sie mich gleich an. Hier handelt es sich bestimmt um einen Fall von Internetbetrug."

Frau Nemitz-Müller: „Sind Sie sicher? Der Absender ist doch die Bundespolizei!"

Frau Lai: „Das sollen Sie glauben! Aber, es gibt eindeutige Hinweise, dass diese Mail nicht von der Polizei stammt. Ich bereite zu solchen Betrügereien und allgemein zum Thema Internetsicherheit gerade ein Faltblatt vor. Aber ich werde auch gleich noch eine Mail an alle Mitarbeiter schicken und davor warnen, dass zurzeit wieder einmal Cyber-Kriminelle ihr Unwesen treiben und wie man sich vor ihnen schützen kann."

Handlungsaufträge

1 Wie bewerten Sie die E-Mail an Frau Nemitz-Müller? Welche Anzeichen gibt es, dass es sich hier um einen Betrugsversuch handelt? Erstellen Sie eine Liste mit allem, was Ihnen an der Mail auffällt.

2 Werten Sie anschließend in Gruppen von 4 bis 5 Schülerinnen/Schülern die Zeitungsartikel zu diesem Thema aus. Erstellen Sie eine gemeinsame Übersicht (DIN A4 – Querformat) mit folgenden Inhalten.

Bedrohung	Erklärung	Schutzmaßnahmen	Mögliche Reaktion bei Infizierung/ Erste Hilfe
Viren			
Würmer			
Trojaner, trojanische Pferde			
Digitale Erpressung			
Phishing			
Falsche Onlineshops			
Abofallen			
Cyber-Mobbing			
Angriffe auf Websites von Unternehmen			
Wirtschaftsspionage/ Ausspähen von Kundendaten			
Schadsoftware und Spionageangriffe in mobilen Endgeräten			

a Einigen Sie sich in Ihrer Gruppe, wer welche Bedrohung bearbeitet.

b Lesen Sie die Zeitungsartikel in Einzelarbeit durch. Recherchieren Sie ggf. Ihnen unbekannte Begriffe im Internet (z. B. www.bsi-fuer-buerger.de, www.klicksafe.de). Erstellen Sie in Einzelarbeit eine Tabelle mit den von Ihren bearbeiteten Bedrohungen, einer jeweils kurzen Erklärung, Schutzmaßnahmen gegen die entsprechenden Angriffe sowie möglichen Reaktionen bei einer Infizierung. Speichern Sie Ihre Tabelle unter Virtuelle_Bedrohung_*Ihr Name.docx*. (**Hinweis:** Falls Sie bei der Erstellung Ihrer Tabellen noch Hilfe benötigen, greifen Sie auf Arbeitsblatt 4.7 zurück.)

c Stellen Sie Ihre Ergebnisse in der Gruppe vor.

d Erstellen Sie aus Ihren einzelnen Tabellen eine gemeinsame Tabelle mit allen Bedrohungen als Übersicht. Gegebenenfalls können Zellen mit gleichem Inhalt – wie z. B. bei Schutzmaßnahmen gegen Viren, Würmer und Trojaner – verbunden werden. Speichern Sie das Endergebnis unter *Virtuelle_Bedrohung_Gruppenergebnis.docx*

Hinweis zum Erstellen des Gruppenergebnisses:
- Öffnen Sie auf einem PC Ihre Tabellen in Word. Speichern Sie die Tabelle, in der Sie alle Ergebnisse zusammenfügen wollen unter *Virtuelle_Bedrohungen_Gruppenergebnis.docx.*
- Anschließend wechseln Sie in eine Datei mit Ihren individuelle Tabellen (Virtuelle_Bedrohung_*Ihr Name*.docx) und markieren die gewünschten Zeilen. Kopieren Sie sie mithilfe des Kontextmenüs über den Befehl **„Kopieren“** bzw. mithilfe der Tastenkombination „Strg + C“.
- Wechseln Sie anschließend in das neu eingerichtete Dokument (Virtuelle_Bedrohung_Gruppenergebnis.docx) und fügen Sie die Zeilen unmittelbar unter der Tabelle mithilfe des Kontextmenüs und dem Befehl „Einfügen“ bzw. mithilfe der Tastenkombination „Strg + V“ ein.
- Wiederholen Sie den Vorgang bis Sie alle Zeilen aus allen Dokumenten in der Ergebnistabelle eingefügt haben.

3 Zusatzauftrag

Helfen Sie Frau Lai dabei, ein Internet-Sicherheitsfaltblatt zum Schutz vor Gefahren aus dem Internet zu erstellen. Gestalten Sie das Faltblatt mithilfe von Grafiken und Textfeldern. (Nutzen Sie dazu das Informationsblatt 5.1)

Zeitungsartikel 1

Viren, Würmer und Trojaner – Immer mehr Gefahren rund ums Internet

Interview mit Herbert Rößler, einem Experten für Internetsicherheit, über die Gefahren rund um das Internet und wie Sie sich am besten schützen können.

Herr Rößler, Sie sind schon seit vielen Jahren Experte für Viren, Würmer, Trojaner – digitale Schadprogramme. Vor 20 Jahren war das sicher noch kein Thema?

Rößler: Das kann man so nicht sagen. Damals hat ein Mitarbeiter beispielsweise auf der Toilette eine Diskette gefunden, legte sie ins Laufwerk und infizierte die Rechner. Heute braucht es keine grob fahrlässigen Mitarbeiter mehr, da die Rechner keine abgeschlossenen Systeme mehr sind, sondern sich über das Internet ständig mit der Außenwelt verbinden.

Viren, Würmer, Trojaner – Es wird vor vielen Gefahren gewarnt. Gibt es überhaupt Unterschiede?

Rößler: Allerdings. Ein Virus ist ein Computerprogramm, das sich in andere Computerprogramme einschleust und sich selbst vermehrt. Man kann es sich so vorstellen: Ein Grippeerreger schwächt den Menschen, ein Computervirus die IT-Umgebung eines Betriebs. Viren sind ausführbare Codes, also kleine Programme. Sie können harmlos sein, aber auch sehr gefährlich. Grundsätzlich unterscheidet man drei Typen von Viren: Programmviren, die einzelne Programmdateien infizieren und sich beim Starten der verseuchten Anwendung weiterverbreiten. Bootsektorviren, die zwar seltener sind, aber auch gefährlicher, da sie sich in dem Bereich der Festplatte festsetzen, die für das Starten des Computers erforderlich sind. Der Computer kann im schlimmsten Fall überhaupt nicht mehr hochgefahren werden. Gefährlich sind auch Makroviren: Sie sind beispielsweise in Word- und Excel-Dateien zu finden und können sich unbemerkt während der Bearbeitung der Tabellenkalkulations- oder Textdateien im System verbreiten. Viren können – je nach Art – Software, Betriebssystem oder Hardware manipulieren und zu mehr oder minder gravierenden Störungen führen. Sie verursachen jährlich Schäden in Milliardenhöhe. Ein Wurm ähnelt in vielerlei Hinsicht einem Virus, breitet sich allerdings, nachdem er einmal ausgeführt wurde, selbstständig über Netzwerke oder Wechselmedien (wie z. B. USB-Sticks) aus. Er verbraucht Ressourcen auf dem infizierten Computer und überlastet Programme. Der PC arbeiten dann insgesamt wesentlich langsamer. Würmer können auch Veränderungen am System vornehmen, ohne dass der Anwender sie bemerkt. Somit kann er sie auch nicht kontrollieren. Würmer entstanden zeitlich nach den Viren und verursachen heute durch ihre größere Aggressivität deutlich mehr Schäden und Kosten als Viren.
Mit dem Namen trojanisches Pferd werden Programme bezeichnet, die nur vordergründig nützlich sind, im Hintergrund aber versteckte Funktionen ausführen, beispielsweise Passwörter ausspionieren. Häufig tarnen sich Würmer in Form von Trojanern, z. B. als „Wichtiges_Dokument.exe", damit der Nutzer die Datei auch öffnet.

Wie verbreiten sich denn Viren, Trojaner oder Würmer?

Rößler: Viren verbreiten sich meist über E-Mail-Anhänge, Würmer über Netzwerke. Im Wurm selbst finden sich häufig wiederum andere Schaddateien wie Viren. Webseiten und Internettauschbörsen und USB-Sticks sind häufig gefährdet.

Wie kann man sich Ihrer Meinung nach am besten schützen?

Rößler: Naja. Wie immer gilt: Vorsicht ist besser als Nachsicht. Darum aktualisieren Sie Ihre Programme regelmäßig und halten Sie mit Updates ihr Betriebssystem immer auf dem neuesten Stand. Eine große Gefahr besteht auch, wenn man für verschiedene Dienste, wie E-Mail, eBay- oder Amazon-Konten das gleiche einfache Passwort wählt. Daher verwenden Sie unterschiedliche Passwörter für unterschiedliche Seiten (wie E-Mail, Online-Banking oder soziale Netzwerke) und ändern Sie sie regelmäßig. Ein Passwort sollte aus mindestens acht, (besser mehr) Stellen bestehen und keine Namen enthalten. Am sichersten sind Passwörter, die sowohl aus groß- und kleingeschriebenen Buchstaben, als auch aus Ziffern und Sonderzeichen (?!%+€@) bestehen.

Das hört sich aber kompliziert an. Wie kann man sich denn solche Passwörter merken?

Rößler: Am einfachsten kann man sich ein Passwort merken, indem man sich einen Satz oder eine Geschichte dazu ausdenkt bzw. indem man das Passwort passend zur Geschichte wählt. Ein mögliches Passwort könnte z. B. sein: InmCjMu8U@H. Es besteht aus großen und kleinen Buchstaben, Ziffern und sogar mit dem „@“ aus einem Sonderzeichen. Und der Satz, mit dem ich mir das komplizierte Passwort merken kann, könnte zum Beispiel lauten: „Ich nutzte meinen Computer jeden Morgen um 8 Uhr @ Home“. Nicht schwer, oder?

Was ist mit einer Firewall? Wie schützt sie das System?
Rößler: Eine Firewall ist ein aus Hardware- und Software bestehendes Schutzsystem, das es erlaubt, ungestört aus dem betrieblichen oder privaten Computernetz (LAN) auf das öffentliche Netz zuzugreifen. Häufig ist in einem Router bereits eine Firewall eingerichtet. Ab Windows 7 steht automatisch eine „Personal Firewall“ zur Verfügung. Achten Sie darauf, dass Sie diese Firewall in den Systemeinstellungen nicht deaktivieren (abschalten).

Was halten sie von Virenscannern? Und was mache ich, wenn ich mir trotzdem ein Schadprogramm eingefangen habe?
Rößler: Virenscanner sind eine wunderbare Erfindung, um sich vor Viren, Würmern und Trojanern zu schützen! Allerdings nur dann, wenn sie regelmäßig aktualisiert werden. Außerdem sollte man mit dem Virenscanner regelmäßig alle Verzeichnisse überprüfen, um ggf. bereits infizierte Dateien zu finden und zu entfernen. Wenn sich Schadprogramme auf einem Computer eingenistet haben, ist es häufig schwierig sie wieder vollständig zu entfernen. Virenscanner erkennen die Schadsoftware zwar häufig, sie können sie aber oft nicht vollständig entfernen. Nachdem das Schadprogramm identifiziert ist, kann man z. B. mit einem anderen, nicht infizierten Computer im Internet nach Informationen zu diesem Schadprogramm suchen. Häufig haben andere Benutzer ein ähnliches Problem. Recherchieren Sie auf vertrauenswürdigen Seiten nach einer Lösung (wie z. B. den Bürger-Seiten des Bundesamts für Sicherheit in der Informationstechnik www.buerger-cert.de und https://www.bsi-fuer-buerger.de). Häufig kann man mithilfe von speziellen bootfähigen CDs (erhältlich bei den Herstellern von Anti-Viren-Software) den PC ohne Windows starten und die Schadsoftware entfernen. Danach sollte man den PC erneut mit einem Virenscanner überprüfen. Ist der PC immer noch infiziert, muss er häufig komplett neu aufgesetzt werden. Sollte Ihnen das alles zu kompliziert klingen, dann scheuen Sie sich nicht, professionelle Hilfe in Anspruch zu nehmen.

Aber mein Handy kann doch keinen Virus bekommen, oder?
Die meisten mobilen Geräte wie z. B. Smartphones und Tablets sind „kleine Computer“ und mit einer Internetverbindung ausgestattet. Daher sind sie zunehmend auch Ziele von SMS-Trojanern, Werbeprogrammen und anderen Schadprogrammen, wie z. B. Programmen, die SMS abfangen, die mTANs für das Online-Banking enthalten. Besonders gefährdet sind mobile Geräte mit einem Android-Betriebssystem, da Android im Gegensatz zu Apples iOS ein offenes Betriebssystem ist. Bei mobilen Geräten gilt besonders: Gehen Sie sorgfältig mit Ihren Zugangsdaten um. Deaktivieren Sie drahtlose Schnittstellen, wie WLAN und Bluetooth, wenn Sie sie nicht benötigen. Nutzen Sie öffentliche Hotspots (WLAN-Zugang zum Beispiel in Cafés) mit besonderer Vorsicht. Installieren Sie Apps nur aus vertrauenswürdigen Quellen und seien Sie vorsichtig bei der Gewährung von Rechten. Führen Sie regelmäßig Sicherheitsupdates durch. Auch Virenschutzprogramme können helfen, Ihre mobilen Geräte zu schützen.

Neben den bekannten Schadprogrammen, den Viren, Würmern oder Trojanern, gibt es noch eine Vielzahl von weiteren Möglichkeiten, Unternehmen oder Privatpersonen durch Internetbetrug zu schädigen. Welche Betrugsmaschen gibt es und wie kann man sich am besten schützen?
Rößler: Zum Beispiel versuchen Kriminelle mithilfe von Schadsoftware den Computer lahmzulegen und den Nutzer um ein Lösegeld zu erpressen. Hierzu gehört z. B. der BKA-Trojaner: Der Empfänger erhält eine Mail mit dem Logo des Bundeskriminalamtes oder der Bundespolizei. Es wird ihm vorgeworfen, kinderpornografische Inhalte verbreitet, also eine Straftat begangen zu haben. In der E-Mail wird mitgeteilt, dass der Empfänger eine Strafgebühr per Prepaidkarte bezahlen soll, um den PC zu entsperren. Das Sperren des Computers erfolgt dann durch einen Trojaner, der sich auf dem PC installiert, sobald ein Anhang der E-Mail geöffnet oder auf den Link geklickt wird. Besonders problematisch ist, dass neben dem Schadprogramm auch tatsächlich echte kinderpornografische Bilder auf dem Rechner verbreitet werden. Sollten Sie von einer solchen Erpressung betroffen sein, dann sollten Sie auf keinen Fall auf den Erpressungsversuch eingehen und den Betrag bezahlen, sondern die Polizei über die versuchte Erpressung informieren.

Woran kann ich erkennen, ob ein E-Mail-Anhang schädlich ist?
Rößler: Das ist nicht immer einfach. Ein Beispiel: Sie haben ein Bild im Anhang. Das Bild heißt foto.jpg. Völlig harmlos. Denken Sie. Dahinter versteckt sich aber ein Virus. Das sehen Sie, wenn Sie sich den ganzen Namen anschauen: Bild.jpg.vbs. Bei der Endung .vbs oder .exe wäre ich vorsichtig. Wenn Sie das vermeintlich harmlose Bild öffnen, installiert sich stattdessen ein schädliches Programm im Hintergrund. Außerdem sollten Sie bei E-Mails hellhörig werden, in denen Sie aufgefordert werden, auf einen Link zu klicken und anschließend Ihre Zugangsdaten wie Benutzernamen und Passwörter einzugeben. Diese E-Mails werden Phishing-Mails genannt. Klickt der Nutzer auf den Link, gelangt er z. B. nicht auf die echte Seite seiner Bank oder seines E-Mail-Anbieters, sondern auf eine von Internetbetrügern nachgebaute Internetseite. Der Nutzer gibt dort seine persönlichen Daten ein und die Betrüger haben ab sofort Zugriff auf Bankkonto oder E-

Mail-Postfächer. Aber nicht nur per E-Mail kann man Opfer eines Phishing-Angriffs werden, sondern häufig werden auch Nachrichten per Instant-Messenger wie z. B. Skype zu diesen Zwecken missbraucht. Daher sollte man nur auf Verlinkungen klicken, deren Absender vertrauenswürdig ist. Bei unbekannten Absendern oder ungewöhnlichen Absendern gilt: Erst den Inhalt scannen, dann den Inhalt öffnen.

Angenommen, ein Krimineller klaut mein Bankpasswort und plündert mein Konto. Das Geld bekomme ich doch von meiner Bank erstattet?
Rößler: Leider nein. Dazu kann ich Ihnen von einer kleinen Firma berichten, die neulich genau dieses Problem hatte: Ein Krimineller hat mit einem Trojaner, den er per E-Mail verschickte, Zugriff auf das Firmenkonto erhalten. Nach ausgiebiger Shoppingtour war das Bankkonto leer. Die Bank musste den Schaden nicht ersetzen, denn der Mitarbeiter hätte die E-Mail als Fälschung erkennen müssen. Sie enthielt deutliche sprachliche Fehler. In diesem Fall: Pech gehabt. Die Firma ist für ihre IT-Sicherheit verantwortlich, hätte einen Virenschutz und eine Firewall einsetzen sowie ihre Mitarbeiter für solche Gefahren sensibilisieren müssen.

Ist das Verbreiten von Schadprogrammen nicht verboten?
Rößler: Es ist sogar strafbar und kann mit Freiheitsstrafen geahndet werden. Trotzdem: Als Unternehmer kann ich mit dem Anwalt drohen so viel ich will, die Ermittlungen nach den Betrügern sind leider meist schwierig, da sie häufig nicht leicht zu identifizieren bzw. zu bestrafen sind, vor allem dann nicht, wenn sie ihren Sitz im Ausland haben oder ihre Identität geschickt verschleiern. Den Schaden habe ich als Unternehmen und muss ihn häufig mit einem enormen zeitlichen Aufwand bzw. mit professioneller Hilfe beheben lassen.

Und wie sieht es mit Onlineshopping aus? Auf was sollte man hier achten?
Rößler: Unseriöse Firmen bieten Waren zu besonders günstigen Preisen an. Dabei handelt es sich nicht selten um gefälschte oder gestohlene Waren. Oder der Kunde wird um Vorkasse gebeten und die Ware wird nach Zahlung nicht versandt. Kaufen Sie also nur auf vertrauenswürdigen Seiten ein. Sehen Sie sich z. B. das Impressum an oder googeln Sie den Firmennamen. Nicht selten haben andere Kunden ebenfalls schlechte Erfahrung mit Anbietern gemacht und kommunizieren ihr Beispiel im Internet. Außerdem sollte der Onlineshop unterschiedliche Zahlungsmöglichkeiten anbieten und nicht nur per Vorkasse verkaufen. Achten Sie darauf dass der Onlineshop mit einem Gütesiegel wie z. B. „Trusted Shops“ ausgezeichnet ist. Hier kann man relativ sicher davon ausgehen, dass es sich um einen „seriösen Online-Shop“ handelt. Vorsichtig sollten Sie auch dann sein, wenn Ihnen etwas kostenfrei oder als Geschenk angeboten wird. Nicht selten lauern dahinter Abofallen, die sich anschließend als Kostenfallen entpuppen.

Aber nicht nur bei Onlineshoppingtouren kann man „Opfer des Internets“ werden. In sozialen Netzwerken kommt es immer wieder zu Cyber-Mobbing-Attacken. Eben noch die große Liebe wird die Exfreundin kurze Zeit später verbal oder auch mit zweideutigen Bildern angegriffen. Oder der Täter nutzt ein Pseudonym, um seinen Opfern zum Beispiel Homosexualität vorzuwerfen und sie damit zu attackieren. Tausend andere Nutzer können die Angriffe verfolgen und kommentieren. Was raten Sie Opfern von Cyber-Mobbing und wie kann man sich davor schützen?
Rößler: Zunächst sollten Sie nicht auf die Attacken reagieren, um die Täter nicht zu provozieren. Vertrauen Sie sich Freunden an, um nicht alleine mit der Situationen fertigwerden zu müssen. Sammeln Sie Beweismaterial, um ggf. Anzeige erstatten zu können. Außerdem können Sie z. B. Benutzer, die sie belästigen oder beleidigen „blockieren oder entfernen“. Sie können dann Ihre Einträge nicht mehr mit „gefällt mir“ markieren oder kommentieren. Auch in anderen Plattformen oder Chat-Foren gibt es die Möglichkeit, Personen zu sperren oder aus dem Chat zu entfernen. Wenden Sie sich ggf. an den Anbieter der Seiten. Wenn das alles nichts hilft, dann löschen Sie notfalls Ihren Account auf der betreffenden Plattform. Zum Schutz vor Mobbingattacken sollte man möglichst wenig persönliche Daten preisgeben. Außerdem sollte man sich überlegen, welche Fotos oder Videos man postet, um möglichst keine Angriffspunkte für negative Beiträge zu bieten. So gehören z. B. Fotos in Badekleidung nicht ins Internet. Überprüfen Sie regelmäßig ihre Privatsphären- sowie Kontoeinstellungen in sozialen Netzwerken.

In letzter Zeit liest man häufig, dass Konten in sozialen Netzwerken oder E-Mail-Konten von Hackern „gekapert“ – also von unberechtigten Dritten missbraucht – werden. Wie kann man sich hiervor schützen?
Rößler: Auch hier gilt wieder: Verwenden Sie auf unterschiedlichen Seiten auch unterschiedliche und sichere Passwörter. Sichern Sie Ihre Accounts außerdem über die Sicherheitseinstellungen, indem Sie z. B. Anmeldebenachrichtigungen aktivieren. Wenn Ihr Account z. B. von einem bisher nicht verwendeten Gerät geöffnet wird, dann erhalten Sie eine Benachrichtigungsmail.

Quelle: Autorentext

Zeitungsartikel 2

Angriffe aus dem Internet – Die Bedrohung für Firmen wächst

Viele Firmen sind nur unzureichend auf digitale Gefahren vorbereitet und vor Angriffen geschützt. Insbesondere Privatpersonen sowie kleine und mittelständische Unternehmen unterschätzen Cyberattacken. Ein erfolgreicher Angriff aus dem Netz kann nicht nur für das Unternehmen, sondern auch für seine Kunden böse Folgen haben.

Professionelle Banden, die quer über die Welt verstreut sind, erpressen Unternehmen, indem sie z. B. deren Webseiten blockieren. „Angreifer haben unsere Website für 16 Stunden lahmgelegt: Sie haben sie durch eine riesige Anzahl an Aufrufen überlastet und dadurch den Server zum Zusammenbrechen gebracht," berichtete neulich der Firmenchef eines Onlinehändlers, der nicht genannt werden möchte.

Neben solchen Angriffen auf Webseiten gehören auch Wirtschaftsspionage und das Ausspähen von Kundendateien zu den Zielen von Internetbetrügern. Wie aber kann es Kriminellen gelingen, in ein Firmennetz einzudringen? Zum Beispiel werden Software-Updates vergessen, unsichere bzw. immer wieder gleiche Passwörter genutzt oder private USB-Sticks im Firmennetzwerk verwendet, die mit einem Trojaner oder einem gefährlichen Virus infiziert sind. Mitarbeiter stellen dabei leider ein hohes Risiko dar. Daher ist eine aktive Aufklärung über mögliche Gefahren ein wichtiger Weg, um das Unternehmen vor Cyberangriffen zu schützen.

Aber nicht nur der Schutz von PCs und Servern am Arbeitsplatz, sondern auch „mobile Sicherheit" spielt für viele Firmen eine immer wichtigere Rolle. Häufig können Mitarbeiter ihre eigenen Smartphones, Tablet-Computer oder Notebooks mit ins Büro bringen und dort nutzen. Arbeiten sie auf ihren privaten Geräten auch mit Firmendaten, können durch die eigenen Anwendungen oder Spiele, Sicherheitslücken im Unternehmen entstehen. Sind die privaten Programme infiziert, werden Spionage und Datendiebstahl möglich. Hier sollten Unternehmen, die neben dienstlichen auch private Geräte zur beruflichen Kommunikation zulassen, ihre Mitarbeiter besonders informieren und auf mobile Sicherheit achten.

Und wenn Ihnen eine E-Mail oder eine Fehlernachricht „komisch" vorkommt, dann sollten Sie zunächst einmal Ruhe bewahren und mit Ihrem Systemadministrator sprechen. Mit ihm können Sie dann entscheiden, ob Sie z. B. per Telefon Kontakt zum Versender der Mail aufnehmen und nachfragen, um was für einen Anhang es sich handelt. Es gibt viele Beispiele für Unternehmen, in denen eine per E-Mail versandte Rechnung unachtsam geöffnet und archiviert wurde und sich dabei ein bösartiger Virus eingenistet hat. Unternehmen sollten bei Angriffen auf ihren Webseiten, bei Wirtschaftsspionage sowie Verdacht auf Ausspähung von Kundendaten professionellen Rat von Spezialisten einholen.

Aber nicht nur Schadprogramme können großen Schaden anrichten. Immer wieder werden auch Firmen Opfer von „Cyber-Mobbing". Angebliche Kunden nutzen Fanseiten oder Blogs, um einfach „Stunk" zu machen. Nicht selten jedoch haben Kunden berechtigte Kritik. Hier gilt es mit Fingerspitzengefühl herauszufinden, ob Kunden einfach nur motzen wollen oder ob es sich um ernst gemeinte Kritik handelt. Haben Kunden berechtigte Kritik an einem Produkt oder einer Dienstleistung, dann sollte das Unternehmen auf jeden Fall möglichst schnell auf den Eintrag reagieren. Denn sonst riskiert es, dass andere Nutzer die negative Bemerkung „liken" und somit das Image des Unternehmens über das Netz ganz schnell negativ beeinflusst wird. Bei einem solchen Sturm der Entrüstung (Shitstorm) werden häufig neben der vielleicht berechtigten Kritik auch zahlreiche unsachliche Bemerkungen ins Netz gestellt. Sie machen eine sinnvolle Diskussion unmöglich. Daher ist es für Unternehmen sehr schwierig, auf negative Kritiken in sozialen Netzwerken, in Blogs oder auf Firmen-Webseiten zu reagieren. Versuchen Sie also bei berechtigter Kritik mit einer schnellen persönlichen Antwort – keiner Standardantwort – auf das Problem des Kunden einzugehen. Bieten Sie ihre Hilfe an und/oder kommen sie dem Kunden großzügig entgegen. Der Kunde wird Ihre Reaktion zu schätzen wissen und Sie können auf positives „Liken" hoffen. Sollte es sich bei der Kritik nur um „Schmähkritik" handeln, dann sollten Unternehmen sie zumindest gut beobachten und überlegen, wie sie darauf reagieren können. Ein Löschen des Eintrags oder der Fanseite bringt in der Regel nicht den gewünschten Erfolg. „Das Internet vergisst nie", und gelöschte Beiträge können an anderer Stelle von Dritten erneut ins Internet gestellt werden. Dann ist das Unternehmen jedoch nicht mehr Herr der Lage und kann nicht mehr auf die Kritik reagieren.

Quelle: Autorentext

Folgesituation

Die Fly Bike Werke GmbH ist seit einigen Wochen mit einer Fan-Seite in einem sozialen Netzwerk vertreten. Bisher haben schon viele Nutzer den „Gefällt mir"-Button gedrückt. Leider kommentieren einige Nutzer auf der Seite das neue Mountainbike Constitution negativ.

Fly Bike Werke GmbH
15. März 20XX

PRODUKTINFO

Gerade im Frühling sind Sie mit unserem

Mountainbike Constitution

immer gut unterwegs.

Genießen Sie den Frühling.

WEITERE INFOS

Gefällt mir · Kommentieren · Teilen

14 Personen gefällt das.

Superman88: „So ein Schrott. Alles Mist. So ein Fahrrad kann man echt nur auf den Müll werfen! Und dann noch völlig überteuert! Einfach nur zum Kotzen!"

Nico Paulinski: „Bei meinem neuen Mountainbike Constitution ist schon nach drei Monaten der Lack am Rahmen an einigen Stellen ab. Das finde ich bei einem so teuren Fahrrad einfach nicht in Ordnung. Schade. Ich würde das Fahrrad nicht weiter empfehlen, obwohl alles andere ganz prima ist und es richtig Spaß macht, damit durch die Berge zu düsen."

5 weitere Kommentare anzeigen

Handlungsaufträge:

1 Wie sollte die Fly Bike Werke GmbH auf die Kritiken reagieren? Formulieren Sie eine Reaktion und speichern Sie sie unter *Reaktion_Paulinski.docx* in einem geeigneten Ordner (vgl. LS 4) ab.

2 Herr Grünert, Mitarbeiter der Zweirad GmbH, hat sich den Auftritt der Fly Bike Werke GmbH mit großem Interesse angesehen und überlegt jetzt, ob er für die Zweirad GmbH ebenfalls eine Fanseite einrichten soll. Diskutieren Sie in einer Kleingruppe, ob die Zweirad GmbH aktiv sein sollte. An folgenden Fragestellungen kann sich Ihre Diskussion orientieren:

- Worin unterscheiden sich private Seiten von Fanseiten eines Unternehmens?
- Welche Argumente sprechen für eine Fanseite aus Sicht der Zweirad GmbH und welche Argumente sprechen dagegen?
- Sind Sie selbst Fan eines Unternehmens und wenn ja, warum, bzw. wenn nein, warum nicht?

Halten Sie Ihre Argumente in Form einer Kurzpräsentation in PowerPoint (max. 5 Folien) fest. Speichern Sie sie unter *Pro_Contra_Fanseite.pptx* in einem geeigneten Ordner.

Informationsblatt 5.1 (3 Seiten, Zusatzauftrag) | Ein Faltblatt erstellen.

Um aus DIN-A4-Blättern ein DIN-A5-Faltblatt zu erstellen, müssen Sie sich zunächst Gedanken zum Layout des Flyers machen. Die DIN-A4-Blätter werden in der Mitte geknickt, um ein Faltblatt in DIN-A5 zu erhalten.

Hinweis
Erstellen sie zunächst den kompletten Inhalt des Faltblattes, bevor Sie mit dem Layout beginnen.

Überlegen Sie sich, wie viele Seiten Ihr Faltblatt haben soll bzw. wie viele Seiten Sie für Ihren vorbereiteten Text benötigen. Je nach Seitenumfang muss auch das Layout beachtet werden. Ihr DIN-A5-Faltblatt kann entweder 4 oder 8 Seiten (oder jede andere durch vier teilbare Seitenzahl) haben.

Layout mit insgesamt vier Seiten
Das DIN-A4-Blatt wird beidseitig bedruckt und an der gestrichelten Linie (siehe Abbildung) geknickt. Dadurch entsteht ein DIN-A5-Faltblatt mit zwei inneren und zwei äußeren Seiten. Auf der Vorderseite ihres Blattes befinden sich die inneren Seiten des Faltblattes, die äußeren Seiten werden auf der Rückseite eingefügt.

Drucken Sie auf der linken Blatthälfte der Vorderseite die inhaltliche zweite Seite des Faltblattes und auf der rechten Hälfte die dritte Seite. Auf der Rückseite wird auf der rechten Hälfte die erste inhaltliche Seite eingefügt und auf der linken Hälfte die vierte Seite.

Blatt 1 – bedruckte Innenseite

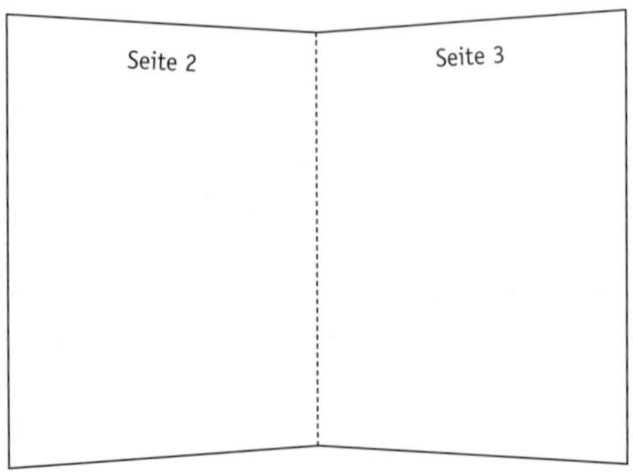

Blatt 1 – bedruckte Außenseite

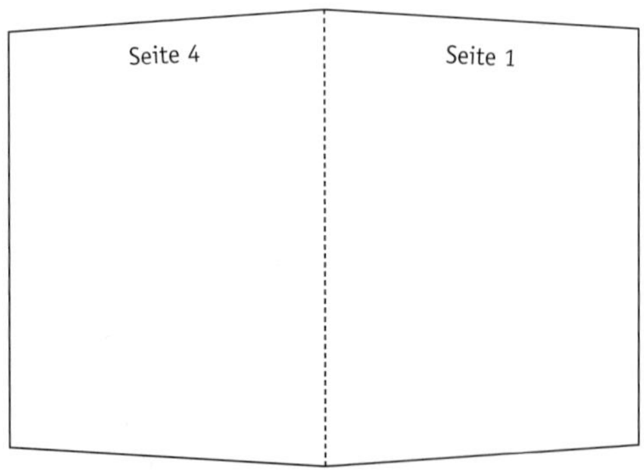

Layout mit insgesamt acht Seiten
Wenn das Faltblatt statt vier acht Seiten haben soll, dann wird ein zusätzliches DIN A4-Blatt bedruckt, in der Mitte geknickt und in der Mitte eingelegt. Dadurch ändern sich die Nummerierung und auch die Reihenfolge der Seiten (vgl. Abbildung). Daher ist es sinnvoll, bevor man das Layout erstellt, den gesamten Text zu verfassen und zu überlegen, wie viele Seiten das Faltblatt haben soll.

Blatt 1, 2 – bedruckte Innenseiten

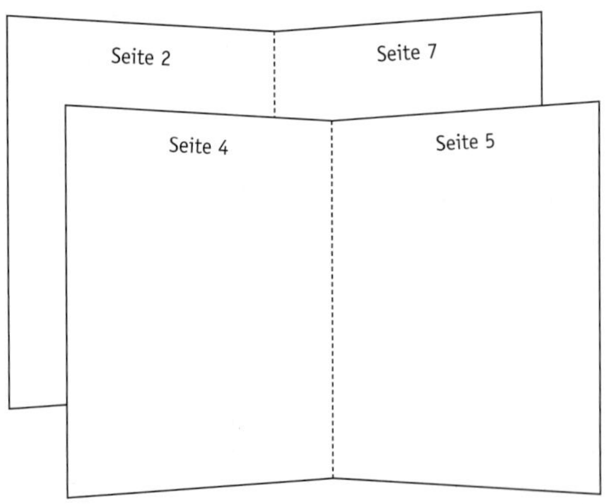

Blatt 1, 2 – bedruckte Außenseiten

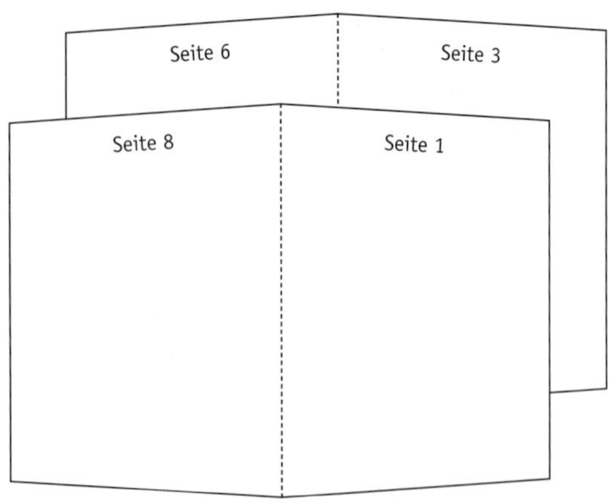

Hinweis
Sollten Sie mit der dargestellten Reihenfolge Schwierigkeiten haben, dann basteln Sie sich zunächst ein leeres „Musterfaltblatt". Beschriften Sie die Seiten zweier leerer Blätter mit der jeweiligen Seitenzahl und knicken Sie den Flyer. Legen Sie die Blätter ineinander und das Musterfaltblatt ist fertig.

Faltblatt erstellen

Erstellen Sie in Word ein neues Dokument, indem Sie im Register **Datei** auf **Neu** klicken. Standardmäßig sind Word-Dokumente im Hochformat ausgerichtet.

Damit das A4-Blatt in der Mitte geknickt zum DIN-A5-Faltblatt wird, müssen Sie mithilfe des Registers **Seitenlayout** im Dialogfeld **Seite Einrichten** die Ausrichtung **Querformat** wählen. Anschließend stellen Sie über den Befehl **Spalten** ein, dass zwei Spalten erzeugt werden sollen.

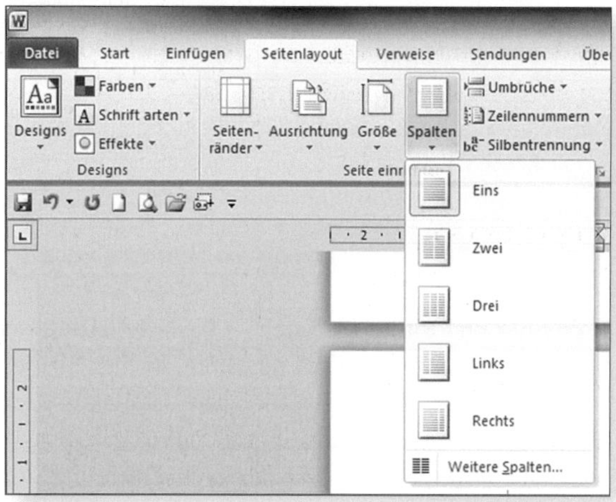

Aktivieren Sie im Register **Start** im Dialogfeld **Absatz Alle Anzeigen**, um auch alle Steuerzeichen (Spaltenumbrüche, Seitenumbrüche etc.) sehen zu können und das Faltblatt somit leichter gestalten zu können.

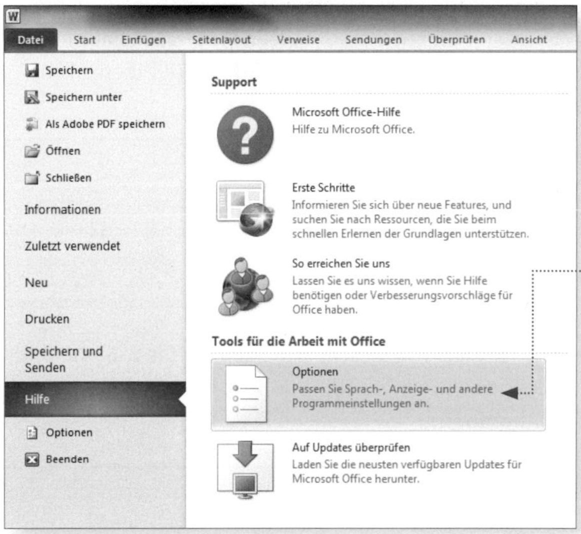

Hinweis
Wenn keine Textbegrenzung angezeigt wird, können Sie sie über das Register **Datei** und den Menüpunkt **Hilfe, Optionen** einblenden. Klicken Sie dazu im neuen Dialogfenster **Word Optionen** auf den Menüpunkt **Erweitert** und setzen sie dann im rechten Fenster unter der Überschrift „Dokumentinhalt anzeigen" bei der Option **Textbegrenzungen anzeigen** ein Häkchen.

Textbegrenzungen eingeblendet

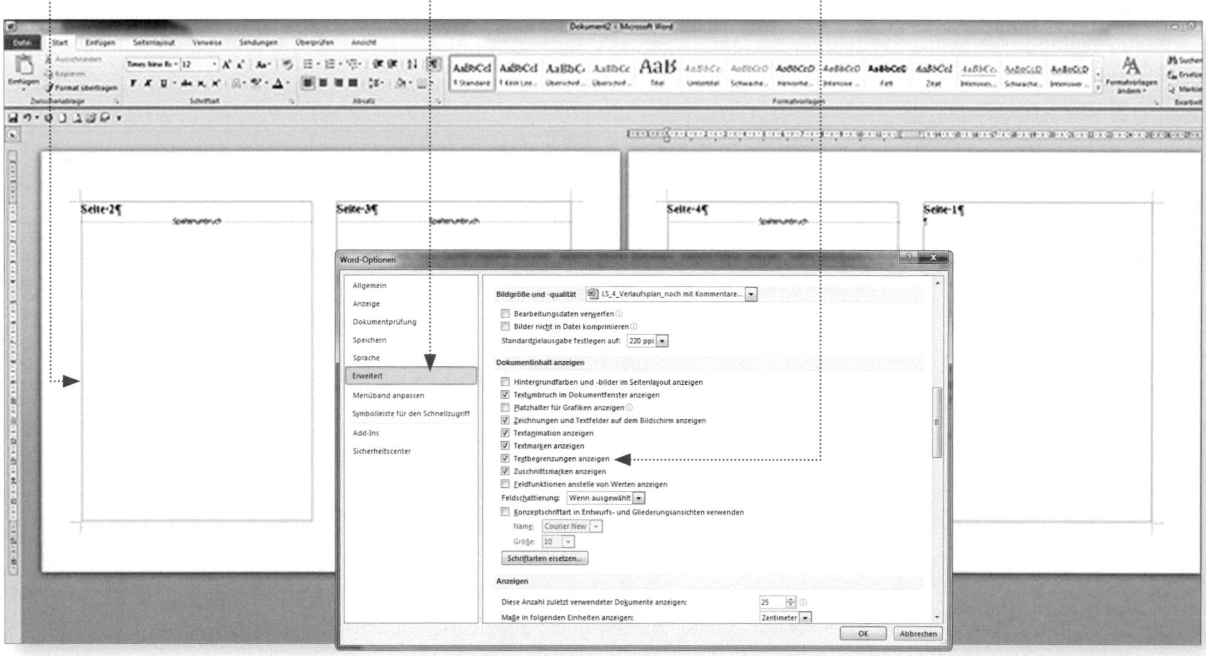

Speichern sie das Faltblatt unter dem Namen *Internet_Sicherheitsfaltblatt.docx*.

TIPP Über das Register **Seitenlayout** und die Schaltfläche **Umbrüche** können Sie Spalten- und Seitenumbrüche einfügen. Richten Sie Ihr Dokument gleich zu Beginn mit der richtigen Seitenanzahl ein und schreiben Sie sich die Seitenzahlen auf die entsprechenden Seiten. Überlegen sie sich vorab genau, welche Texte auf welcher Seite erscheinen sollen. Ihre Texte müssen dabei die DIN-A5 Seiten nicht bis zum Ende füllen. Das macht spätere Korrekturen am Text einfacher und sieht auch professioneller aus.

Markieren Sie anschließend in dem Dokument, in dem Sie die Texte verfasst haben *(Texte_Sicherheitsfaltblatt.docx)*, einen Abschnitt ihres Textes und kopieren Sie ihn. Wechseln Sie in das neu eingerichtete Faltblatt-Dokument *(Internet_Sicherheitsfaltblatt.docx)* und fügen Sie den Text auf der gewünschten Seite ein.

Wiederholen Sie den Vorgang bis Sie alle Textabschnitte auf den jeweils gewünschten Seiten eingefügt haben.

Textfelder und Bilder einfügen → Layouteinstellungen

Um den Flyer ansprechend zu gestalten, können Sie neben dem „normalen" Fließtext auch ähnlich wie in PowerPoint Objekte (Textfelder, Grafiken und Tabellen) einfügen. Dazu nutzen Sie das Register **Einfügen** und die Dialogfelder **Tabellen** oder **Illustrationen**. Klicken Sie z. B. auf **Grafik**, öffnet sich das Dateiverzeichnis auf Ihrem Rechner und Sie können eine bereits abgespeicherte Bilddatei auswählen, die Sie einfügen möchten. Klicken Sie auf **Screenshot**, erscheint ein Auswahlfenster mit allen auf Ihrem Rechner geöffneten Fenstern. Wählen sie eins davon aus, wird ein Bild dieses Fensters an der Stelle in Ihrem Faltblatt eingefügt, an der gerade der Cursor steht. Probieren Sie es aus!

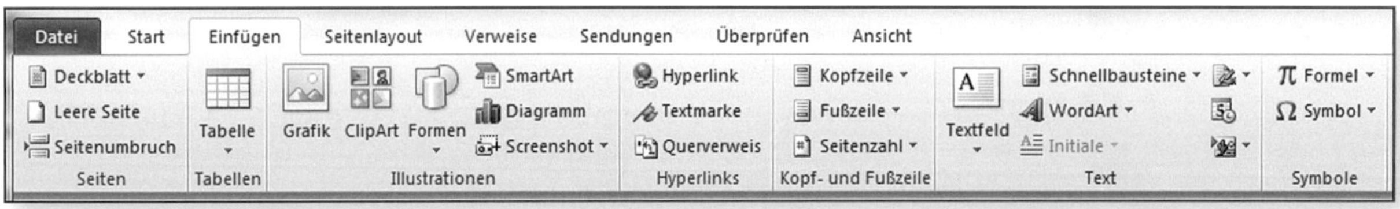

Wenn sie das Bild anklicken, öffnen sich das Kontextmenü **Bildtools, Format.** Mit diesem Menü können Sie z. B. die Bildgröße ändern, das Bild beschneiden (Dialogfeld **Größe**) oder auch bestimmen, ob das Bild wie Text in einer Zeile stehen soll oder aber der Text um das Bild „herumfließen" soll (Dialogfeld **Anordnen**).

Damit der Text um ein Objekt „herumfließt", markiert man das Objekt und wählt anschließend über das Register **Format** im Befehl **Zeilenumbruch** die Einstellung **Passend.** Alternativ kann man Objekte z. B. auch hinter oder vor einem Text platzieren.

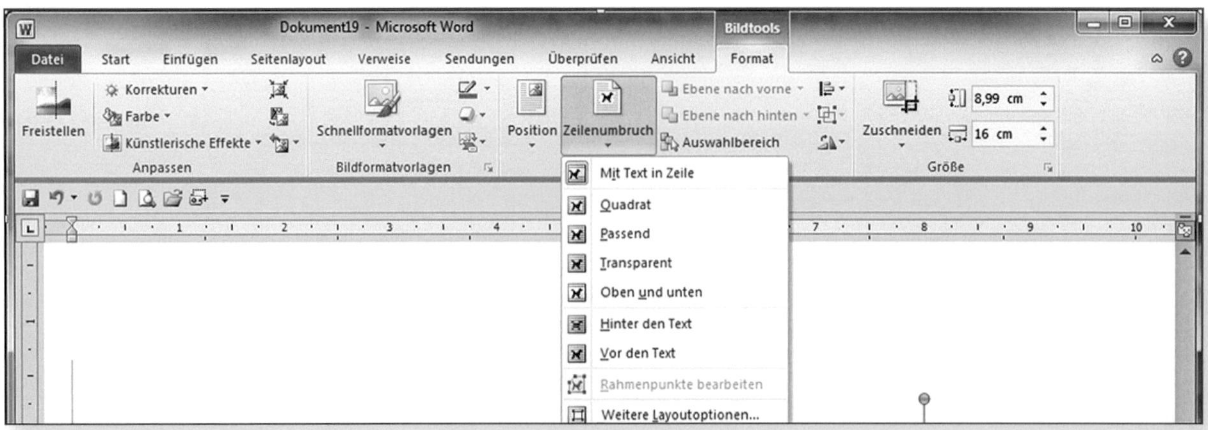

Außerdem kann man über das Register **Format** Objekte je nach Objektart (Bild, Textfeld, Tabelle etc.) weiter gestalten. Beim Objekt **Textfeld** stehen u.a. Fülleffekte (farbiger Hintergrund) oder Formkontur (farbiger Rahmen) als Formatierungsmöglichkeiten zur Verfügung.

Aufgaben

Aufgabe 1

Herr Schneider erhält von Shokk Ltd., einem amerikanischen Lieferanten der Fly Bike Werke GmbH, eine Mail mit einer aktuellen Komponentenliste in Form einer Excel-Datei. Er wundert sich zwar, dass die Mail von george.plitt@shokk.biz kommt – die Shokk Ltd. nutzt für gewöhnlich die E-Mail-Endung @shokk.com und trotz enger Lieferantenbeziehungen hat er mit einem George Plitt zuvor noch nicht gesprochen – den E-Mail-Anhang mit der Bezeichnung components_Shokk.xlsx.exe öffnet er dennoch ...

Durch das Öffnen des Anhangs hat sich ein trojanisches Pferd installiert, das sich Zutritt auf den internen Bereich der Fly Bike Werke GmbH verschafft hat. Unter anderem konnten so 5.000 Euro von einem Firmenkonto gestohlen werden, die aber zum Glück von der Hausbank der Fly Bike Werke erstattet wurden.

Die Geschäftsführung und die Abteilungsleitungen der Fly Bike Werke benutzen das einheitliche Passwort fahrrad2.

1. Diskutieren Sie, ob die Bank den Betrag hätte erstatten müssen.
2. Unterbreiten Sie Vorschläge zur Erhöhung der Passwortsicherheit.
3. Diskutieren Sie, inwieweit Dateiname und Anhang hätten stutzig werden lassen müssen.

Aufgabe 2

Nicht nur der Auftritt der Fly Bike Werke GmbH ist von negativen Angriffen betroffen, sondern es werden auch immer mehr Privatpersonen Opfer von sogenanntem Cyber-Mobbing. Wie kann man sich dagegen schützen?

Aufgabe 3

Bei welchen Daten ist die Veröffentlichung in einem sozialen Netzwerk in Ordnung und welche Daten sollten lieber nicht online gestellt werden. Warum ist die Veröffentlichung einiger Daten ggf. nicht zu empfehlen?

- Name, Vorname
- Mobilfunknummer
- Religiöse Ansichten
- Politische Einstellung
- Adresse
- IM-Nutzername (wie z. B. Skype-Name)
- Ausbildungsstelle
- Arbeitsstelle
- Lieblingsbuch
- Fernsehsendungen/Filme/Bücher/Musik
- Kreditkartennummer
- Hobbys
- Bankverbindung
- Haustiere
- Beziehungsstatus
- Geburtsdatum

Aufgabe 4

Erstellen Sie eine Lernkartei in PowerPoint mit den wichtigsten Fachbegriffen zum Thema Internetsicherheit (Viren, Würmer, Trojaner, Cyber-Kriminalität, Firewall, Virenscanner, sichere Passwörter u. a.).

Aufgabe 5

Führen Sie Ihr Lerntagebuch.

Wissen ☑ Fertigkeiten ☑ Sozialkompetenz ☑ Selbstständigkeit ☑

SB BWR ▸ Seite 147 ff. | Handlungsfeld 2, Kap. 2 und 3
LS BWR ▸ Seite 138 ff. | Lernsituationen 22 und 23

Lieferantenauswahl für Fahrradtrikots

Situation

Die Fly Bike Werke GmbH verkauft neben Fahrrädern auch T-Shirts und Shorts. In diesem Jahr soll zum Firmenjubiläum erstmals die regionale Niedersachsenrundfahrt gesponsert werden. Unter dem Namen „Basse-Saxe" soll eine neue Fahrradtrikot-Kollektion aufgelegt werden. Da die Fly Bike Werke GmbH die Textilien nicht selbst herstellt, wird ein Hersteller gesucht. Für die Auswahl neuer Hersteller und somit Lieferanten für Fahrradtrikots hat Frau Nemitz-Müller vier auf Sportbekleidung spezialisierte Unternehmen besichtigt. Hierdurch konnte sie einen persönlichen Eindruck von den Fertigungsmethoden und der Qualität der Ware erhalten.

Frau Nemitz-Müller hat zu jedem Unternehmen einen Bericht verfasst. Sie bittet Sie, die Berichte in Excel auszuwerten, indem Sie die wichtigsten Informationen in einer Tabelle zusammenfassen und ein Bewertungsschema von 1 = sehr gut, 3 = befriedigend und 5 = mangelhaft anwenden. Frau Nemitz-Müller stellt Ihnen dazu auch einige Informations- und Arbeitsblätter zur Verfügung.

Bericht 1

besuchter Lieferant:
Sports Wear AG
Ansprechpartner Marin König
Zeppelinstraße 17
50996 Köln

Die Sports Wear AG produziert Sportbekleidung jeglicher Art. Da das Unternehmen erst zwei Jahre alt ist, kommen bei der Fertigung die modernsten technischen Verfahren zum Einsatz. Dies zeigt sich auch bei der Qualität der produzierten Ware, die als sehr gut zu bewerten ist. Aufgrund dieser Tatsachen hat sich das Unternehmen bereits einen guten Ruf erworben und zahlreiche Kunden gewonnen. Der Einkaufspreis pro Fahrradtrikot liegt auf einem hohen Niveau. Die Lieferzeit beträgt mindestens sechs Wochen. Lediglich die ökologischen Aspekte der Fertigung befinden sich auf einem mittleren Niveau, sodass die gesetzlichen Vorgaben eingehalten werden, aber als verbesserungsfähig einzuschätzen sind. Die Entfernung zwischen der Sports Wear AG in Köln und unserem Zentrallager in Oldenburg beträgt ca. 300 km.

Bericht 2

besuchter Lieferant:
Gory Tech GmbH
Ansprechpartner Nadja Mai
Franzgasse 22
28197 Bremen

Die Gory Tech GmbH ist ein alteingesessenes Unternehmen mit Sitz in Bremen, ca. 50 km von Oldenburg entfernt. Der technische Stand der Fertigung ist als zufriedenstellend zu bewerten. Trotzdem verfügen die analysierten Probetrikots über eine sehr hohe Qualität. Aufgrund der veralteten Fertigungstechniken sind auch die ökologischen Aspekte der Fertigung im Mittelfeld einzustufen. Laut Aussage des Leiters der Verkaufsabteilung garantiert das Unternehmen eine maximale Lieferfrist von drei bis vier Wochen. Die Einkaufspreise pro Fahrradtrikot sind günstig.

Bericht 3

besuchter Lieferant:
Trikot KG
Ansprechpartner Paul Timme
Rohrdamm 83
13629 Berlin

Die Trikot KG hat ihren Sitz in Berlin, sodass sich zu unserem Zentrallager in Oldenburg eine sehr große Entfernung von ca. 450 km ergibt. Die Einkaufspreise pro Fahrradtrikot liegen auf einem mittleren Niveau. Bei der Betriebsbesichtigung fiel sofort der veraltete Stand der Produktionstechnik auf. Bei der Analyse der Probetrikots bestätigte sich dieses negative Bild. Auch die ökologischen Aspekte der Fertigung erfüllen lediglich die gesetzlichen Vorgaben und befinden sich nicht auf dem neuesten Stand. Positiv hervorzuheben sind die kurzen Lieferfristen von maximal zehn Werktagen.

Bericht 4

besuchter Lieferant:
Knüffer Sportbekleidung GmbH
Ansprechpartner Karin Freit
Moselweg 125
30159 Hannover

Auf das Unternehmen Knüffer Sportbekleidung bin ich durch sehr positive Bewertungen im Internet aufmerksam geworden. Insbesondere die Lieferzeiten und die Zuverlässigkeit des Lieferanten sollen überzeugen. Vertraglich wird eine maximale Lieferzeit von zwei Wochen zugesichert. Dieses positive Bild hat sich bei meinen Besuch bestätigt. Hierbei konnte ich außerdem feststellen, dass das Unternehmen nach dem neuesten Stand der Technik produziert. Leider ergab die Analyse der Probetrikots nur ein befriedigendes Ergebnis. Die Berücksichtigung ökologischer Aspekte bei der Fertigung kann ebenfalls als befriedigend bewertet werden. Der Einkaufspreis pro Fahrradtrikot liegt auf einem hohen Niveau. Die kurze Entfernung des Lieferanten zu unserem Zentrallager in Oldenburg von ca. 170 km ergibt insgesamt ein eher positives Bild des Unternehmens.

Handlungsaufträge

1 Filtern Sie die Kriterien, die Sie zur Beurteilung der möglichen neuen Lieferanten benötigen, aus den Berichten heraus. Teilen Sie die Klasse dazu in vier Gruppen ein, sodass jede Gruppe nur einen Bericht liest. Alle Gruppen erhalten Karteikarten, um die Kriterien für eine Lieferantenauswahl aufzuschreiben. Notieren Sie jeweils nur ein Kriterium auf eine Karteikarte. Eine Gruppe stellt ihre Ergebnisse vor und heftet die Karten unsortiert an die Tafel oder an ein Plakat. Anschließend können die anderen Gruppen Ergänzungen vornehmen. Wenn es keine Ergänzungen mehr gibt, erhält jeder Schüler fünf Klebepunkte. Mithilfe der Klebepunkte sollen Sie aus Sicht des Einkaufs der Fly Bike Werke GmbH entscheiden, welche Kriterien wichtig sind. Halten Sie ein Kriterium für sehr wichtig, können Sie auch mehrere Klebepunkte auf eine Karteikarte kleben. Haben alle Schüler ihre Klebepunkte vergeben, sortieren Sie die Karteikarten nach ihrer Rangfolge. Das wichtigste Kriterium erhält z. B. den Rang 1.

2 Welche Problemstellung ergibt sich aus der Situation? Hierzu können Sie eine Übersicht wie im Arbeitsblatt 1.1 erstellen.

3 Erstellen Sie handschriftlich ein Tabellenlayout zur Lieferantenbewertung. Nutzen Sie dazu die Methode Think-Pair-Share und stellen Sie Ihre Ergebnisse der Klasse vor.

4 Sichten Sie alle Arbeits- und Informationsblätter, die sie von Frau Nemitz-Müller erhalten haben. Lösen Sie die Aufgaben auf den Arbeitsblättern, um sich mit Excel vertraut zu machen.

5 Überführen Sie Ihr Tabellenlayout aus Auftrag 3 in Excel und speichern Sie die Datei unter dem Namen *Lieferanten_Fahrradtrikot.xlsx*. Präsentieren Sie anschließend Ihr Ergebnis und begründen Sie, für welchen Lieferanten sich Frau Nemitz-Müller entscheiden sollte.

Hinweis: Denken Sie daran, Ihrer Tabelle eine Überschrift zu geben, das Layout zu gestalten und Formeln zu nutzen.

Arbeitsblatt 6.1 | Die Benutzeroberfläche von Excel 2010 I

Bei der Fly Bike Werke GmbH wird Excel als Tabellenkalkulationsprogramm eingesetzt. Dieses Programm finden Sie auf dem Computer unter **Start** → **Alle Programme** → **Microsoft Office**. Starten Sie das Programm mit einem Klick. Das Programm öffnet sich mit der Ansicht einer ersten Arbeitsmappe.

Beschriften Sie die Abbildung mit folgenden Fachbegriffen:
Bildlaufleiste, Register (Registerkarte), Namenfeld, Register Datei, aktuelles Tabellenblatt, Titelleiste, Spaltenkopf, Zeilenkopf, Zoomregler, Auswahl der Tabellenblätter, Bearbeitungsleiste, Listenpfeil, Symbolleiste für den Schnellzugriff, Gruppe Schriftart, Multifunktionsleiste, Ansichten

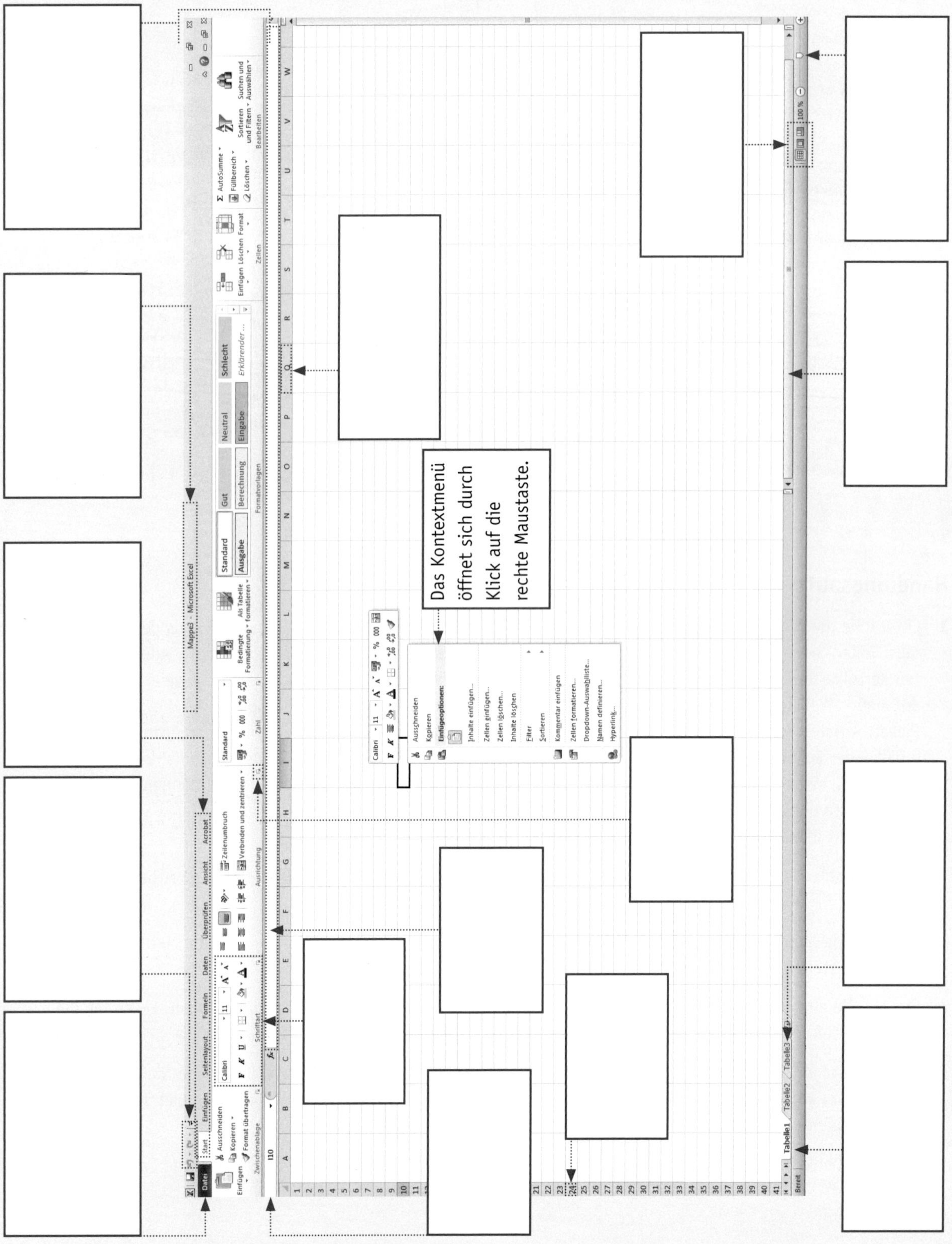

Arbeitsblatt 6.2 | Die Benutzeroberfläche von Excel 2010 II

Ordnen Sie die Bestandteile jeweils dem richtigen Verwendungszweck zu. Tragen Sie Ihr Ergebnis in die Tabelle unten ein.

	Bestandteil		Verwendungszweck
1	Titelleiste	a	Es wird Ihnen angezeigt, welche Zelle aktuell bearbeitet wird.
2	Symbolleiste für den Schnellzugriff	b	Sie können Zahlen, Buchstaben und Formeln eingeben.
3	Multifunktionsleiste	c	Es wird Ihnen der Name des Dokuments angezeigt.
4	Namenfeld	d	Sie ermöglicht Ihnen, schnell auf die für Sie wichtigen Befehle, z. B. Speichern, Rückgängig machen, zuzugreifen.
5	Bearbeitungsleiste	e	Hier erkennen Sie die Spaltenbezeichnung.
6	Spaltenkopf	f	Sie finden hier alle für Ihr Dokument relevanten Registerkarten.
7	Registerkarte	g	Sie können z. B. speichern, Tabellenblätter in ein PDF-Format umwandeln, Einstellungen anpassen.
8	Datei	h	Beinhalten zusammengehörige Befehlsgruppen.
9	Gruppe Schriftart	i	Hier erkennen Sie die Zeilenbezeichnung.
10	Auswahl der Tabellenblätter	j	Es wird Ihnen angezeigt, in welchem Tabellenblatt Sie sich befinden.
11	Zeilenkopf	k	Sie können die Schrift anpassen und verändern.
12	aktuelles Tabellenblatt	l	Durch Doppelklick in dieser Leiste kann man zum Anfang bzw. Ende des Dokuments gelangen.
13	Zoomregler	m	Sie können verschiedene Tabellenblätter ansteuern.
14	Bildlaufleiste	n	Sie vergrößern bzw. verkleinern hiermit die Ansicht des Dokumentes.
15	Ansicht	o	Hier können Sie zwischen Normal-, Seiten- und Umbruchvorschau wechseln.

Tragen Sie hier Ihre Lösung ein:

1	2	3	4	5	6	7	8	9	10	11	12	13	14	15

Arbeitsblatt 6.3 | Die Benutzeroberfläche von Excel 2010 III

Excel ist ein Programm, mit dem Rechenoperationen durchgeführt und Daten verwaltet werden können. Die Informationen werden in **Zellen** eingegeben, die alle in einem Matrixschema auf einem **Tabellenblatt** angeordet sind. Jede Zelle hat einen **Zellbezug**. Dieser ergibt sich aus der Lage der Zellen innerhalb des Tabellenblattes, z. B. A1, D2. Ist die Zelle ativ, so steht der Zellbezug im **Namenfeld**. Die jeweils aktive Zelle ist im Tabellenblatt mit einer fetten Umrandung markiert. Nebenstehend ist die Zelle ___________ aktiv.

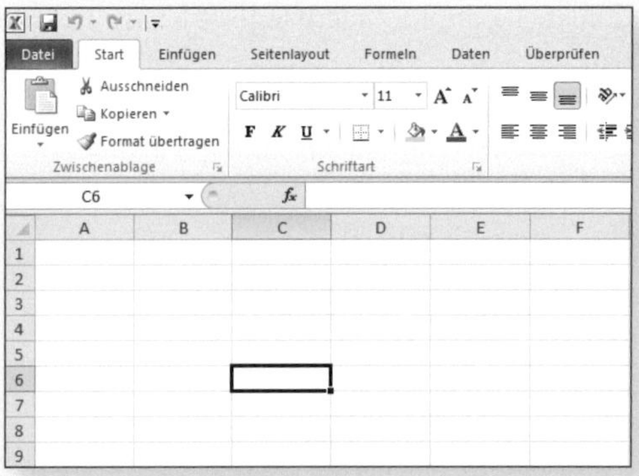

Zellen können mit der Maus durch Anklicken aktiviert werden. Es kann aber auch mit Tastenkombinationen oder der Cursor-Taste navigiert werden.

Funktion	Tastenkombination
Nach unten	Return
Nach oben	Umschalt-Taste und Return
Nach rechts	Tab-Taste
Nach links	Umschalt-Taste und Tab

Zur **Registerkarte Start** gehören die Gruppen ________________________________

____

Jede Gruppe enthält **Befehle**, die durch Symbole gekennzeichnet sind. Einige Gruppen besitzen auch noch Dialogfelder, die durch Anklicken geöffnet werden können.

Welche Änderungen können Sie über die Gruppe Schriftart vornehmen?

____

____

____

Welche Änderungen können Sie über die Gruppe Ausrichtung vornehmen?

____

____

____

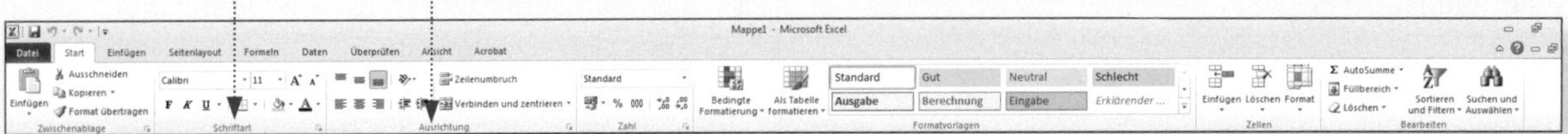

Welche Möglichkeiten der Zahlenformatierungen können Sie über die Gruppe Zahl vornehmen?

____

____

Arbeitsblatt 6.4 | Erste Dateneingabe in Excel

Die Dateneingabe in eine aktive Zelle kann in drei verschiedenen Formen geschehen:
- als **Zahl**
- als **Text**
- als **Formel** (Rechenvorschrift), die eine Zahl als Ergebnis liefert

Jeder Eintrag in eine aktive Zelle erscheint gleichzeitig in der Bearbeitungsleiste.

Mit Zahlen kann Excel rechnen. Zahlen werden nach Aktivieren einer neuen Zelle automatisch nach rechts ausgerichtet. Mit Texten kann Excel nicht rechnen. Texte werden nach Aktivieren einer neuen Zelle automatisch nach links ausgerichtet. Eine Kombination von Zahl und Text wertet Excel als Text und richtet diesen nach links aus, weil damit nicht gerechnet werden kann.

Die Dateneingabe kann auch in der **Bearbeitungsleiste** erfolgen. Durch Drücken der Return-Taste wird die Eingabe bestätigt. Die Eingabe lässt sich nach Wunsch korrigieren, ohne die bisherige Eingabe zu löschen. Durch einen **Doppelklick** in einer Zelle oder durch Drücken der Funktionstaste **F2** ist die Eingabe ebenfalls veränderbar, ohne sie vollständig neu eingeben zu müssen.

Anpassen der Zellgröße

In der nebenstehenden Tabelle zur Berechnung von Ein- und Ausgaben sehen Sie, dass die Zelle D1 für die Eintragung zu klein ist.

	A	B	C	D	E
1		Einnahmen	Ausgaben	Gespart/Minus	
2	1. Woche				
3	2. Woche				
4	3. Woche				
5					

Um die Zellengröße anzupassen, platzieren Sie den Mauszeiger auf der Begrenzungslinie zwischen D und E. Drücken Sie dann die linke Maustaste und ziehen Sie bei gedrückter Maustaste die Begrenzungslinie zwischen D und E so weit nach rechts, bis der gesamte Inhalt in die Zelle passt. Schneller geht es mit einem Doppelklick auf die Begrenzungslinie zwischen D und E. Die optimale Breite wird so automatisch eingestellt.

Aufgaben

1 Erfassen Sie die Tabelle Einnahmen und Ausgaben und probieren Sie es aus. Speichern Sie die Tabelle unter dem Namen *Einnahmen_Ausgaben.xlsx*.

2 Erweitern Sie Ihre Tabelle um die Wochen 4 bis 8 und vervollständigen Sie Ihre Tabelle mit nebenstehenden Zahlen.

	A	B	C	D
1		Einnahmen	Ausgaben	Gespart/Minus
2	1. Woche	50	23	
3	2. Woche	60	70	
4	3. Woche	55	48	
5	4. Woche	48	30	
6	5. Woche	80	50	
7	6. Woche	25	5	
8	7. Woche	100	40	
9	8. Woche	65	60	
10				

3 Markieren Sie die Zellen B2 bis C9 mit gedrücker linken Maustaste, um die Zahlen zu formatieren. Wählen Sie nun in der Registerkarte Zahl Währung aus. Ihr Ergebnis müsste wie folgt ausehen:

	A	B	C	D
1		Einnahmen	Ausgaben	Gespart/Minus
2	1. Woche	50,00 €	23,00 €	
3	2. Woche	60,00 €	70,00 €	
4	3. Woche	55,00 €	48,00 €	
5	4. Woche	48,00 €	30,00 €	
6	5. Woche	80,00 €	50,00 €	
7	6. Woche	25,00 €	5,00 €	
8	7. Woche	100,00 €	40,00 €	
9	8. Woche	65,00 €	60,00 €	
10				

TIPP Speichern Sie Ihr Ergebnis ab, damit nichts verloren geht.

Arbeitsblatt 6.5 | Berechnungen mithilfe von Formeln durchführen

Excel ermöglicht es, in den Zellen Formeln zu hinterlegen, sodass bei Änderung der Werte in den Zellen automatisch das Ergebnis neu berechnet wird. Formeln sind Gleichungen, die Zellbezüge, Operatoren (siehe unten), Konstanten oder Funktionen (z. B. Summenfunktion) enthalten. Eine Formel beginnt immer mit einem **Gleichheitszeichen** (=). Danach folgen – **ohne Leerzeichen** – die **Zellbezüge** (z. B. A1+B1) für die Formel.

In einer Formel können nebenstehende **mathematischen Operatoren** (Rechenzeichen für die Addition, Subtraktion usw.) verwendet werden. Beim Aufstellen von Formeln muss die Priorität (Punkt- vor Strichrechnung) berücksichtigt werden. Denn Excel rechnet immer die Formel von **links nach rechts** unter Berücksichtigung der Priorität. Will man diese verändern, müssen Klammern gesetzt werden.

Addition (niedrige Priorität)	+
Subtraktion (niedrige Priorität)	–
Multiplikation (höhere Priorität)	×
Division (höhere Priorität)	/

Beispiel:
3×4/2=6 3×2/4=1,5
5×9+2=47 aber 5×(9+2)=55

Aufgaben

1 Berechnen Sie für Ihre Einnahmen-Ausgaben-Tabelle das Ergebnis, indem Sie in die Zelle D2 die Formel für die Berechnung schreiben. Dann bestätigen Sie Ihre Eingabe mit Return. Klicken Sie dann zurück in die Zelle D2, sodass Sie in der Bearbeitungsleiste Ihre eingegebene Formel sehen können. Weil die Zellen, mit denen gerechnet worden ist, schon in € formatiert sind, erscheint auch das Ergebnis in diesem Format. Ihr Ergebnis müsste so aussehen:

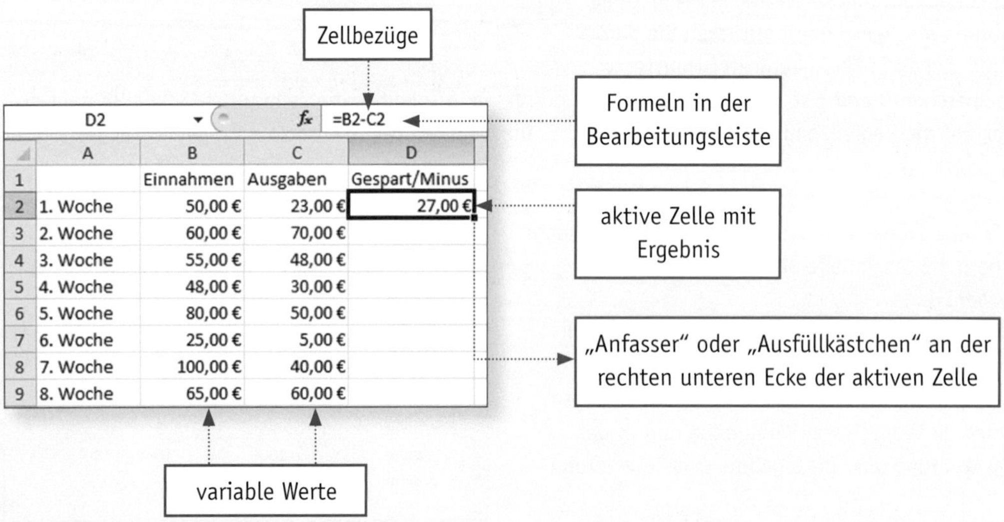

	A	B	C	D
1		Einnahmen	Ausgaben	Gespart/Minus
2	1. Woche	50,00 €	23,00 €	27,00 €
3	2. Woche	60,00 €	70,00 €	
4	3. Woche	55,00 €	48,00 €	
5	4. Woche	48,00 €	30,00 €	
6	5. Woche	80,00 €	50,00 €	
7	6. Woche	25,00 €	5,00 €	
8	7. Woche	100,00 €	40,00 €	
9	8. Woche	65,00 €	60,00 €	

TIPP Statt der manuellen Eingabe der Zellbezüge in der Formel der aktiven Zelle können Sie die Zellen auch anklicken und müssen nur die mathematischen Operatoren eingeben.
Sie können eine Formel aber auch direkt in der Bearbeitungsleiste eingeben. Dazu muss vorab die Zelle markiert worden sein, in der die Formel stehen soll.

2 Lassen Sie nun die Ergebnisse für die andere Wochen ausrechnen. Es ist aber nicht notwendig, immer wieder die Formel neu einzugeben. Denn die Formel für die Zellen bleibt gleich und nur der Zellbezug muss geändert werden. Excel ist ein Programm, das sozusagen logisch „handelt": Wird die Formel, die in D2 hinterlegt wurde, in D3 bis D9 kopiert, errechnet Excel das gewünschte Ergebnis. Klicken Sie dazu mit der Maus auf den Anfasser rechts unten in der Zelle. Der Mauszeiger verändert sein Aussehen zu einem kleinen schwarzen Kreuz. Drücken Sie die linke Maustaste und ziehen Sie das Kreuz bei gedrückter linker Maustaste bis zum Feld D9. Die **Formel ist kopiert** und alle Ergebnisse werden angezeigt.

3 Berechnen Sie das Gesamtergebnis nach 8 Wochen.

Informationsblatt 6.1 | Zellen formatieren

Unter „Zellen formatieren" wird so viel verstanden wie Zellen gestalten. Zellen können z. B. mit einem Rahmen versehen oder farbig gemacht werden, der Zellinhalt kann unterstrichen oder in einer fetten Schrift dargestellt werden. Genauso wie es viele Wege nach Rom gibt, gibt es auch viele Möglichkeiten, wie Zellen formatiert werden können. Im Folgenden wird zu jeder Formatierung jeweils nur eine Möglichkeit dargestellt. Sollten Ihnen noch weitere Möglichkeiten einfallen, dann können Sie diese auch aufschreiben.

Zellinhalt fett darstellen

→ Sie markieren die Zellen, deren Inhalte (Texte, Zahlen) fett dargestellt werden sollen, mit der linken Maustaste.

→ Sie klicken in der Registerkarte Start in der Gruppe Schriftart auf **F**.

Zellinhalt *kursiv* **darstellen**

→ Sie markieren die Zellen, deren Inhalte (Texte, Zahlen) schräg dargestellt werden sollen, mit der linken Maustaste.

→ Sie klicken in der Registerkarte Start in der Gruppe Schriftart auf ***K***.

Zellinhalt unterstreichen

→ Sie markieren die Zellen, deren Zellinhalte (Texte, Zahlen) unterstrichen werden sollen, mit der linken Maustaste.

→ Sie klicken in der Registerkarte Start in der Gruppe Schriftart auf **U**.

Zellen miteinander verbinden und zentrieren

→ Sie markieren die Zellen, die zu einer einzigen Zelle zusammengefasst werden sollen, mit der linken Maustaste.

→ Sie klicken in der Registerkarte Start in der Gruppe Ausrichtung auf .

Zellinhalt in einer Zelle in mehreren Zeilen darstellen (Zeilenumbruch)

→ Sie markieren die Zellen, deren Zellinhalt in mehreren Zeilen dargestellt werden soll, mit der linken Maustaste.

→ Sie klicken in der Registerkarte Start in der Gruppe Ausrichtung auf .

Text ausrichten

Wenn sich Ihr Text in der Mitte (zentriert) oder auf der linken Seite (linksbündig) bzw. auf der rechten Seite (rechtsbündig) der Zelle befinden soll, klicken Sie auf folgende Befehle in der Registerkarte Start in der Gruppe Absatz:

Text steht auf der linken Seite der Zelle

Text steht auf der rechten Seite der Zelle

Text steht in der Mitte der Zelle

Zellen mit einem Rahmen versehen

→ Sie markieren die Zellen, die mit einem Rahmen versehen werden sollen, mit der linken Maustaste.

→ Sie klicken in der Registerkarte Start in der Gruppe Schriftart auf das Pfeilchen des Befehls .

→ Sie wählen die für Sie geeignete Rahmenlinie aus.

→ Wenn Ihnen die Auswahl der aufgelisteten Rahmenlinien nicht ausreicht, dann können Sie die Rahmenlinien auch selbst gestalten.

→ Dazu markieren Sie erneut die Zellen, die Sie mit dem Rahmen versehen möchten.

a Sie klicken in der Registerkarte Start in der Gruppe Schriftart auf das Pfeilchen des Befehls .

b Wählen Sie den Befehl Weitere Rahmenlinien.

c Es öffnet sich ein Fenster, in dem Sie die Linienart und -farbe einstellen und auswählen können und wo der Rahmen in der Zelle gesetzt werden soll.

d Klicken Sie anschließend auf die Schaltfläche OK.

Zelle mit einem farbigen Hintergrund versehen

→ Sie markieren die Zellen, die mit einem farbigen Hintergrund gefüllt werden sollen, mit der linken Maustaste.

→ Sie klicken in der Registerkarte Start in der Gruppe Schriftart auf das Pfeilchen des Befehls .

→ Sie wählen die Füllfarbe aus.

Platz für Notizen

Folgesituation

Durch die Besichtigungen der möglichen neuen Lieferanten sind Frau Nemitz-Müller auf ihren Dienstreisen verschiedene Reisekosten entstanden. Sie hat alle Belege ihrer Ausgaben gesammelt und für jeden Besuch eine kurze Aufzeichnung erstellt. Um die Kosten erstattet zu bekommen, gibt sie alle Belege und Aufzeichnungen gewöhnlich an Frau Linden in die Personalabteilung, damit diese eine Reisekostenabrechnung durchführen kann.

Frau Nemitz-Müller möchte, dass Sie sich noch intensiver mit Excel beschäftigen, um noch mehr Möglichkeiten des Programmes kennenzulernen. Sie gibt Ihnen daher den Aufrag, eine Reisekostenabrechnung in Excel zu erstellen. Mithilfe der erstellten Excel-Tabelle möchte Frau Nemitz-Müller u. a. folgende Fragen beantwortet haben:

- Wann fanden die Dienstreisen statt?
- Welche Unternehmen wurden besucht?
- Wo begannen und wo endeten die Dienstreisen? Gab es Zwischenstopps?
- Welche Kostenbereiche müssen berücksichtigt werden?
- Wie hoch sind die entstandenen Gesamtkosten?
- Wurde die Verpflegungspauschale überschritten?
- In welcher Höhe übernimmt die Fly Bike Werke GmbH die Verpflegungskosten?
- Wie hoch ist die gesamte Kostenerstattung an Frau Nemitz-Müller?
- In welcher Höhe wurden Kosten nicht erstattet und wie viel Prozent sind das von den gesamten Verpflegungskosten?
- Wie hoch sind die durchschnittlich entstandenen Gesamtkosten?
- Wie hoch ist die durchschnittliche Kostenerstattung?
- Welche Höhe haben der kleine und der größte Eigenanteil?

Frau Nemitz-Müller bittet Sie außerdem, die Tabelle so aufzubereiten, dass sie auf einem DIN-A4-Blatt ausgedruckt werden kann. Damit Sie alle Fragen und Aufträge beantworten können, gibt Ihnen Fau Nemitz-Müller wieder einige Arbeitsblätter (6.6 bis 6.12) sowie die aktuelle Reisekostenordnung der Fly Bike Werke GmbH.

Auszug aus der Reisekostenordnung der Fly Bike Werke GbmH

Allgemeine Hinweise

1) **Definition Dienstreise**
Eine Dienstreise ist eine beruflich veranlasste Auswärtstätigkeit, wenn der Arbeitnehmer vorübergehend außerhalb seiner Wohnung und an keiner seiner regelmäßigen Arbeitsstätten beruflich tätig wird. Der steuerlich erforderliche Nachweis, dass eine Dienstreise stattgefunden hat, wird im Regelfall mit den der Kostenerstattung zugrunde liegenden Belegen erbracht. (...)

2) **Kostenübernahme**
Das Unternehmen übernimmt bei auswärtiger Tätigkeit die notwendigen Fahrt-, Übernachtungs- und Verpflegungskosten nach Maßgabe dieser Richtlinien. (...)

3) **Angemessenheit der Kosten, insbesondere der Übernachtungskosten**
Reisedauer, Verkehrsmittel und Übernachtungskosten sind vom Mitarbeiter mit dem zuständigen Vorgesetzten abzustimmen. Beide tragen gemeinsam die Verantwortung dafür, dass eine Dienstreise notwendig ist und unter Berücksichtigung von Aufgaben und Reisezweck möglichst wirtschaftlich durchgeführt wird.

4) **Verkehrsmittel**
Fahrtkosten werden grundsätzlich nur für die jeweils kürzeste Entfernung zwischen Wohnung und Reiseziel bzw. Arbeitsstätte und Reiseziel erstattet.

Abrechnung der Reisekosten

1) **Übernachtungskosten**
Das Unternehmen erstattet die reinen Übernachtungskosten (ohne Frühstück) nach Beleg. Der maximal erstattbare Buchungspreis beträgt 80,00 € pro Übernachtung.

2) **Verpflegungspauschale**
Der Tages-Pauschalbetrag beträgt für Mehraufwendungen der Verpflegung (z. B. Frühstück, Mittagessen) aus Anlass einer Dienstreise maximal 20,00 €. Die darüber hinausgehenden zusätzlichen Verpflegungskosten werden nicht erstattet. Liegen die Verpflegungskosten unter 20,00 €, werden nur die tatsächlich entstandenen Verpflegungskosten erstattet.

3) **Dienstfahrten mit eigenem Pkw**
   a) Die im Rahmen einer Dienstreise gefahrenen Kilometer können ohne Beleg mit den nötigen Angaben wie Fahrzeugtyp und km-Angabe angegeben werden.
   b) Die Vergütung der gefahrenen Kilometer richtet sich nach der jeweiligen steuerfreien Pauschale. Sie beträgt zurzeit € 0,30 je gefahrenem Kilometer.
   c) Das Privatfahrzeug ist für die Dauer der Dienstreise vom Unternehmen durch eine Vollkaskoversicherung versichert. Der Versicherer leistet jedoch keine Entschädigung, wenn der Versicherungsfall vorsätzlich oder durch grobe Fahrlässigkeit herbeigeführt wurde.

4) **Taxifahrten**
Taxi-Quittungen müssen Abfahrt- und Zielort, das Tagesdatum und die Unterschrift des Fahrers enthalten. Angaben über Abfahrt- und Zielort sind notfalls vom Mitarbeiter nachzutragen. Blanko-Quittungen nur mit Betrag ohne weitere Angaben können nicht erstattet werden.

Besuch bei der Sports Wear AG in Köln

- Datum des Besuchs: 18.10.20XX
- Fahrstrecke einfach: 312 km
- Übernachtungskosten: keine
- Ausgaben für Essen: Mittagessen 12,50 € beim Italiener Carpaccio
  Nachmittagssnack 7,80 € im Café Liebrich

Carpaccio Italienisches Restaurant
Wergelstr. 6,
51149 Köln

Kasse: 1 Bon-Nr. 128524785
Datum 18.10.20xx Zeit: 12:45

1 x Mittagstisch		7,50
1 x Mineralwasser		2,50
1 x Kaffee		2,50
Gesamtbetrag EUR		12,50
Barzahlung		12,50
MwSt 0 % von	0,00	0,00
MwSt 19 % von	12,50	2,00
MwSt 7 % von	0,00	0,00

Vielen Dank für Ihren Besuch

Café Liebrich
Bonnstraße 3
50996 Köln

Kasse: 1 Bon-Nr. 568445
Datum 18.10.20xx Zeit: 15:49

1 x Erdbeerkuchen		3,70
1 x Kaffee		2,30
1 x Wasser		1,80
Gesamtbetrag EUR		7,80
Barzahlung		7,80
MwSt 0 % von	0,00	0,00
MwSt 19 % von	7,80	1,50
MwSt 7 % von	0,00	0,00

Vielen Dank für Ihren Besuch

Besuch bei der Gory Tech GmbH in Bremen

- Datum des Besuchs: 21.10.20XX
- Fahrstrecke einfach: 53 km
- Übernachtungskosten: keine
- Ausgaben für Essen: Frühstückspause 6,80 € bei einem Bäcker
  Mittagessen 7,99 € im Fast Food Restaurant

Bäckerei Ecker
Aachener Str. 17
28195 Bremen

Kasse: 1 Bon-Nr. 85270478
Datum 21.10.20XX Zeit: 9:05

1 x Käsebrötchen		2,50
1 x Mineralwasser		2,00
1 x Kaffee		2,30
Gesamtbetrag EUR		6,80
Barzahlung		6,80
MwSt 0 % von	0,00	0,00
MwSt 19 % von	6,80	1,30
MwSt 7 % von	0,00	0,00

Vielen Dank für Ihren Besuch

Burger Tempel
Am Dom 31
28195 Bremen

Kasse: 1 Bon-Nr. 5124975
Datum 23.10.20XX Zeit: 13:40

1 x Menü 15 Maxi		7,99
Gesamtbetrag EUR		7,99
Barzahlung		7,99
MwSt 0 % von	0,00	0,00
MwSt 19 % von	7,99	1,50
MwSt 7 % von	0,00	0,00

Vielen Dank für Ihren Besuch

<u>Besuch der Trikot KG und Küffner Sportbekleidung GmbH</u>

· Datum des Besuchs:	24. und 25.10.20XX
· Fahrstrecken:	Oldenburg – Berlin: 448 km (24.10.)
	Berlin – Hannover: 289 km (24.10.)
	Hannover – Oldenburg: 173 km (25.10.)
· Übernachtungskosten:	69,00 € im Tibis Hotel Hannover (24.10.)
· Ausgaben für Essen:	Frühstückspause 5,60 € bei einem Bäcker (24.10.)
	Abendessen 13,90 € in der Raststätte (24.10.)
	Mittagessen in der Betriebsmensa Küffner Sportbekleidung 12,80 € (25.10.)
	Abendessen 15,50 € in der Raststätte (25.10.)

Bäckerei Kansen
Gaststraße 14
26188 Oldenburg

Kasse: 1 Bon-Nr. 65375678
Datum 24.10.20xx Zeit: 8:15

3 x Rosinenbrötchen		3,30
1 x Tee		2,30
Gesamtbetrag EUR		5,60
Barzahlung		5,60
MwSt 0 % von	0,00	0,00
MwSt 19 % von	5,60	1,00
MwSt 7 % von	0,00	0,00

Vielen Dank für Ihren Besuch

Tank & Relax
Bundesautobahn A 2
38176 Wendeburg

Kasse: 2 Bon-Nr. 2478972
Datum 24.10.20xx Zeit: 19:40

1 x Schnitzel mit Salat		7,90
2 x stilles Wasser		3,50
1 x Cappucino		2,50
Gesamtbetrag EUR		13,90
Barzahlung		13,90
MwSt 0 % von	0,00	0,00
MwSt 19 % von	13,90	2,65
MwSt 7 % von	0,00	0,00

Vielen Dank für Ihren Besuch

Knüffer Sportbekleidung
Betriebsmensa
Moselweg 125 – 30159 Hannover

Kasse: 4 Bon-Nr. 70335448
Datum 25.10.20XX Zeit: 12:25

1 x Salattheke		3,50
1 x Tagesmenü vegetarisch		4,50
1 x Softdrink		2,30
1 x Kaffee		2,50
Gesamtbetrag EUR		12,80
Barzahlung		12,80
MwSt 0 % von	0,00	0,00
MwSt 19 % von	12,80	2,28
MwSt 7 % von	0,00	0,00

Vielen Dank für Ihren Besuch

Autohof Langwedel
Bundesautobahn A 27
27299 Langwedel

Kasse: 5 Bon-Nr. 2478972
Datum 25.10.20XX Zeit: 20:05

1 x Nudelpfanne		7,50
1 x Dessert		3,30
1 x Mineralwasser		2,20
1 x Kaffee		2,50
Gesamtbetrag EUR		15,50
Barzahlung		15,50
MwSt 0 % von	0,00	0,00
MwSt 19 % von	15,50	2,95
MwSt 7 % von	0,00	0,00

Vielen Dank für Ihren Besuch

TIBIS HOTEL

TIBIS Hotel, Blankestr. 100, D-30159 Hannover

Fly Bike Werke GmbH
Rostocker Straße 334
26121 Oldenburg

TIBIS Hotel
Blankestr. 100
D-30159 Hannover

fon +49 (511) 86 00 98-0
fax +49 (511) 86 00 98-5

info@tibis-hannover.de
www.tibis-hannover.de

26.10.20XX

Rechnung Nr.: 1611
Zimmer Nr.: 304

Anreise 24.10.20XX
Abreise 25.10.20XX
Gast Frau Nemitz-Müller

Datum	Bezeichnung	Menge	Preis	Gesamtpreis
24.10.20xx	Übernachtung ohne Frühstück	1	64,49 €	69,00 €
			MwSt. 7 %	4,51 €
			Rechnungsbetrag inkl. MwSt.	**69,00 €**

Handlungsaufträge

1 Welche Problemstellung ergibt sich aus der Situation? Hierzu können Sie eine Übersicht wie im Arbeitsblatt 1.1 erstellen.

2 Erstellen Sie handschriftlich ein Tabellenlayout zur Reisekostenabrechnung. Überlegen Sie sich dazu, welche Berechnungen Sie für die Reisekostenabrechnung anstellen müssen. Nutzen Sie dazu die Methode Think-Pair-Share und stellen Sie anschließend Ihre Ergebnisse der Klasse vor.

3 Sichten Sie alle Arbeits- und Informationsblätter, die Sie von Frau Nemitz-Müller erhalten haben. Lösen Sie die Aufgaben auf den Arbeitsblättern, um sich mit den Funktionen in Excel vertraut zu machen.

4 Erstellen Sie nun Ihre Auswertungstabelle in Excel, indem Sie Formeln und Funktionen nutzen. Speichern Sie die Datei unter dem Namen *Auswertung_Reisekosten.xlsx*.

Hinweis: Weisen Sie den Zellen sinnvolle Formate zu, z. B. das Währungsformat. Wählen Sie außerdem geeignete Formatierungen für eine übersichtliche Gestaltung der Tabelle, wie z. B. Rahmen und Hintergrundfarben. Denken Sie auch an eine Überschrift für die Tabelle.

5 Präsentieren Sie Ihre Auswertung.

Arbeitsblatt 6.6 | Die Prozentrechnung

Die Prozentrechnung ermöglicht es, Zahlen und Größen miteinander zu vergleichen. Anteile an einem Ganzen werden als Brüche oder in Prozent angegeben. Prozent (%) sind Brüche mit dem Nenner 100. Sie können auch als Dezimalbruch geschrieben werden.

In der Prozentrechnung interessieren besonders die drei Größen **Grundwert, Prozentsatz** und **Prozentwert**. Und das beschreiben diese Größen:

- **Grundwert** (G) entspricht dem Ganzen. Er entspricht 100 %.
- **Prozentwert** (P) ist der Teil des Gesamtwertes, abhängig vom Prozentsatz, d. h. er stellt einen Anteil am Grundwert dar.
- **Prozentsatz** (p) benennt das Verhältnis zur Vergleichszahl 100, d. h. er gibt den Anteil des Prozentwertes vom Grundwert in Prozent an.

Zum Merken:

$$100\,\% = \frac{100}{100} = \frac{1}{1} = 1$$

$$10\,\% = \frac{10}{100} = \frac{1}{10} = 0{,}1$$

$$20\,\% = \frac{20}{100} = \frac{1}{5} = 0{,}2$$

$$50\,\% = \frac{50}{100} = \frac{1}{2} = 0{,}5$$

$$25\,\% = \frac{25}{100} = \frac{1}{4} = 0{,}25$$

Hier noch einmal die drei Formeln im Überblick:

- Prozentwert (P) = Grundwert (G) * Prozentsatz (p)
- Prozentsatz (p) = $\frac{\text{Prozentwert (P)}}{\text{Grundwert (G)}}$
- Grundwert (G) = $\frac{\text{Prozentwert (P)}}{\text{Prozentsatz (p)}}$

Beispiel: 1.000 ml Milch mit einem Fettanteil von 3,5 % enthalten 35 ml Fett.

Prozentwert (P) = 35 ml

Prozentsatz (p) = 3,5 % = 0,035

Grundwert (G) = 1.000 ml

Aufgaben

1 Erstellen Sie die folgende Tabelle und speichern Sie diese unter dem Namen *Nachlass.xlsx* ab.

2 Tragen Sie in die Tabelle unten die Formeln für die Zellen D3 bis D6 ein.

3 Formatieren Sie die Zellen D3 bis D6 im %-Format, sodass Ihnen z. B. der Dezimalbruch 0,04 in der Tabelle sofort als 4 % angezeigt wird.

4 Formatieren Sie die Zellen E3 bis E6 in €.

5 Berechnen Sie den Prozentsatz und den Endbetrag.

6 Erst nachdem alle Ergebnisse errechnet und alle Formeln kopiert wurden, werden am Ende die Linien gesetzt.

	A	B	C	D	E
1					
2		**Rechnungsbetrag**	**Nachlass**	**Prozentsatz**	**Endbetrag**
3		800,00 €	24,00 €		
4		70,00 €	2,10 €		
5		4.500,00 €	180,00 €		
6		40,00 €	1,65 €		

7 Wie lautet die Formel in I4, sofern die Zelle im %-Format formatiert ist?

	A	B	C	D	E	F	G	H	I
1					**Berechnung des Akkordlohns**				
2									
3		**Produzierte Teile**	**Akkord pro Teil**	**Akkordprämie gesamt**	**Anzahl der Arbeiter**	**Akkordprämie pro Arbeiter**	**Grundlohn pro Arbeiter**	**Gesamtlohn pro Arbeiter**	**Prozentualer Anteil des Gesamtlohns des Arbeiters am Gesamtlohn aller Gruppen**
4	**Gruppe 1**	3.500	0,50 €	1.750,00 €	14	125,00 €	456,80 €	581,80 €	13,61%
5	**Gruppe 2**	2.600	1,20 €	3.120,00 €	24	130,00 €	501,00 €	631,00 €	14,76%
6	**Gruppe 3**	4.200	0,80 €	3.360,00 €	25	134,40 €	399,21 €	533,61 €	12,48%
7	**Gruppe 4**	3.800	0,90 €	3.420,00 €	24	142,50 €	403,60 €	546,10 €	12,78%
8	**Gruppe 5**	2.300	1,40 €	3.220,00 €	20	161,00 €	412,50 €	573,50 €	13,42%
9	**Gruppe 6**	8.500	0,40 €	3.400,00 €	20	170,00 €	688,35 €	858,35 €	20,08%
10	**Gruppe 7**	6.700	0,50 €	3.350,00 €	25	134,00 €	415,80 €	549,80 €	12,86%
11								4.274,16 €	

Arbeitsblatt 6.7 | Summen- und Mittelwert-Funktion

Excel bietet Ihnen eine große Anzahl vorgefertigter Formeln – sogenannter Funktionen.

Summen-Funktion

Mit der Summen-Funktion können Sie die Zahlen mehrerer Zellen addieren. Wollen Sie z. B. die Zellen von A1 bis A8 addieren, müssen Sie dazu nicht die Formel *=A1+A2+A3+A4+A5+A6+A7+A8* eingeben, sondern können schreiben: ***=SUMME(A1:A8)***. Die Formel beginnt mit einem Gleichheitszeichen. Der Funktionsname SUMME bedeutet: Addition. Der zu addierende Zellbereich wird in Klammern – ohne Leerzeichen – angeschlossen, ohne jeden Zellbezug einzeln anzugeben. A1 ist die erste Zelle, der Doppelpunkt heißt „bis" und A8 ist die letzte Zelle, die addiert werden soll. Die in der Klammer enthaltenen Angaben werden als **Argumente** bezeichnet.

TIPP Um die Summe beliebiger Zellen zu errechnen, genügt es auch, mit der Maus auf das Summensymbol Σ AutoSumme ▾ in der Gruppe Bearbeiten zu klicken. Excel macht einen Vorschlag, welche Zellen addiert werden sollen. Ist die Auswahl korrekt, genügt ein weiterer Klick mit der Maus auf dieses Zeichen.

Es können aber auch Summen von Zellen gebildet werden, die nicht nebeneinander liegen. Statt des Doppelpunktes wird dann ein Semikolon eingefügt. Das Semikolon bedeutet „und". Sollen z. B. die Zellen A1, A3, A5 und A7 addiert werden, lautet die Formel: ***=SUMME(A1;A3;A5;A7)***. Eine Kombination von : und ; ist auch möglich.

Mittelwert-Funktion

Die Mittelwert-Funktion liefert das arithmetische Mittel der Verteilung. Der Mittelwert wird berechnet, indem eine Gruppe von Zahlen addiert und anschließend durch deren Anzahl dividiert wird. Wenn in A1 eine 1, in A2 eine 2, in A3 eine 3, in A4 eine 4 und in A5 eine 5 stände, dann wären 1 + 2 + 3 + 4 + 5 = 15, das geteilt durch 5 ergäbe als Ergebnis 3. Die Formel muss lauten: ***=MITTELWERT(A1:A5)***.

Aufgaben

1 Wie muss die Formel lauten, wenn die Zellen B3, B4, B5, B6 und die Zellen C2 und D2 addiert werden sollen?

____

2 Ergänzen Sie die Formeln.

	A	B	C	D	E
1	**Summen-Funktion**				
2					
3	**Umsatz der Warengruppe in €**				
4	Kinderräder	Jugendräder	Mountainbikes	City-Räder	Rennräder
5	124.500,00	23.500,00	35.700,00	42.500,00	27.750,00
6					
7	Summe aller Warengruppen				
8	Summe ohne City-Räder				

3 Ergänzen Sie die Formeln.

	A	B	C	D	E
1	**Mittelwert-Funktion**				
2					
3	**Umsatz der Warengruppe in €**				
4	Kinderräder	Jugendräder	Mountainbikes	City-Räder	Rennräder
5	124.500,00	23.500,00	35.700,00	42.500,00	27.750,00
6					
7	Mittelwert des Umsatzes				
8	Mittelwert des Umsatzes ohne City-Räder				

Arbeitsblatt 6.8 | Maximum-, Minimum- und Anzahl-Funktion

Maximum- und Minimum-Funktion

Mithilfe dieser beiden Funktionen können Sie sich in einer Tabelle den höchsten und den kleinsten Wert anzeigen lassen. Die Maximum-Funktion sucht die größte Zahl in einem Zellbereich und benennt diese. Die Minimum-Funktion benennt hingegen den kleinsten Wert aus einem Zellbereich.

Wenn in A1 eine 1, in A2 eine 2, in A3 eine 3, in A4 eine 4 und in A5 eine 5 stände, dann wäre das höchste Ergebnis die 5. Die Formel lautet: =***MAX(A1:A5)***. Soll aber das kleinste Ergebnis bestimmt werden, muss die Formel =***MIN(A1:A5)*** lauten. Das Ergebnis wäre 1.

Anzahl-Funktion

Die Funktion Anzahl zählt die Anzahl der Zellen, in denen Zahlen stehen. Sobald Texte oder nichts in einer Zelle stehen, wird diese Zelle nicht mitgezählt. Befinden sich im Zellbereich A1 bis B10 insgesamt 5 Zahlenwerte, so lässt sich mit der Formel =***ANZAHL(A1:B10)*** das Ergebnis 5 ermitteln.

TIPP Wenn Sie die Tastenkombination UMSCHALT+F3 drücken, wird Ihnen die Liste der verfügbaren Funktionen angezeigt.

Aufgaben

1 Ergänzen Sie die Formeln.

	A	B	C	D	E
1	**Maximum- und Minimum-Funktion**				
2					
3	**Umsatz der Warengruppe in €**				
4	Kinderräder	Jugendräder	Mountainbikes	City-Räder	Rennräder
5	124.500,00	23.500,00	35.700,00	42.500,00	27.750,00
6					
7	Maximaler Umsatz				
8	Minimaler Umsatz				

2 Ergänzen Sie die Formeln.

	A	B	C	D	E
1	**Anzahl-Funktion**				
2					
3	**Umsatz der Warengruppe in €**				
4	Kinderräder	Jugendräder	Mountainbikes	City-Räder	Rennräder
5	124.500,00		35.700,00		27.750,00
6					
7	Anzahl der Warengruppen mit Umsatz				

3 Ergänzen Sie die Abbildung.

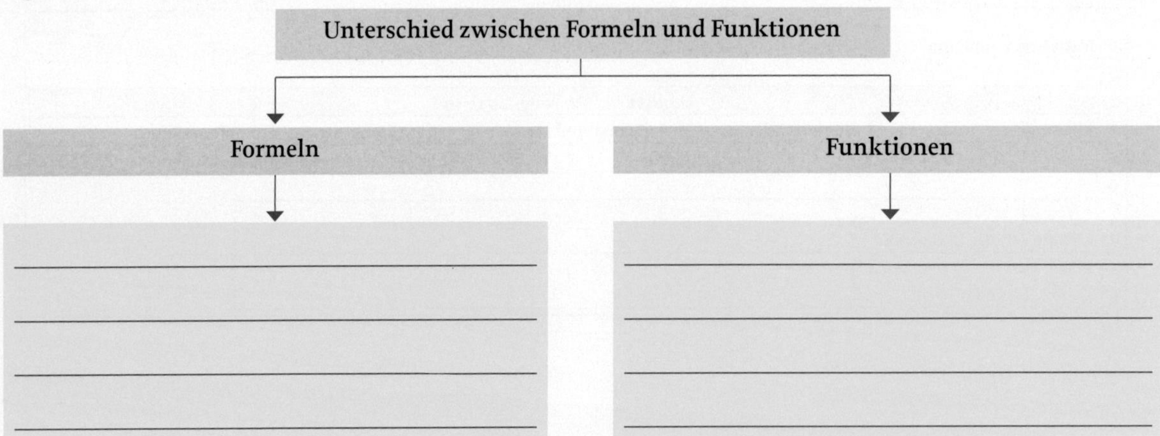

Arbeitsblatt 6.9 | Relative und absolute Zellbezüge

Excel unterscheidet relative und absolute Zellbezüge. Der Unterschied wird erst beim Kopieren von Formeln deutlich. Standardmäßig werden **relative Zellbezüge** genutzt. Beim Kopieren werden diese Zellbezüge relativ zur Zielposition angepasst. Wird in der folgenden Tabelle die Formel aus der Zelle C4 in die darunter liegenden Zellen kopiert, verändert sie sich automatisch. Wird die Formel in einer Spalte nach unten bzw. nach oben kopiert, werden die Zeilennummern angepasst, wird sie in einer Zeile nach rechts bzw. nach links kopiert, wird der Spaltenbuchstabe angepasst. Ergänzen Sie die Formeln.

	A	B	C
1	**Relative Zellbezüge**		
2			
3	Anzahl der Stunden	Lohn je Stunde	Gesamtlohn
4	66	17,50 €	=A4*B4
5	72,00	17,50 €	
6	82,00	17,50 €	
7	49,00	17,50 €	

Manchmal aber sollen Zellbezüge beim Kopieren nicht automatisch angepasst werden. Dann muss mit **absoluten Zellbezügen** gearbeitet werden. Um einen Zellbezug als absoluten Zellbezug zu kennzeichnen, wird vor der Zeilen- und Spaltenbezeichnung ein Dollarzeichen ($) eingegeben. Dies kann beim Eingeben des Zellbezugs über die Tastatur erfolgen oder indem Sie nach Eingabe des Zellbezugs die F4-Taste drücken. Ergänzen Sie die Formeln.

	A	B	C
1	**Absolute Zellbezüge**		
2			
3	Kilometergeld pro km	0,30 €	
4			
5	Name des Mitarbeiters	gefahrene km	Kilometergeld
6	Müller	435	=B6*$B$3
7	Schneider	567	
8	Friedrich	356	
9	Jansen	735	

Der absolute Zellbezug ermöglicht das Kopieren von Formeln, bei denen ein oder mehrere Zellbezüge unverändert bleiben sollen. Insbesondere bei großen Tabellen führt dies zu Zeitersparnis und verhindert Tippfehler.

Ergänzen Sie die folgenden Sätze:

- Sobald ein Zellbezug in einer Formel mit $-Zeichen festgesetzt ist, verändert sich dieser nicht mehr beim Kopieren.

  Es handelt sich um einen ____.

- Sobald eine Formel in eine andere Zelle kopiert wird, verändern sich die dazugehörigen Zellbezüge.

  Es handelt sich um einen ____.

Arbeitsblatt 6.10 | Wenn-Funktion

Wenn die Ausführung einer Aktion von einer Bedingung abhängt, wird die Wenn-Funktion genutzt. Denn wenn ein bestimmtes Ereignis eintritt, dann wird eine bestimmte Aktion durchgeführt, sonst eine andere. Die Wenn-Funktion gibt also in Abhängigkeit von einer Bedingung einen bestimmten Wert, einen bestimmten Text oder das Ergebnis einer Formel aus, den sogenannten Dann-Wert. Sofern die Bedingung nicht erfüllt ist, wird ein anderer Wert, ein anderer Text oder das Ergebnis einer Formel ausgegeben, der Sonst-Wert. Die Wenn-Funktion ist wie folgt aufgebaut:
=WENN(Bedingung;Dann-Wert;Sonst-Wert)

Beispiel:
Im täglichen Leben haben Sie sicher häufig solche Wenn-Dann-Gedanken:
Wenn das Wetter schön ist (schönes Wetter ist die **Bedingung**), dann gehe ich ins Schwimmbad (ist das **Ereignis**, das dann eintritt), sonst gehe ich ins Kino (ist das Ereignis, wenn die Bedingung nicht zutrifft, also der **Sonst-Wert**).

Finden Sie zwei Beispiel aus dem Unternehmensalltag der Fly Bike Werke.

____

____

____

____

Die Bedingung in der Wenn-Funktion kann unterschiedlich geprüft werden, z. B. kann geprüft werden, ob etwas gleich ist, größer ist, kleiner ist, größer oder gleich ist, kleiner oder gleich ist, ungleich ist. Dafür werden in Excel mathematische Vergleichsoperatoren genutzt. Als Bedingung stehen nebenstehende Zeichen zur Verfügung.

Bedeutung	Zeichen
größer	>
kleiner	<
größer gleich	>=
kleiner gleich	<=
gleich	=
ungleich	<>

Beispiel:
Die Formel, die sich in der Zelle B1 befindet, heißt übersetzt:

	A	B
1	3	=WENN(A1>2;1;5)
2	8	

Wenn der Wert, der sich in der Zelle A1 befindet, größer ist als 2 (Bedingung), dann soll in der Zelle B1 eine 1 (Dann-Wert), ansonsten eine 5 (Sonst-Wert) erscheinen.

Die Vergleichswerte (Dann- und Sonst-Werte) können sein ...	Beispiel
eine Zahl	2
eine andere Zahl	A2
ein Text	„sehr gut“
eine Answeisung zu einer Berechnung	A1+4
eine Anweisung zu einer Berechnung, kombiniert mit einer weiteren Funktion	SUMME(A1:A3)

Der Ausdruck "" im Sonst-Wert des vorliegenden Beispiels gibt eine leere Zelle aus. Text, der ausgegeben werden soll, muss immer in Anführungszeichen gesetzt werden, z. B. "sehr guter Umsatz". Ergänzen Sie die Formeln in C5 und C6.

	A	B	C
1	**Wenn-Funktion**		
2			
3	Name des Mitarbeiters	Umsatz in €	Beurteilung
4	Müller	54.750,00 €	=WENN(B4>=50000;"sehr guter Umsatz";"")
5	Schneider	34.500,00 €	
6	Friedrich	52.760,00 €	

Arbeitsblatt 6.11 | Verschachtelte Wenn-Funktion

Manchmal reicht es nicht aus, dass durch eine Wenn-Funktion nur zwei unterschiedliche Ergebnisse angezeigt werden. Soll es bei einer Wenn-Abfrage mehr als zwei unterschiedliche Ergebnisse geben, müssen mehrere Wenn-Funktionen miteinander „verschachtelt" werden. Vom Aufbau her bleibt die Wenn-Funktion gleich. Bei einer verschachtelten Wenn-Funktion kommt nur an der Stelle, an der Sie ansonsten den Sonst-Wert eingeben, eine weitere Wenn-Funktion. Dazu öffnen Sie eine weitere Klammer und dann folgt, wie bei einer einfachen Wenn-Funktion, wieder eine Bedingung. Danach folgen erneut ein Dann-Wert und ein Sonst-Wert. Wichtig ist, dass Sie am Ende zwei Klammern schließen müssen, da Sie zwei Klammern geöffnet haben.

Beispiel:
Das Ausgangsbeispiel der einfachen Wenn-Funktion wurde erweitert:
Wenn der Umsatz größer oder gleich 50.00,00 € ist, soll die Beurteilung „sehr gut" angezeigt werden, beträgt der Umsatz 30.000,00 € oder mehr, soll die Beurteilung „gut" erscheinen. Trifft keine der beiden Bedingungen zu, soll die Zelle leer bleiben.

	A	B	C
1	**verschachtelte Wenn-Funktion**		
2			
3	Name des Mitarbeiters	Umsatz in €	Beurteilung
4	Müller	54750	=WENN(B4>=50000;"sehr guter Umsatz";WENN(B4>=30000;"gut";""))
5	Schneider	34500	=WENN(B5>=50000;"sehr guter Umsatz";WENN(B5>=30000;"gut";""))
6	Friedrich	52760	=WENN(B6>=50000;"sehr guter Umsatz";WENN(B6>=30000;"gut";""))

Aufgaben
Schreiben Sie auf, welche Formel in C10 eingetragen werden müsste.

1 Wenn die Menge an Mountainbikes MTBM2621 kleiner als 10 ist, soll eine 1 erscheinen. Wenn die Menge an Mountainbikes MTBM2621 kleiner als 20 ist, soll eine 2 erscheinen.

____

____

Hinweis
Sobald bei der verschachtelten Wenn-Funktion eine Bedingung zutrifft, wird der zugehörige Dann-Wert ausgegeben und es findet keine weitere Prüfung statt. Daher sollte bei der Erstellung der verschachtelten Wenn-Funktion immer mit der kleinsten oder der größten Prüfbedingung begonnen werden, um sich danach zur nächstgrößeren oder kleineren Prüfbedingung vorzuarbeiten.

	A	B	C	D
1	**Auszug aus der Inventarliste der Top Bike GmbH**			
2				
3	**Artikelnr.**	**Artikelbezeichnung**	**Menge**	**Einzelwert**
4	1010	Mountainbike MTBM2621	20	330,00 €
5	2010	Allterrainbike ATBW2607	30	350,00 €
6	3010	Trekking Bike TRBW2605	40	325,00 €
7	4010	City Bike CTBW2603	50	220,00 €
8	5010	Transportbike TPBM2603	10	315,00 €
9				
10		Lösung:		

2 Wenn die Menge an Mountainbikes MTBM2621 größer als 20 ist, soll eine 2 erscheinen. Wenn die Menge an Mountainbikes MTBM2621 größer als 10 ist, soll eine 1 erscheinen, ansonsten soll eine 0 angezeigt werden.

____

____

3 Wenn die Menge an Mountainbikes MTBM2621 größer als 20 ist, soll „ ausreichender Lagerbestand" erscheinen. Wenn die Menge an Mountainbikes MTBM2621 20 Stück beträgt, soll „Meldebestand erreicht, bitte nachbestellen" erscheinen, ansonsten soll „dringend nachbestellen" angezeigt werden.

____

____

4 Wenn die Menge an Mountainbikes MTBM2621 geringer ist als 10 Stück, sollen 2 Stück hinzuaddiert werden. Wenn die Menge an Mountainbikes MTBM2621 geringer als 20 Stück ist, sollen 3 Stück hinzuaddiert werden, ansonsten soll nichts angezeigt werden.

____

Arbeitsblatt 6.12 | Seitenumbrüche und Druckoptionen

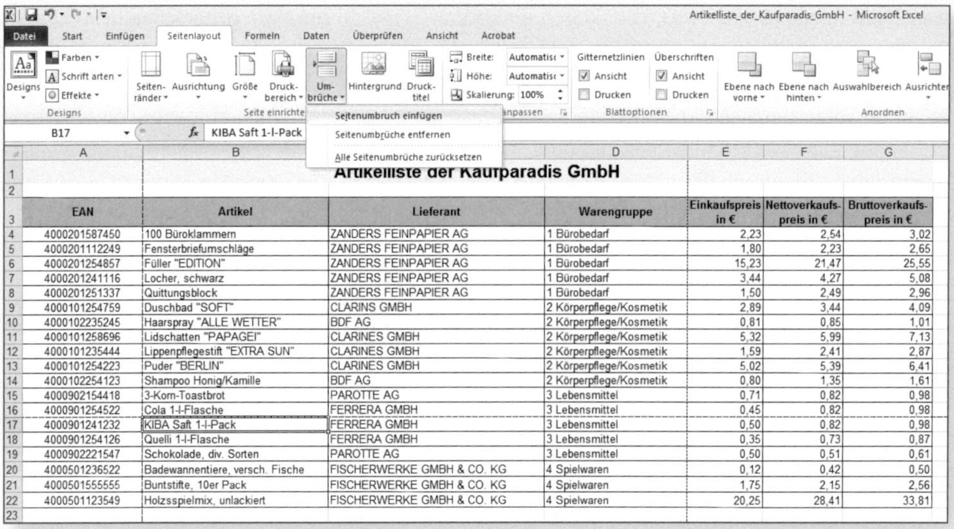

EAN	Artikel	Lieferant	Warengruppe	Einkaufspreis in €	Nettoverkaufs-preis in €	Bruttoverkaufs-preis in €
4000201587450	100 Büroklammern	ZANDERS FEINPAPIER AG	1 Bürobedarf	2,23	2,54	3,02
4000201112249	Fensterbriefumschläge	ZANDERS FEINPAPIER AG	1 Bürobedarf	1,80	2,23	2,65
4000201254857	Füller "EDITION"	ZANDERS FEINPAPIER AG	1 Bürobedarf	15,23	21,47	25,55
4000201241116	Locher, schwarz	ZANDERS FEINPAPIER AG	1 Bürobedarf	3,44	4,27	5,08
4000201251337	Quittungsblock	ZANDERS FEINPAPIER AG	1 Bürobedarf	1,50	2,49	2,96
4000101254759	Duschbad "SOFT"	CLARINS GMBH	2 Körperpflege/Kosmetik	2,89	3,44	4,09
4000102235245	Haarspray "ALLE WETTER"	BDF AG	2 Körperpflege/Kosmetik	0,81	0,85	1,01
4000101258696	Lidschatten "PAPAGEI"	CLARINES GMBH	2 Körperpflege/Kosmetik	5,32	5,99	7,13
4000101235444	Lippenpflegestift "EXTRA SUN"	CLARINES GMBH	2 Körperpflege/Kosmetik	1,59	2,41	2,87
4000101254223	Puder "BERLIN"	CLARINES GMBH	2 Körperpflege/Kosmetik	5,02	5,39	6,41
4000102254123	Shampoo Honig/Kamille	BDF AG	2 Körperpflege/Kosmetik	0,80	1,35	1,61
4000902154418	3-Korn-Toastbrot	PAROTTE AG	3 Lebensmittel	0,71	0,82	0,98
4000901254522	Cola 1-l-Flasche	FERRERA GMBH	3 Lebensmittel	0,45	0,82	0,98
4000901241232	KIBA Saft 1-l-Pack	FERRERA GMBH	3 Lebensmittel	0,50	0,82	0,98
4000901254126	Quelli 1-l-Flasche	FERRERA GMBH	3 Lebensmittel	0,35	0,73	0,87
4000902221547	Schokolade, div. Sorten	PAROTTE AG	3 Lebensmittel	0,50	0,51	0,61
4000501236522	Badewannentiere, versch. Fische	FISCHERWERKE GMBH & CO. KG	4 Spielwaren	0,12	0,42	0,50
4000501555555	Buntstifte, 10er Pack	FISCHERWERKE GMBH & CO. KG	4 Spielwaren	1,75	2,15	2,56
4000501123549	Holzsspielmix, unlackiert	FISCHERWERKE GMBH & CO. KG	4 Spielwaren	20,25	28,41	33,81

Im betrieblichen Alltag kann es vorkommen, dass Tabellen ausgedruckt werden müssen. Besonders große Tabellen passen häufig nicht auf ein DIN-A4-Blatt, sodass sie verkleinert oder auf verschiedene Seiten mithilfe von Seitenumbrüchen angepasst werden müssen.

Um sich die Seitenumbrüche anzeigen zu lassen, müssen Sie eine Tabelle geöffnet haben. Öffnen Sie z. B. die Datei *Artikelliste_der_Kaufparadies_GmbH.xlsx* und klicken Sie im Register **Seitenlayout** in der Gruppe **Seite einrichten** auf den Befehl **Umbrüche**. Dort wählen Sie **Seitenumbruch einfügen**. Jetzt werden Ihnen alle Seitenumbrüche mit einer gestrichelten Linie angezeigt.

Druckoptionen

Über die Registerkarte **Datei** und den Befehl **Drucken** erhalten Sie eine Vorschau der zu druckenden Tabelle und es werden Ihnen verschiedene Druckoptionen angeboten.

Wenn die Tabelle nicht zu groß ist, sodass Sie verkleinert auf einem DIN-A4-Blatt noch zu lesen ist, haben Sie die Möglichkeit, dieTabelle über die Skalierung anzupassen. Wählen Sie dazu **Blatt auf einer Seite darstellen**.

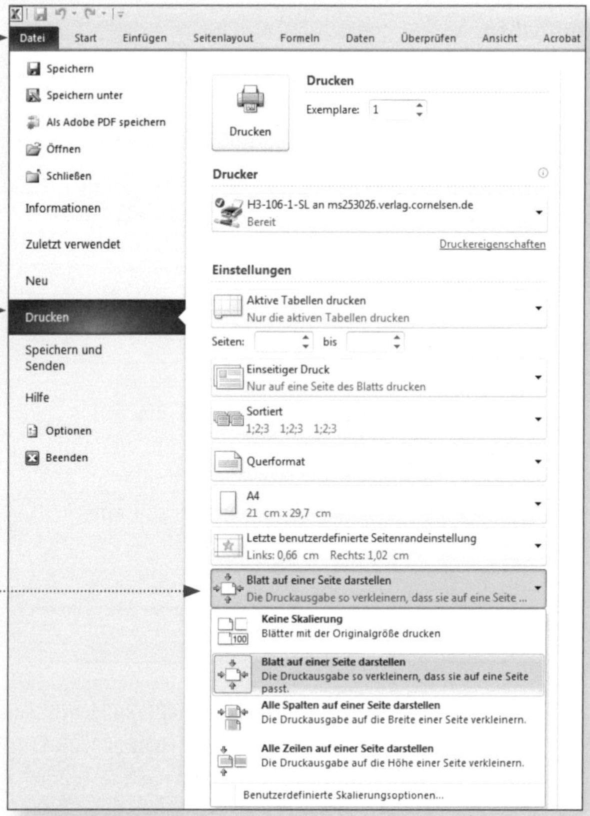

Öffnen Sie die Datei *Artikelliste_der_Kaufparadies_GmbH.xlsx* und probieren Sie die verschiedenen Einstellungen zum Drucken aus.

1 Wie können Sie das Format ändern und welches Format bietet sich in der Regel für Excel-Tabellen an?

____

____

____

____

2 Beschreiben Sie einen anderen Weg, um die Tabelle auf einem DIN-A4-Blatt zu drucken.

____

____

3 Wie können Sie nur die ersten drei Spalten der Tabelle drucken lassen?

____

____

TIPP Über die kleine Schaltfläche am rechten unteren Bildschirmrand [Symbol] können Sie sich die Seitenwechsel, die Excel automatisch macht, anzeigen lassen. Mit der gedrückten linken Maustaste lassen sich die Seitenumbrüche verschieben.

Aufgaben

Aufgabe 1

a Geben Sie die Daten wie in der untenstehenden Tabelle ein und speichern Sie diese unter dem Namen *Lohn.xlsx* ab.
b Formatieren Sie die einzelnen Zellen wie in der Vorgabe.
c Formatieren Sie die Zellen B2 bis H2 mit einem Zeilenumbruch.
d Errechnen Sie danach über Formeln die leeren Zellen D3, F3 und H3.
e Kopieren Sie anschließend die Formeln in die restlichen freien Zellen.

	A	B	C	D	E	F	G	H
1								
2		**Produzierte Teile**	**Akkord pro Teil**	**Akkordprämie gesamt**	**Arbeiter in Gruppe**	**Akkordprämie pro Arbeiter**	**Grundlohn**	**Gesamtlohn pro Arbeiter**
3	**Gruppe 1**	3500	0,50 €		14		456,80 €	
4	**Gruppe 2**	2600	1,20 €		24		501,00 €	
5	**Gruppe 3**	4200	0,80 €		25		399,21 €	
6	**Gruppe 4**	3800	0,90 €		24		403,60 €	
7	**Gruppe 5**	2300	1,40 €		20		412,50 €	
8	**Gruppe 6**	8500	0,40 €		20		688,35 €	
9	**Gruppe 7**	6700	0,50 €		25		415,80 €	

Aufgabe 2

a Erstellen Sie die Tabelle wie unten abgebildet und speichern Sie sie unter dem Namen *Baumaterial.xlsx* ab.
b Formatieren Sie die Zellen B1 bis H1 mit einem Zeilenumbruch.
c Errechnen Sie danach über Formeln die leeren Zellen D2, E2, G2 und H2.
d Kopieren Sie anschließend die Formeln in die restlichen freien Zellen.

	A	B	C	D	E	F	G	H
1	**Artikel**	**Bestellte Menge in Tonnen**	**Bisher geliefert**	**Noch zu liefern in Tonnen**	**Noch zu liefern in kg**	**Preis pro Tonne**	**Preis für gelieferte Menge**	**Preis für noch zu liefernde Menge**
2	Feinsand	27	24,00			2.450,20 €		
3	Sand mittel	35	23,80			2.700,00 €		
4	Sand grob	34	17,40			2.135,00 €		
5	Kies	28	14,00			1.945,00 €		
6	Steine	42	23,80			895,00 €		
7	Zement	24	15,50			3.100,00 €		
8	Kalk	15	10,80			3.459,50 €		
9	Gips	10	6,80			1.234,90 €		
10	Füllmasse	6	2,70			17.500,00 €		
11	Fugendichte	3	1,00			2.521,00 €		
12	Bitumen	13	5,45			2.371,50 €		
13	Teer	19	10,80			1.839,00 €		
14	Kleber	4	2,20			2.750,00 €		

Aufgabe 3

a Erstellen Sie nebenstehende Tabelle und speichern Sie sie unter dem Namen *Videothek.xlsx* ab.
b Gestalten Sie die Spaltenköpfe der Tabelle entsprechend der Vorlage.
c Formatieren Sie die Zellen D5 bis D14 über ein benutzerdefiniertes Datumsformat.
d Berechnen Sie die Zelle E5 über eine geeignete Formel.
e Kopieren Sie anschließend die Formel in die restlichen freien Zellen der Spalte.
f Formatieren Sie die Zellen E5 bis E14 entsprechend den Zellen C5 bis C14.

	A	B	C	D	E
1					
2		*Videothek*		*Rückgabetag:*	24.11.2009
3					
4		Titel	Preis pro Tag	Ausleihdatum	Preis
5		Casablanca	2,00 €	So 22.11.2009	
6		Harald and Maude	2,50 €	Mo 23.11.2009	
7		Der Terminator	3,00 €	Mi 11.11.2009	
8		Fury	3,00 €	So 15.11.2009	
9		Lassy	1,50 €	Di 17.11.2009	
10		Dschungelbuch	1,50 €	Mo 09.11.2009	
11		Easy Rider	4,00 €	Fr 20.11.2009	
12		Pretty Woman	2,50 €	Mi 18.11.2009	
13		Die Vögel	2,50 €	Sa 21.11.2009	
14		Der mit dem Wolf tanzt	3,50 €	Sa 07.11.2009	

Aufgabe 4

a Erstellen Sie untenstehende Tabelle und speichern Sie sie unter dem Namen *Wagenverkauf.xlsx* ab.
b Verbinden Sie die Zellen B2 bis D2.
c Gestalten Sie die Spaltenköpfe der Tabelle entsprechend der Vorlage.
d Berechnen Sie die Zellen E5 und F5 über geeignete Formeln.
e Kopieren Sie anschließend die Formel in die restlichen freien Zellen der jeweiligen Spalte.
f Formatieren Sie die Zellen E5 bis E11 entsprechend den Zellen D5 bis D11.
g Formatieren Sie die Zellen F5 bis F11 entsprechend der Zelle F2.
h Formatieren Sie die Zellen E5 bis F11 entsprechend der Vorlage, indem Sie über Registerkarte Start – Gruppe Zahl (Dialogfeld) – Register Ausfüllen das hier dargestellte Musterformat auswählen.
i Erst nachdem alle Ergebnisse errechnet und alle Formeln kopiert wurden, werden am Ende die Linien gesetzt.

	A	B	C	D	E	F
1						
2		Wagenverkauf			Dollarkurs:	$1,12
3						
4		Wagentyp	Anzahl	Einzelpreis	Summe	Dollarbetrag
5		VW Pola	5	8.290 €		
6		Oxel Kadett	5	17.790 €		
7		BME 318	10	22.350 €		
8		Merudes 190 D	15	33.480 €		
9		VW Wolf	14	20.950 €		
10		Merudes 280 E	20	35.890 €		
11		BME 521	25	39.870 €		

Aufgabe 5

a Erstellen Sie untenstehende Tabelle und speichern Sie sie unter dem Namen *Auswertung_Fahrradanhaenger.xlsx* ab.
b Verbinden Sie die Zellen A1 bis H1.
c Formatieren Sie die Tabellenüberschrift in Schriftgröße 14, fett und zentrieren Sie sie.
d Formatieren Sie die Zellen A3 bis H3 mit einem Zeilenumbruch.
e Gestalten Sie die Spaltenköpfe der Tabelle entsprechend der Vorlage, wählen Sie Schriftgröße 11, fett.
f Formatieren Sie die Zellen E4 bis G13 im €-Format.
g Formatieren Sie die Zellen H4 bis H13 im %-Format mit einer Dezimalstelle.
h Berechnen Sie die Zellen E4 bis H13 mit geeigneten Formeln.
i Wie lauten die Formeln in den folgenden Zellen?

- E4 ______________________________
- E13 ______________________________
- F4 ______________________________
- F13 ______________________________
- G4 ______________________________
- H4 ______________________________

j Erst nachdem alle Ergebnisse errechnet und alle Formeln kopiert wurden, werden am Ende die Linien gesetzt.

	A	B	C	D	E	F	G	H
1	**Auswertung der Umsatzzahlen für Fahrradanhänger**							
2								
3	**Artikelbezeichnung**	**Anzahl der verkauften Artikel Vorjahr**	**Anzahl der verkauften Artikel aktuelles Jahr**	**Einzelpreis**	**Gesamtumsatz Vorjahr**	**Gesamtumsatz aktuelles Jahr**	**Absolute Veränderung**	**Prozentuale Veränderung**
4	Fahrradanhänger Mini	56	20	165,00 €				
5	Fahrradanhänger Max	34	43	280,00 €				
6	Fahrradanhänger Kids rot	24	16	155,00 €				
7	Fahrradanhänger Kids blau	42	30	150,00 €				
8	Fahrradanhänger Kelly rot	17	20	182,00 €				
9	Fahrradanhänger Kelly blau	22	31	182,00 €				
10	Fahrradanhänger Kelly grün	47	51	175,00 €				
11	Fahrradanhänger Kelly gelb	38	19	175,00 €				
12	Fahrradanhänger Sven	33	35	299,00 €				
13	**Gesamtumsatz**							

Aufgabe 6

a Erstellen Sie untenstehende Tabelle und speichern Sie sie unter dem Namen *Auswertung_Lieferantenbestellung.xlsx* ab.
b Verbinden Sie die Zellen A1 bis J1.
c Formatieren Sie die Tabellenüberschrift in Schriftgröße 14, fett und zentrieren Sie sie.
d Formatieren Sie die Zellen A4 bis J4 mit einem Zeilenumbruch.
e Gestalten Sie die Spaltenköpfe der Tabelle entsprechend der Vorlage, wählen Sie Schriftgröße 12, fett.
f Formatieren Sie die Zellen F5 bis F14 und die Zellen B17 bis E19 im €-Format.
g Formatieren Sie die Zellen G5 bis J14 Spalte H13 im %-Format mit einer Dezimalstelle.
h Berechnen Sie die Zellen F5 bis J14 und B17 bis E19 mit geeigneten Formeln.
i Wie lauten die Formeln in den folgenden Zellen?

- B14 ______________________
- F5 ______________________
- G5 ______________________
- B17 ______________________
- B18 ______________________
- B19 ______________________

j Erst nachdem alle Ergebnisse errechnet und alle Formeln kopiert wurden, werden am Ende die Linien gesetzt.

	A	B	C	D	E	F	G	H	I	J
1	**Auswertung der Lieferantenbestellungen**									
2										
3										
4	**Lieferanten**	**Umsatz in Tsd. € in Quartal 1**	**Umsatz in Tsd. € in Quartal 2**	**Umsatz in Tsd. € in Quartal 3**	**Umsatz in Tsd. € in Quartal 4**	**Jahresumsatz in Tsd. €**	**Prozentualer Anteil Quartal 1**	**Prozentualer Anteil Quartal 2**	**Prozentualer Anteil Quartal 3**	**Prozentualer Anteil Quartal 4**
5	Stahlwerke Tissen AG	25,00 €	66,00 €	55,00 €	28,00 €					
6	Mannes AG	33,00 €	54,00 €	45,00 €	54,00 €					
7	Shokk Ltd.	56,00 €	25,00 €	48,00 €	41,00 €					
8	Tamino Deutschland GmbH	12,00 €	32,00 €	19,00 €	37,00 €					
9	Ruhrwerke GmbH	26,00 €	23,00 €	26,00 €	35,00 €					
10	Farbenfabrik Beyer AG	41,00 €	12,00 €	24,00 €	34,00 €					
11	Fahrradteile International	75,00 €	17,00 €	39,00 €	22,00 €					
12	Cycle Tool Import GmbH	23,00 €	25,00 €	29,00 €	38,00 €					
13	Terochron GmbH	15,00 €	39,00 €	20,00 €	41,00 €					
14	**Summen**									
15										
16										
17	**Durchschnittlicher Umsatz je Quartal**									
18	**Größter Umsatz je Quartal**									
19	**Kleinster Umsatz je Quartal**									

Aufgabe 7

a Erstellen Sie nebenstehende Tabelle und speichern Sie sie unter dem Namen *Blumencenter.xlsx* ab.
b Verbinden Sie die Zellen B1 bis G1.
c Gestalten Sie die Spaltenköpfe der Tabelle entsprechend der Vorlage.
d Formatieren Sie die Zellen B3 bis G3 mit einem Zeilenumbruch.
e Berechnen Sie die Zellen E4 und F4 über geeignete Formeln.
f Berechnen Sie die Zelle G4 über eine geeignete WENN–Formel:
Bedingung: Wenn der Gewinnanteil am Umsatz in % größer als 10 ist, soll "Gut", ansonsten "Schlecht" erscheinen.

	A	B	C	D	E	F	G
1		Blumencenter					
2							
3		Filialen	Umsatz	Kosten	Gewinn	Gewinnanteil am Umsatz in %	Bewertung
4		Remscheid	90.356 €	84.312 €			
5		Solingen	130.456 €	127.102 €			
6		Hilden	70.467 €	60.345 €			
7		Neuss	98.341 €	93.719 €			
8		Krefeld	87.356 €	80.459 €			
9		Wuppertal	101.285 €	90.204 €			
10		Hagen	60.857 €	53.929 €			
11							
12		Durchschnittlicher Umsatz					
13		Größte Kosten					
14		Niedrigster Gewinn					

g Kopieren Sie anschließend die Formel in die restlichen freien Zellen der Spalte.
h Errechnen Sie die Zellen D12 bis D14 über Formeln mit geeigneten Funktionen.
i Formatieren Sie die Zellen E4 bis E10 und D12 bis D14 entsprechend den Zellen C4 bis D10.
j Formatieren Sie die Zellen F4 bis F10 über ein benutzerdefiniertes Zahlenformat: Es sollen zwei Dezimalstellen und das Prozentzeichen erscheinen.
k Erst nachdem alle Ergebnisse errechnet und alle Formeln kopiert wurden, werden am Ende die Linien gesetzt.

*Der **Umsatz** umfasst alle Einnahmen, die beim Verkauf erzielt werden. Der Gewinn hingegen ist das, was nach Abzug aller Kosten übrig bleibt.*

Aufgabe 8

a Erstellen Sie untenstehende Tabelle und speichern Sie sie unter dem Namen *Zuschuesse.xlsx* ab.

b Verbinden Sie die Zellen B2 bis I2.

c Gestalten Sie die Spaltenköpfe der Tabelle entsprechend der Vorlage.

d Formatieren Sie die Zellen B4 bis I4 mit einem Zeilenumbruch.

e Berechnen Sie die Zellen F5 bis I5 über eine geeignete WENN-Formel:
Bedingung für F5: Wenn die Kinderzahl größer oder gleich 5 ist, bekommt man 15 % Mietkostenzuschuss auf die Kaltmiete, ist die Kinderzahl größer oder gleich 3, bekommt man 10 % Zuschuss auf die Kaltmiete, ansonsten bekommt man 5 % Zuschuss auf die Kaltmiete.

Formel: ______________________________

Bedingung für G5: Wenn die Kinderzahl größer als 5 ist, bekommt man 240 € pro Kind, ist die Kinderzahl größer als 2, bekommt man 129 € pro Kind, ansonsten bekommt man 70 € pro Kind.

Formel: ______________________________

Bedingung für H5: Wenn eine Person alleinerziehend ist, bekommt diese 60 € pro Kind, ansonsten bekommt sie nichts.

Formel: ______________________________

Hinweis
Mit der Funktion ZÄHLENWENNS können bis zu 127 Bereiche und Kriterien überprüft werden. Die einzelnen Zellen eines Bereichs werden nur gezählt, wenn alle entsprechenden angegebenen Kriterien für diese Zelle zutreffen.

f Berechnen Sie die Zelle I5 über eine geeignete Formel.

g Kopieren Sie anschließend die Formeln in die restlichen freien Zellen der Spalte.

h Formatieren Sie die Zellen F5 bis I13 entsprechend den Zellen E5 bis E13. Probieren Sie an dieser Tabelle ZÄHLENWENNS aus: Überprüfen Sie, wie viele Personen beim Mietkostenzuschuss, bei der Kindergeldauszahlung und bei der Alleinerziehungshilfe einen höheren Betrag als 80 € erhalten haben.

i Erst nachdem alle Ergebnisse errechnet und alle Formeln kopiert wurden, werden am Ende die Linien gesetzt.

Zuschüsse

Name	Allein-erziehend	Kinderzahl	Kaltmiete	Mietkosten-zuschuss	Kindergeld-auszahlung	Allein-erziehungs-beihilfe	Hilfe insgesamt
Müller	Nein	2	455,00 €				
Biber	Nein	3	520,00 €				
Blankenstein	Ja	5	452,00 €				
Hausmann	Ja	6	680,00 €				
Fardyn	Nein	2	380,00 €				
Schmidt	Nein	4	459,00 €				
Ragazzi	Nein	4	512,00 €				
Murmann	Ja	1	489,00 €				
Fischer	Nein	7	612,00 €				

Aufgabe 9

a Erstellen Sie die Tabelle von der nächsten Seite und speichern Sie sie unter dem Namen *Umsatzauswertung.xlsx* ab.

b Gestalten Sie die Spaltenköpfe der Tabelle entsprechend der Vorlage.

c Für die Überschrift wählen Sie die Schriftgröße 14, fett.

d Formatieren Sie die Zellen E5 bis E16, B17 bis D17 und B19 bis D19 im €-Format.

e Berechnen Sie die Zellen F5 bis G16 sowie die Zellen B18 bis D18 über geeignete WENN-Formeln.

f Wie lauten die Formeln in den folgenden Zellen?

- E5 ______________________________
- F5 ______________________________
- G5 ______________________________
- B17 ______________________________
- F18 ______________________________
- B19 ______________________________

g Erst nachdem alle Ergebnisse errechnet und alle Formeln kopiert wurden, werden am Ende die Linien gesetzt.

	A	B	C	D	E	F	G
1	Umsatzauswertung der Warengruppen						
2							
3		Bezeichnung der Warengruppen					
4	**Umsatz im letzten Geschäftsjahr**	**Kinder- & Jugendräder**	**Mountainbikes**	**City-Räder**	**Umsatz je Monat**	**Umsatzstärkster Monat**	**Umsatzschwächster Monat**
5	Januar	1.800,00 €	20.100,00 €	15.500,00 €			
6	Februar	2.100,00 €	21.000,00 €	21.350,00 €			
7	März	2.000,00 €	23.000,00 €	22.175,00 €			
8	April	2.500,00 €	25.500,00 €	23.650,00 €			
9	Mai	2.650,00 €	32.500,00 €	37.500,00 €			
10	Juni	3.550,00 €	35.650,00 €	38.550,00 €			
11	Juli	4.250,00 €	37.550,00 €	39.550,00 €			
12	August	4.125,00 €	36.520,00 €	38.455,00 €			
13	September	3.200,00 €	29.500,00 €	31.450,00 €			
14	Oktober	2.150,00 €	26.500,00 €	29.545,00 €			
15	November	1.200,00 €	23.500,00 €	17.255,00 €			
16	Dezember	1.150,00 €	22.500,00 €	13.520,00 €			
17	**Gesamter Umsatz je Warengruppe**						
18	**Umsatzstärkste Warengruppe**						
19	**Durchschnittlicher Umsatz je Warengruppe**						

Aufgabe 10
Für die Personalabteilung eines kleinen Unternehmens sollen Sie ein Formular zur Gehaltsabrechnung erstellen. Folgende Inhalte sollen enthalten sein:
- Mitarbeitername (Vor- und Nachname)
- Umsatz in Euro
- anteiliger Umsatz in Prozent je Mitarbeiter vom Gesamtumsatz
- erzielter Provisionssatz in Prozent
- Provision in Euro
- Gesamtgehalt in Euro

Provision bedeutet, dass der Mitarbeiter zu einem bestimmten Prozentsatz an seinem Umsatz beteiligt wird. Zusätzlich erhält jeder Mitarbeiter ein festes Gehalt von 1.500,00 Euro. Bei einem Umsatz von größer gleich 40.000,00 € gibt es 2 %, ab 60.000,00 Euro 3 % und ab 80.000,00 Euro 4 % Provision.

Testen Sie das Formular mit folgenden Mitarbeiterdaten:
- Felix Karsten: 30.000,00 € Umsatz
- Max Frodo: 80.000,00 € Umsatz
- Paul Fernando: 64.000,00 € Umsatz
- Fritz Meier: 40.000,00 € Umsatz
- Maria Frank: 54.000,00 € Umsatz

Notieren Sie die verschachtelte Wenn-Funktion zur Berechnung des Provisionssatzes. Verwenden Sie für den Zellbezug des Umsatzes das Wort „Umsatz“ als Platzhalter.

Aufgabe 11
Führen Sie ein Blitzlicht durch.

Aufgabe 12
Erweitern Sie Ihre Lernkartei.

Aufgabe 13
Führen Sie Ihr Lerntagebuch.

Lernsituation 7

Wissen ☑ Fertigkeiten ☑ Sozialkompetenz ☐ Selbstständigkeit ☑

SB BWR ▶ Seite 173 ff. | Handlungsfeld 3, Kap. 7

LS BWR ▶ Seite 179 ff. | Lernsituation 31

Auswertung des Lagerbestands mit Diagrammen

Situation

Für die nächste Abteilungsleitersitzung sollen die Abteilungsleiter der Fly Bike Werke GmbH die Entwicklungen ihrer Abteilung im letzten Geschäftsjahr vorstellen. Da Sie sich in den letzten Tagen schon intensiv mit Excel beschäftigt haben, bittet Frau Nemitz-Müller Sie, sie bei der Vorbereitung der Präsentation zu unterstützen. Hierzu hat sie Ihnen eine Datei mit den wichtigsten Daten der Abteilung Einkauf vom letzten Geschäftsjahr zur Verfügung gestellt.

Frau Nemitz-Müller gibt Ihnen außerdem folgende Auftäge mit auf den Weg:
- Machen Sie Vorschläge, welche Entwicklungen der Einkaufsabteilung auf der Abteilungsleitersitzung präsentiert werden sollen.

	A	B	C	D	E	F	G
1	**Auswertung der Abteilung Einkauf für Fertigbauteil**						
2							
3			**Durchschnittlicher Lagerbestand**				
4	**Warengruppen**	**Artikelbezeichnung**	**1. Quartal Stückzahl**	**2. Quartal Stückzahl**	**3. Quartal Stückzahl**	**4. Quartal Stückzahl**	**Durchschnittlicher Lagerbestand im Jahr**
5		Rahmen City Glide	21	36	30	20	27
6		Rahmen City Surf	26	35	32	21	29
7		Rahmen Trekking Light	31	38	31	22	31
8		Rahmen Trekking Free	33	22	20	16	23
9		Rahmen Trekking Nature	37	34	31	24	32
10	**Fahrradrahmen**	Rahmen Mountain Dispo	15	20	18	14	17
11		Rahmen Mountain Constitution	19	21	17	13	18
12		Rahmen Mountain Unlimited	21	29	27	21	25
13		Rahmen Renn Fast	33	30	25	16	26
14		Rahmen Renn Superfast	38	40	35	28	35
15		Rahmen Kinder Cool	20	25	21	15	20
16		City SX Bremsen	51	41	38	30	40
17	**Bremsen**	Trekking TR Bremsen	48	43	34	27	38
18		MTB Bremsen	42	39	33	24	35
19		Schaltung City	36	30	27	20	28
20		Schaltung Trekking	32	31	28	18	27
21	**Schaltungen**	Schaltung Mountain	24	25	21	14	21
22		Schaltung Renn	21	20	17	15	18
23		Schaltung Kids	41	40	32	25	35

- Beschäftigen Sie sich mit den verschiedenen Diagrammtypen (vgl. Informationsblatt 7.1) und überlegen Sie, welche Darstellungsform zu Ihren Vorschlägen am besten passt.

Handlungsaufträge

1 Sichten Sie das Arbeitsblatt 7.1 und lösen Sie die gestellten Aufgaben, um sich weiter mit Excel vertraut zu machen.

2 Analysieren Sie die Daten aus der Excel-Datei, die Sie von Frau Nemitz-Müller erhalten haben. Stellen Sie dazu auf dem zweiten Tabellenblatt anhand von geeigneten Diagrammen dar, wie sich die durchschnittlichen Lagerbestände der einzelnen Warengruppen in den vier betrachteten Quartalen entwickelt haben. Benennen Sie das Tabellenblatt als *Entwicklung Lagerbestände*. Halten Sie in einem zusätzlich eingefügten Textfeld fest, welchen Diagrammtyp Sie gewählt haben und warum. Nutzen Sie hierzu auch das Informationsblatt 7.1 und berücksichtigen Sie die wichtigsten Regeln bei der Erstellung von Diagrammen. Speichern Sie Ihre Datei mit dem Namen *Auswertung_Abteilung_Einkauf.xlsx* ab.

3 Werten Sie anschließend auf einem weiteren Tabellenblatt die durchschnittlichen Lagerbestände aller Artikel pro Quartal aus. Benennen Sie das Tabellenblatt als *Lagerbestände nach Quartalen*. Halten Sie in einem zusätzlich eingefügten Textfeld Ihre Wahl des Diagrammtyps mit Begründung fest.

4 Berechnen Sie auf einem weiteren Tabellenblatt die durchschnittlichen Lagerbestände des ganzen Jahres für die Warengruppen Fahrradrahmen, Bremsen und Schaltungen. Benennen Sie das Tabellenblatt als *Lagerbestände nach Warengruppen*. Visualisieren Sie die durchschnittlichen Anteile anschließend mit einem geeigneten Diagramm. Halten Sie auch hier wieder in einem zusätzlichen Textfeld die Wahl des Diagrammtyps fest.

5 Analysieren Sie alle acht Diagramme und machen Sie sich Notizen zu den wichtigsten Auffälligkeiten, sodass Frau Nemitz-Müller diese bei ihrer Präsentation auf der Abteilungsleitersitzung nutzen kann. Verwenden Sie hierfür das Arbeitsblatt 7.2.

Informationsblatt 7.1 | Auswertung von Daten mithilfe von Diagrammen

Diagramme dienen der übersichtlichen und anschaulichen Darstellung von Daten. Große Tabellen haben den Nachteil, dass ihr Inhalt und Entwicklungen des Zahlenmaterials oftmals nur mit großer Konzentration ausgewertet werden können. Wird das Zahlenmaterial hingegen als Diagramm dargestellt, lassen sich die wichtigsten Aussagen der Tabellen auf einen Blick erkennen. In Unternehmen dienen Tabellen häufig zur Auswertung von Zahlen. Große Zahlenmengen kommen vor allem in den Bereichen Einkauf, Verkauf, Lager oder Personal vor.

Die Zahlen aus Tabellen werden ggf. durch Berechnungen zusammengefasst und ausgewertet. Abschließend erfolgt die Darstellung der Zahlen als Diagramm. Mit Diagrammen können Verläufe dargestellt, Zahlen und Daten vergleichbar gemacht oder Anteile eines Ganzen wiedergegeben werden.
Bevor Sie ein Diagramm erstellen, müssen Sie sich für einen passenden Diagrammtyp entscheiden. Die folgende Tabelle soll Ihnen dabei helfen, den richtigen Diagrammtyp zu finden.

	Was soll visualisiert werden?			
Diagrammtypen	**Struktur** z. B. Anteile, Zusammensetzung	**Rangfolge** z. B. Vergleich	**Entwicklung, Verlauf** z. B. Zeitreihen, Prognosen	**Häufigkeit** z. B. räumlich oder zeitlich
Liniendiagramm bzw. Kurvendiagramm 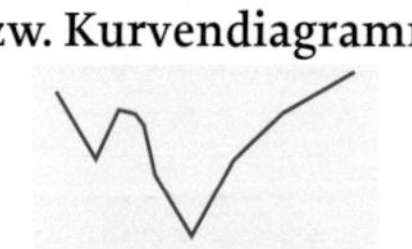				👍
Balkendiagramm 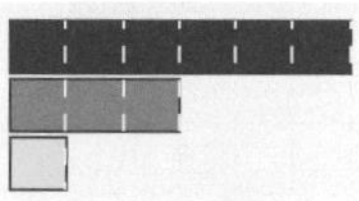		👍		
Säulendiagramm 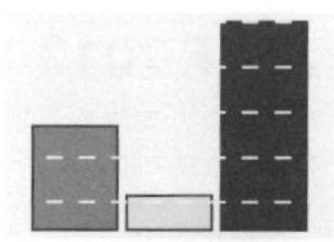		👍	👍	👍
Kreisdiagramm 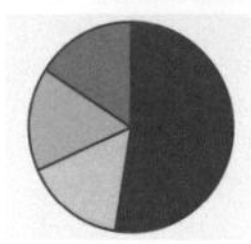	👍			

Bei der Gestaltung von Diagrammen sollten Sie folgende Regeln beachten:
- Jedes Diagramm hat eine Überschrift. Der Titel ist kurz und aussagekräftig. Er fördert das Verständnis für die Botschaft des Diagramms.
- Die Farben sind angenehm, die Schrift deutlich lesbar. Die Verlaufslinien sind dick und die Hilfslinien dünn.
- Die Linien sind direkt beschriftet oder können über eine Legende zugeordnet werden.
- Der Verzicht auf senkrechte Schrift vermeidet „Halsverrenkungen".
- Die Zahlen bleiben im menschlichen Vorstellungsbereich.

Bei Säulen- und Liniendiagrammen gilt zusätzlich:
- Die X- und Y-Achse sind beschriftet.
- Die Achseneinteilungen sind sinnvoll mit Angabe der Maßeinheiten, z. B. Stückanzahl, beschriftet.

Beispiel: Kapazitätsauslastung verbessert

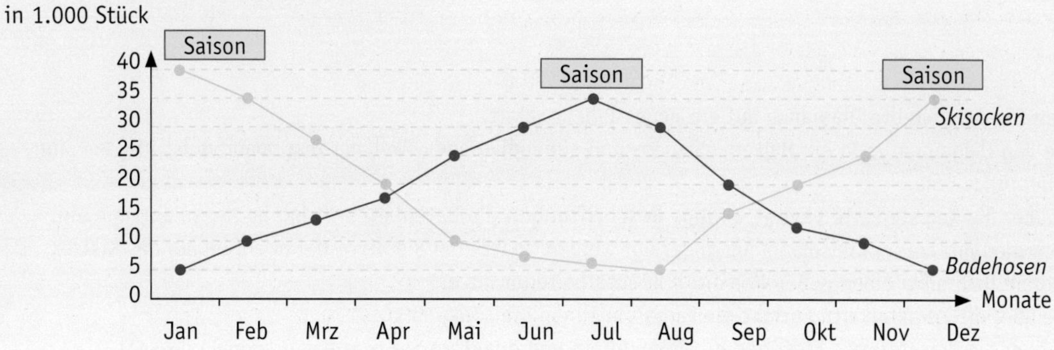

Arbeitsblatt 7.1 | Diagramme mit Excel erstellen und gestalten

Mit den Diagrammfunktionen in Excel gibt es Möglichkeiten, Daten in aussagefähige Informationen zu verwandeln. Zwischen den Tabellen und den Diagrammen gibt es eine Verknüpfung, sodass Änderungen von Daten in Tabellen auch Veränderungen in den dazugehörigen Diagrammen zur Folge haben.

Excel bietet verschiedene Diagrammtypen zur bildlichen Darstellung Ihrer Daten an. Die Schritte zur Erstellung laufen dabei jedoch immer ähnlich ab.

Am Beispiel „Mitarbeiterumsätze" wird nun anhand eines Kreisdiagramms der wesentliche Ablauf bei der Diagrammerstellung veranschaulicht.

Auswahl der Daten und des Diagrammtyps,
Öffnen Sie die Datei *Mitarbeiterumsaetze.xlsx* und speichern Sie diese ab. Markieren Sie alle Zellen, die als Diagramm dargestellt werden sollen, inklusive Überschriften.

Über die Registerkarte **Einfügen**, Gruppe **Diagramme**, wählen Sie den Befehl **Kreis** aus. Dort können Sie zwischen verschiedenen Kreistypen wählen. Wählen Sie den ersten 2D-Kreis.

Excel zeigt Ihnen nun das Diagramm an und in der Tabelle über Rahmen, welche Daten für das Diagramm ausgewählt wurden. Speichern Sie Ihr Ergebnis.

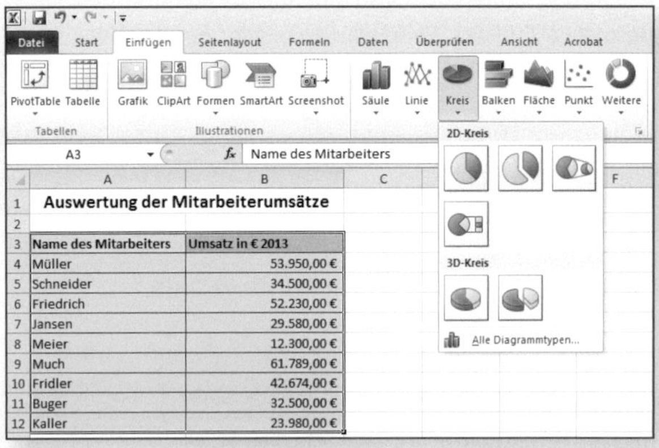

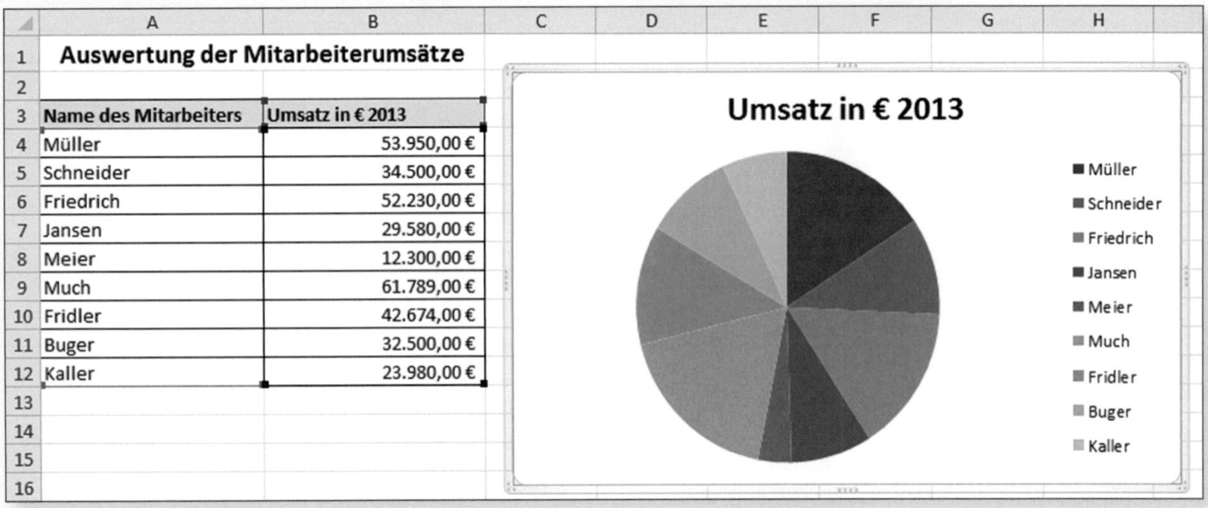

Wenn Sie das Diagramm markiert haben, können Sie über das Register **Diagrammtools** mit den Registerkarten **Entwurf**, **Layout** und **Format** verschiedene Änderungen durchführen.

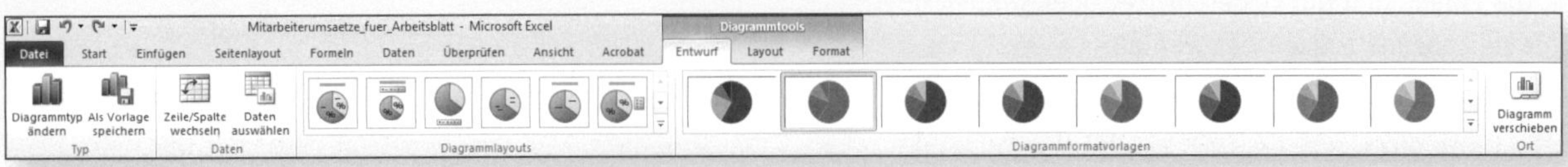

Aufgaben

1. Verschieben Sie das erstellte Diagramm auf ein neues Tabellenblatt.
2. Ändern Sie den Diagrammtyp in ein Balken-, Säulen- und Liniendiagramm. Welcher Diagrammtyp ist hier am sinnvollsten? Begründen Sie.
3. Fügen Sie über die Registerkarte **Layout**, Gruppe **Beschriftungen** die Datenbeschriftung im Kreisdiagramm ein, sodass auch die Umsätze im Kreisdiagramm angezeigt werden. Platzieren Sie diese Daten außerhalb des Kreises.
4. Geben Sie dem Diagramm einen neuen Namen, z. B. Mitarbeiterumsätze.
5. Ändern Sie über die Registerkarte **Format** die Farben in Ihrem Kreisdiagramm.
6. Fügen Sie über die Registerkarte **Einfügen** ein Textfeld ein und erläutern Sie, was das Diagramm aussagt.

Arbeitsblatt 7.2 | Notizen zur Analyse der Diagramme

Entwicklung der Fahrradrahmen

Entwicklung der Bremsen

Entwicklung der Schaltungen

Anteile der durchschnittlichen Lagerbestände im Jahr je Warengruppe

Durchschnittliche Lagerbestände in Quartal 1

Durchschnittliche Lagerbestände in Quartal 2

Durchschnittliche Lagerbestände in Quartal 3

Durchschnittliche Lagerbestände in Quartal 4

Aufgaben

Aufgabe 1
Sammeln Sie mit der Methode Speed-Dating jeweils drei Beispiele für Sachverhalte, die mit den Diagrammtypen Linien-, Balken- und Kreisdiagramm ausgewertet werden können.

Vogehensweise: Alle Schüler sitzen sich dazu an einer langen Tischreihe gegenüber. Mit Ihrem gegenübersitzenden Partner sammeln Sie möglichst viele Beispiele und notieren diese. Nach drei Minuten gibt der Lehrer ein Zeichen und die eine Reihe von Schülern rutscht jeweils einen Sitzplatz weiter, sodass sich nun neue Schülerpaare ergeben, die sich wiederum über mögliche Beispiele austauschen.

Aufgabe 2
Übertragen Sie die folgende Tabelle in Excel, führen Sie selbstständig alle notwendigen Formatierungen durch und speichern Sie die Datei unter dem Namen *Mitarbeiterzahlen.xlsx* ab. Werten Sie anschließend die Daten mit einem geeigneten Diagrammtyp aus und begründen Sie die Wahl Ihres Diagrammtyps in einem eingefügten Textfeld.

	A	B	C
1	Mitarbeiterzahlen im Jahr 20X1 und 20X2		
2			
3	Monat	Anzahl der Mitarbeiter am Standort Oldenburg 20X1	Anzahl der Mitarbeiter am Standort Oldenburg 20X2
4	Januar	32	34
5	Februar	32	33
6	März	34	33
7	April	35	34
8	Mai	36	34
9	Juni	37	38
10	Juli	38	39
11	August	38	38
12	September	38	38
13	Oktober	36	37
14	November	34	33
15	Dezember	34	33

Abbildung zu Aufgabe 2

Aufgabe 3
Übertragen Sie die nebenstehende Tabelle in Excel, führen Sie selbstständig alle notwendigen Formatierungen durch und speichern Sie die Datei unter dem Namen *Umsatzzahlen_20XX.xlsx* ab. Werten Sie anschließend die Daten mit einem geeigneten Diagrammtyp aus und begründen Sie die Wahl Ihres Diagrammtyps in einem eingefügten Textfeld.

	A	B
1	Umsatzzahlen im Jahr 20XX	
2		
3	Bereiche des Absatzprogramms	Umsatz in Mio. €
4	Produktionsprogramm	3,5
5	Handelswaren	2,3
6	Dienstleistungen	1,1
7	**Summe**	**6,9**

Abbildung zu Aufgabe 3

Aufgabe 4
Übertragen Sie folgende Tabelle in Excel, führen Sie selbstständig alle notwendigen Formatierungen durch und speichern Sie die Datei unter dem Namen *Umsaetze_Fahrradreisen.xlsx* ab. Werten Sie anschließend die Daten mit einem geeigneten Diagrammtyp aus und begründen Sie die Wahl Ihres Diagrammtyps in einem eingefügten Textfeld.

	A	B	C
1	Umsätze der Fahrradreisen im Frühjahr und Sommer 20XX		
2			
3	Zielgebiete	Umsatz im Frühjahr (März bis Mai)	Umsatz im Sommer (Juni bis August)
4	Nordsee	42.500,00 €	53.460,00 €
5	Ostsee	32.750,00 €	35.550,00 €
6	Schwarzwald	40.780,00 €	44.360,00 €
7	Alpen	45.700,00 €	48.365,00 €
8	Taunus	38.290,00 €	41.475,00 €

Abbildung zu Aufgabe 4

Aufgabe 5
Übertragen Sie folgende Tabelle in Excel, führen Sie selbstständig alle notwendigen Formatierungen durch und speichern Sie die Datei unter dem Namen *Kundenbefragung_20XX.xlsx* ab. Werten Sie anschließend die Daten mit einem geeigneten Diagrammtyp aus und begründen Sie die Wahl Ihres Diagrammtyps in einem eingefügten Textfeld.

	A	B	C	D	E
1	Ergebnisse der Kundenbefragung 20XX				
2					
3	Qualität der Fahrradtrikots			Qualität der Fahrradschuhe	
4					
5	Bewertungskategorien	Anzahl der Nennungen		Bewertungskategorien	Anzahl der Nennungen
6	sehr gut	98		sehr gut	124
7	gut	127		gut	86
8	befriedigend	32		befriedigend	43
9	mangelhaft	9		mangelhaft	15
10	Summe	266		Summe	268

Abbildung zu Aufgabe 5

Aufgabe 6
Erweitern Sie Ihre Lernkartei.

Aufgabe 7
Führen Sie Ihr Lerntagebuch.

SB BWR ▸ Seite 145 ff. | Handlungsfeld 2, Kap. 6

Bestellvorgänge dokumentieren

Situation

Frau Nemitz-Müller aus der Einkaufsabteilung der Fly Bike Werke GmbH, in der Sie zurzeit eingesetzt werden, hat Ihnen bereits verschiedene Anfragen und Bestellungen gezeigt, für deren Erstellung sie unter anderem zuständig ist. Heute Vormittag hat sie folgende Hausmitteilung aus der Verwaltung erhalten. Sie bittet Sie um Ihre Unterstützung.

Hausmitteilung

Fly Bike Werke GmbH

Absender	Empfänger	mit der Bitte um
☐ Geschäftsführung	☐ Geschäftsführung	☐ Kenntnisnahme
☐ Zentralsekretariat	☐ Zentralsekretariat	☒ Erledigung
☐ Controlling	☐ Controlling	☐ Stellungnahme
☐ Einkauf/Logistik	☒ Einkauf/Logistik	
☐ Produktion	☐ Produktion	
☒ Verwaltung	☐ Verwaltung	
☐ Vertrieb	☐ Vertrieb	
☒ Frau Fee	☐ Frau/~~Herr~~ Nemitz-Müller	

Im kommenden Quartal wird ein Treffen unserer Arbeitsgruppe Qualitätsmanagement stattfinden. Hierfür müs-sen wir die Dokumentation unserer Arbeitsabläufe vervollständigen. Unter anderem benötigen wir aus Ihrer Abteilung einen Überblick über den Ablauf eines typischen Beschaffungsvorgangs. Bitte fertigen Sie mithilfe eines geeigneten Instruments eine Übersicht an. Als Arbeitshilfe habe ich Ihnen bereits die Ablaufbeschreibung des Beschaffungsvorgangs aus unserem Qualitätsmanagementhandbuch als pdf-Datei zukommen lassen. Weitere Hinweise finden Sie auch in der jüngsten Fly Post, Herr Peters gibt dort ein Interview zur Wandlung der Fly Bike Werke zum prozessorientierten Unternehmen. Vielen Dank!

Mit freundlichen Grüßen

Evelyn Fee
(Zentralsekretariat)

Ablaufbeschreibung des Beschaffungsvorgangs aus dem QM-Handbuch der Fly Bike Werke GmbH

Sobald der Mindestbestand erreicht ist, erstellt die Abteilung Lager eine Bedarfsmeldung. Sie erfolgt in Form einer Hausmitteilung. Der Einkauf macht daraufhin den Bestellvorschlag, wobei ein Mitarbeiter die benötigten Artikel- und Lieferantendaten aus der Datenbank heraussucht. Ist die korrekte Bestellmenge berechnet und sind gleichzeitig die infrage kommenden Lieferanten bestimmt, formuliert und versendet die Einkaufsabteilung Anfragen. Hierzu stehen den Mitarbeitern verschiedene Vorlagen zur Verfügung. Nachdem die Angebote eingegangen sind, findet eine Lieferantenauswahl statt. Auch dieser Vorgang ist standardisiert, eine entsprechende Vorlage ist vorhanden. Dabei wird zunächst ein qualitativer und quantitativer Angebotsvergleich durchgeführt, bevor die Bestellung bei geeigneten Lieferanten erfolgt. Auch bei der Bestellung nutzen die Mitarbeiter des Einkaufs eine standardisierte Vorlage. Im Folgenden wird der Wareneingang durch einen Mitarbeiter des Lagers überprüft. Hierzu benötigt er die Auftragsbestätigung (sofern der Lieferant den Auftrag bestätigt hat) und den Lieferschein. Er kontrolliert, ob die Ware rechtzeitig geliefert wurde und ob die korrekte Ware in der bestellten Menge und der geforderten Qualität eingegangen ist. Anschließend erfolgt die Kontrolle der Eingangsrechnung durch die Buchhaltung, die die Rechnung erfasst und die Zahlung veranlasst.

Die Fly Bike Werke GmbH wird ein prozessorientiertes Unternehmen. Was das bedeutet, erklärt Geschäftsführer Hans Peters im neuen Mitarbeitermagazin *Fly-Post*.

Herr Peters, wir werden ein prozessorientiertes Unternehmen. Woran sieht der Mitarbeiter, welche Prozesse für ihn gelten?
Peters: An der graphischen Darstellung. Hierbei gibt es verschiedene Möglichkeiten für die Darstellung des funktionalen Ablaufs von Geschäftsprozessen im Unternehmen: Das Flussdiagramm, das Arbeitsablaufdiagramm und die Ereignisgesteuerte Prozesskette (EPK).
Was verbirgt sich hinter den Begriffen? Und wieso haben wir uns für die Darstellung mithilfe Ereignisgesteuerter Prozessketten entschieden?
Peters: Das Flussdiagramm stellt den Ablauf eines Geschäftsprozesses mit seinen wichtigsten Einzeltätigkeiten und zentralen Entscheidungsknoten dar, sodass diese Darstellungsform für unser Beispiel ungeeignet ist.
Das Arbeitsablaufdiagramm ermöglicht die Dokumentation der wichtigsten Arbeitsschritte, deren Reihenfolge und der beteiligten Stellen in einem Geschäftsprozess. Da die Darstellungsform jedoch tabellarisch angeordnet ist, ist sie im Vergleich zum EPK unübersichtlicher und für Außenstehende, z. B. neue Mitarbeiter, schwer lesbar.
Die Ereignisgesteuerte Prozesskette ordnet auslösende Ereignisse und darauf folgende Handlungen (Funktionen) in chronologischer Reihenfolge untereinander an. Neben jeder Funktion stehen die zugehörige Organisationseinheit und die benötigten Informationsobjekte. Diese Darstellungsform ermöglicht Außenstehenden, also auch neuen Mitarbeitern, einen schnellen Überblick über den Geschäftsprozess. Lediglich die Bedeutung der verwendeten Symbole muss bekannt sein.

Quelle: Autorentext

Handlungsaufträge

1 Analysieren Sie die Problemstellung der Ausgangssituation und planen Sie Ihr Vorgehen. Erstellen Sie hierzu eine Übersicht wie im Arbeitsblatt 1.1.

2 In LS 3 haben sie die Ereignisgesteuerte Prozesskette (EPK) als Instrument zur Abbildung von Geschäftsprozessen kennengelernt. Rufen Sie sich Ihre Kenntnisse über Geschäftsprozesse in Erinnerung und recherchieren Sie mindestens zwei weitere Darstellungsformen. Nutzen Sie hierzu auch das Interview mit Herrn Peters. Stellen Sie die Vor- und Nachteile gegenüber der EPK dar, indem Sie sich mit Ihrem Sitznachbarn austauschen (Arbeitsblätter 8.1 und 8.2).

3 Erstellen Sie mithilfe der Informationen aus dem QM-Handbuch der Fly Bike Werke GmbH, des Arbeitsblattes 8.1 und des Informationsblattes 8.1 eine EPK für den Beschaffungsvorgang in Word.

Arbeitsblatt 8.1 (2 Seiten) | Wiederholung Dokumentation von Geschäftsprozessen (Teil 1)

Unter einem Geschäftsprozess versteht man eine abfolge zusammenhängende Tätigkeiten. Je nach Bezug dieser Tätigkeiten zum Produkt des Unternehmens lassen sich kern prozesse und geschäftsprozesse unterscheiden. Ein Geschäftsprozess soll ein festgelegtes Ergebnis bzw. einen Nutzen erreichen, z. B. die Gewährleistung der jederzeitigen Produktionsbereitschaft. Er wird ausgelöst durch ein Startereigniss, z. B. das Erreichen eines Mindest-Lagerbestands, und schließt mit einem Zielereignis, z. B. bezahlung der kundenrechnung.

Die betrieblichen Tätigkeiten (Funktionen) werde von Aufgabenträgern ausgeführt. Das können bearbeiter, Maschinen oder programme sein. Ein weiteres Merkmal des Geschäftsprozesses ist der Ressourcen verbrauch (Materialien, Betriebsmittel, Arbeitsleistungen, Informationen, Geld-mittel). Abnehmer des Prozessergebnisses sind interne und externe kunden.

Interne kundene nehmen Teilergebnisse ab und verarbeiten sie weiter. Jeder Geschäftsprozess besteht aus einer Kette von Teilprozesse und umfasst mindestens ein Startereignis, eine betriebliche Tätigkeit und ein Zielereignis. Geschäftsprozesse sind auf Wiederholung angelegt und sie sind messbar, d. h. durchlaufzeit, Kosten und qualität können ermittelt werden.

Ereignisgesteuerte Prozessketten (EPK)

Symbol	Bezeichnung und Erklärung
	Das Sechseck symbolisiert
	Das abgerundete Viereck steht für
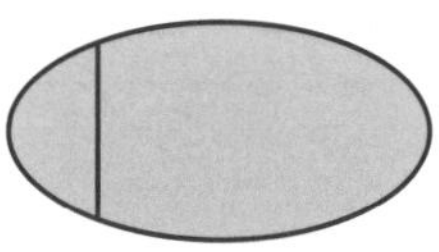	Das Oval mit senkrechtem Strich links

Symbol	Bezeichnung und Erklärung
	Das Rechteck mit einem senkrechten Strich rechts und links
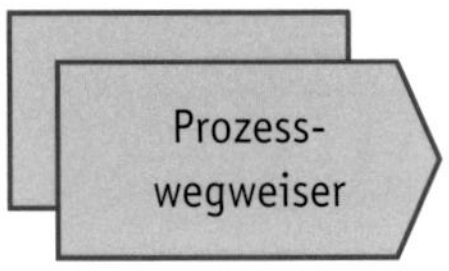	• Verweis auf weitere sich anschließende Geschäftsprozesse
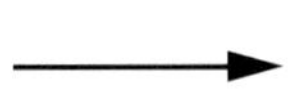	Der Pfeil
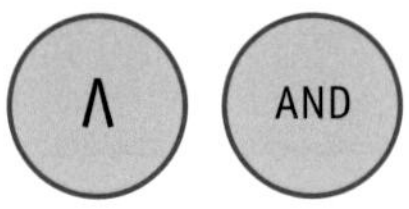	Der Kreis mit dem nach unten geöffneten Winkel
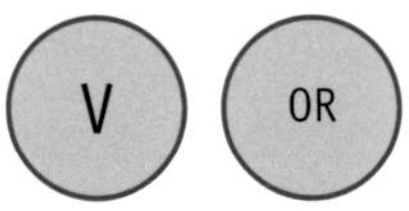	Der Kreis mit dem nach oben geöffneten Winkel
	Der Kreis mit dem Wort „xor“

Arbeitsblatt 8.2 (2 Seiten) | Wiederholung Dokumentation von Geschäftsprozessen (Teil 2)

Darstellungsweisen von Geschäftsprozessen

Darstellungsweise	Vorteile	Nachteile

Kreuzworträtsel:

1 Stellt den Ablauf eines Geschäftsprozesses dar
2 Dokumentiert tabellarisch wichtige Arbeitsschritte
3 Ist Auslöser eines Ablaufs
4 Hilfsmittel zur Durchführung einer Funktion
5 Verbindung oder Abzweigung in einem Geschäftsprozess
6 Mit der Funktion verbundene Abteilung
7 Handlung in einem Geschäftsprozess

Informationsblatt 8.1 | Eine eEPK in MS Word erstellen

Die Modellierung von Geschäftsprozessen in MS Word unterscheidet sich nur wenig von der Vorgehensweise in PowerPoint, die Sie in LS 3 bereits kennengelernt und angewendet haben. Die Erläuterungen auf den Informationsblättern 3.3, 3.4 und 3.6 gelten also auch für Word.

Die Symbole, die Sie zur Erstellung einer EPK benötigen, finden Sie über das Register **Einfügen**, die Gruppe **Illustrationen** und den Befehl **Formen**. Wählen Sie die Formen für Ihre eEPK genauso, wie Sie es in PowerPoint gelernt haben.

Auch bei der Beschriftung der Formen, ihrer Positionierung auf der leeren Word-Seite, der Verbindung der Symbole durch Linien und Pfeile und bei der Wahl der Farben verfahren Sie wieder wie in PowerPoint.

Einen **Unterschied** allerdings gilt es zu **beachten**:

Um zu gewährleisten, dass Sie alle Elemente Ihrer EPK auch frei positionieren können und alle Funktionen wie in PowerPoint verfügbar sind, müssen Sie zunächst ein **Zeichenfeld** erstellen.

Öffnen Sie dazu wieder das Dialogfeld **Formen** in der Gruppe Illustrationen. Ganz unten in der Liste finden Sie das Element **Neuer Zeichenbereich**. Wenn Sie es anklicken, öffnet sich in Ihrem Dokument ein Feld (hier zur besseren Lesbarkeit grau eingefärbt), das Sie an den markierten Angriffspunkten beliebig vergrößern oder verkleinern können (Maus über eine Stelle mit drei Pünktchen bewegen, linke Maustaste anklicken, gedrückt halten und Maus in die Richtung ziehen, in die das Zeichenfeld vergrößert oder verkleinert werden soll).

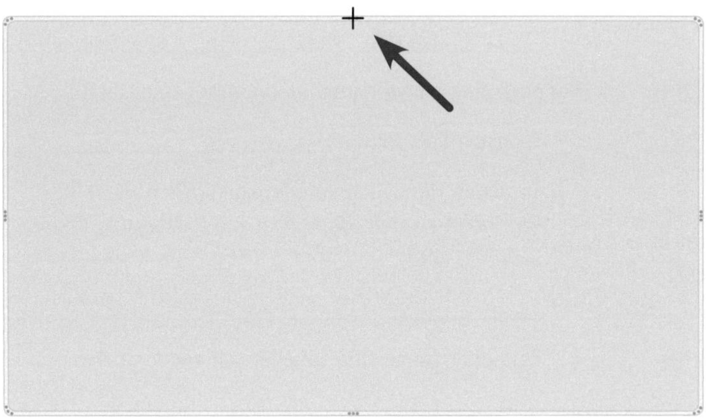

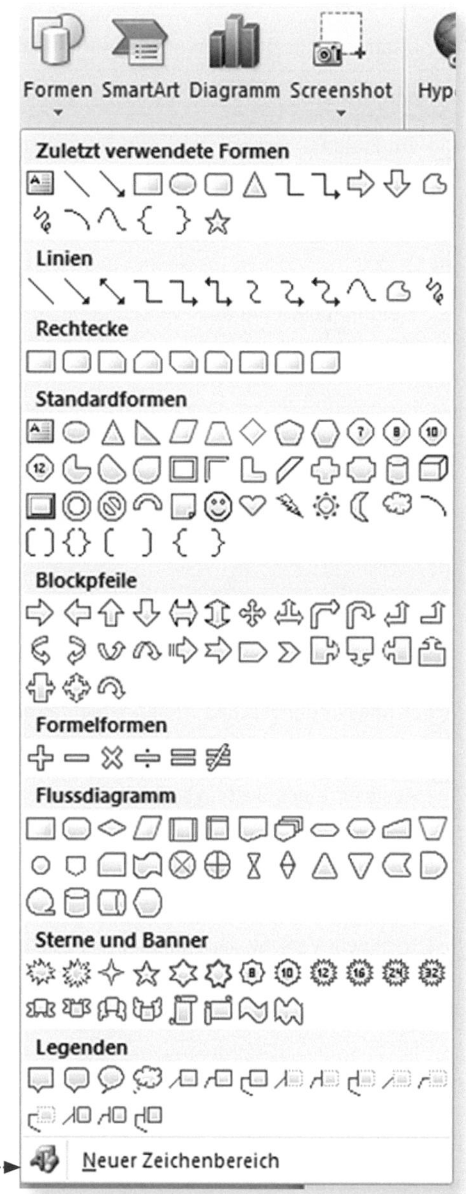

In dieses Feld können Sie nun Ihre EPK-Symbole, wie aus PowerPoint und LS 3 bereits bekannt, einfügen.

Hinweis
Zeichenbereiche können in Word nicht mehrere Seiten umfassen. Bei umfangreicheren EPKs, die über mehr als eine Seite hinausgehen, muss für jede Seite ein neuer Zeichenbereich angelegt werden.

Aufgaben

Aufgabe 1
Markieren Sie die korrekten Aussagen zu Ereignisgesteuerten Prozessketten und notieren Sie bei den falschen Antworten eine korrigierte Aussage.

- ▢ EPKs beginnen immer mit einer Funktion. ______
- ▢ Ereignisse sind die Auslöser eines Ablaufs. ______
- ▢ Organisationseinheiten werden im EPK als Viereck dargestellt. ______
- ▢ Ein Ereignis darf mit zwei nachfolgenden Funktionen über eine Oder-Verknüpfung verbunden werden. ______
- ▢ Zwei Funktionen dürfen mit einem nachfolgenden Ereignis über eine Oder-Verknüpfung verbunden werden. ______
- ▢ Bei einer Oder-Verknüpfung schließen sich die darauffolgenden Ereignisse gegenseitig aus. ______

Aufgabe 2
Markieren Sie die korrekten Aussagen zum Ablauf von Beschaffungsvorgängen und notieren Sie bei den falschen Antworten eine korrigierte Aussage.

- ▢ Auslöser eines Bestellvorgangs ist das Erreichen der eisernen Reserve eines Artikels. ______
- ▢ Nachdem verschiedene Angebote eingeholt wurden, wird beim günstigsten Lieferanten bestellt. ______
- ▢ Beim qualitativen Angebotsvergleich werden Kriterien, wie Umweltverträglichkeit, Zuverlässigkeit und Entfernung zum Lieferanten bewertet. ______
- ▢ Beim quantitativen Angebotsvergleich werden die Lieferzeiten der Lieferanten verglichen. ______
- ▢ Der qualitative und quantitative Angebotsvergleich wird von der Abteilung Verkauf durchgeführt. ______
- ▢ Bei der Wareneingangsprüfung wird kontrolliert, ob rechtzeitig geliefert wurde und ob die korrekte Ware in passender Qualität und Menge geliefert wurde. ______

Aufgabe 3
Markieren Sie die korrekten Aussagen zu den verschiedenen Darstellungsformen der Ablauforganisation und notieren Sie bei den falschen Antworten eine korrigierte Aussage.

- ▢ Der Vorteil einer EPK ist die chronologische Darstellung von Ereignissen und darauffolgenden Handlungen. ______
- ▢ Mit einer EPK lassen sich kreative Abläufe abbilden. ______
- ▢ Flussdiagramme haben einen geringeren Detaillierungsgrad als EPKs. ______
- ▢ In einem Handbuch können komplexe Abläufe beschrieben werden, ohne dass die Darstellung unübersichtlich wird. ______
- ▢ Flussdiagramme sind tabellarisch angeordnet. ______
- ▢ Arbeitsablaufdiagramme eignen sich vor allem zur Darstellung verzweigter und komplexer Abläufe. ______

Aufgabe 4
Erweitern Sie Ihre Lernkartei.

Aufgabe 5
Ergänzen Sie Ihr Lerntagebuch.

Wissen ☑ Fertigkeiten ☑ Sozialkompetenz ☐ Selbstständigkeit ☑

Lernsituation 9

SB BWR ▶ Seite 323 ff. | Handlungsfeld 4, Kap. 12

LS BWR ▶ Seite 253 ff. | Lernsituation 49

Bestellvorgänge optimieren

Situation

Die Geschäftsprozesse in der Fly Bike Werke GmbH sollen effizienter werden – auch in der Einkaufsabteilung, in der Sie immer noch arbeiten. Mit der eEPK aus LS 8 haben Sie bereits gute Vorarbeit geleistet, sodass Frau Nemitz-Müller Sie auch mit der nächsten Aufgabe betraut, der Überarbeitung der Anfrage- und Bestelldokumente. Folgende Bitte hat Sie dazu aus dem Zentralsekretariat erhalten:

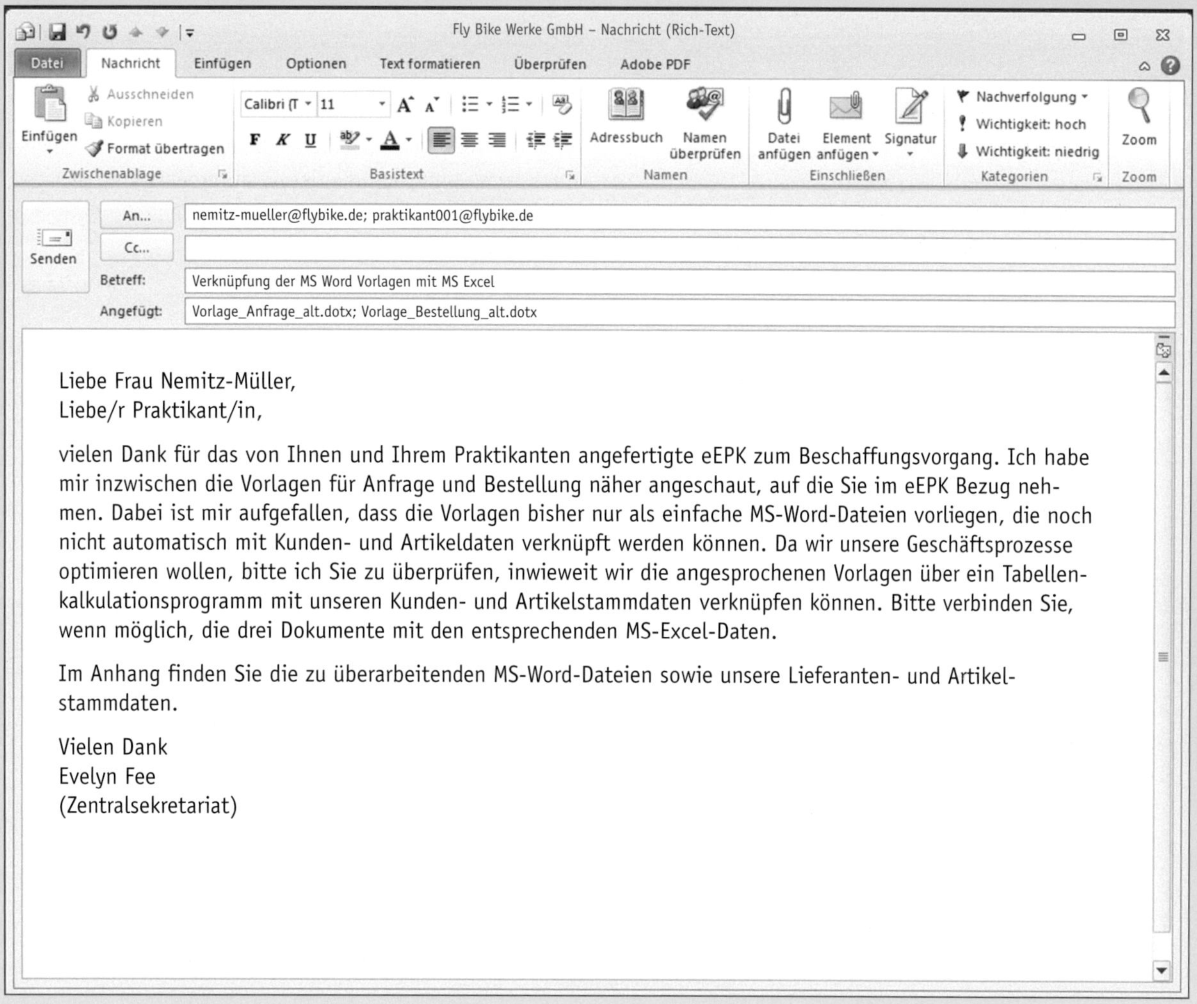

Fly Bike Werke GmbH – Nachricht (Rich-Text)

An... nemitz-mueller@flybike.de; praktikant001@flybike.de

Cc...

Betreff: Verknüpfung der MS Word Vorlagen mit MS Excel

Angefügt: Vorlage_Anfrage_alt.dotx; Vorlage_Bestellung_alt.dotx

Liebe Frau Nemitz-Müller,
Liebe/r Praktikant/in,

vielen Dank für das von Ihnen und Ihrem Praktikanten angefertigte eEPK zum Beschaffungsvorgang. Ich habe mir inzwischen die Vorlagen für Anfrage und Bestellung näher angeschaut, auf die Sie im eEPK Bezug nehmen. Dabei ist mir aufgefallen, dass die Vorlagen bisher nur als einfache MS-Word-Dateien vorliegen, die noch nicht automatisch mit Kunden- und Artikeldaten verknüpft werden können. Da wir unsere Geschäftsprozesse optimieren wollen, bitte ich Sie zu überprüfen, inwieweit wir die angesprochenen Vorlagen über ein Tabellenkalkulationsprogramm mit unseren Kunden- und Artikelstammdaten verknüpfen können. Bitte verbinden Sie, wenn möglich, die drei Dokumente mit den entsprechenden MS-Excel-Daten.

Im Anhang finden Sie die zu überarbeitenden MS-Word-Dateien sowie unsere Lieferanten- und Artikelstammdaten.

Vielen Dank
Evelyn Fee
(Zentralsekretariat)

Handlungsaufträge

1 Analysieren Sie die Problemstellung der Ausgangssituation und planen Sie Ihr Vorgehen. Erstellen Sie hierzu eine Übersicht wie im Arbeitsblatt 1.1.

2 Im Rahmen eines Beschaffungsprozesses werden verschiedene Dokumente zwischen der Fly Bike Werke GmbH und ihren Lieferanten ausgetauscht, Anfrage und Bestellung gehören dazu. Erstellen Sie mithilfe des Arbeitsblattes 9.1 eine Übersicht über diese Dokumente und listen Sie ihre zentralen Inhalte auf. Nehmen Sie dabei Ihr BWR-Buch zu Hilfe oder recherchieren Sie alternativ im Internet.

3 Optimieren Sie die Fly-Bike-Vorlagen Anfrage und Bestellung. Nutzen sie hierzu Informationsblatt 9.1 und Arbeitsblatt 9.2.

Fly Bike Werke GmbH

Fly Bike Werke GmbH · Rostocker Str. 334 · 26121 Oldenburg

Ihr Zeichen
Ihre Nachricht vom:
Unser Zeichen:
Kunden-Nr.:

Name:
Telefon: +49 441 885-9290
Telefax: +49 441 885-9211
E-Mail: nemitz-mueller@flybike.de

Datum:

Betreff: Anfrage zu

Sehr geehrte Damen und Herren,

Für eine Kundenbestellung benötigen wir
Wir gehen zunächst von einer Bedarfsmenge von Stück aus.
Bitte senden Sie uns schnellstmöglich ein Angebot unter Angabe Ihrer Zahlungs- und Lieferbedingungen.

Mit freundlichen Grüßen

Fly Bike Werke GmbH

Ann-Kathrin Nemitz-Müller

Fly Bike Werke GmbH
Rostocker Str. 334
26121 Oldenburg

www.flybike.de
mail@flybike.de

Bankkonten
Landessparkasse Olde
BLZ 280 501 00
Kto.-Nr. 112326444
IBAN DE86 2805 010
BIC BRLADE21LZO

Fly Bike Werke GmbH

Fly Bike Werke GmbH · Rostocker Str. 334 · 26121 Oldenburg

Ihr Zeichen
Ihre Nachricht vom:
Unser Zeichen:
Kunden-Nr.:

Name:
Telefon: +49 441 885-9290
Telefax: +49 441 885-9211
E-Mail: nemitz-mueller@flybike.de

Datum:

Betreff: Bestellung-Nr. von
Artikelnummer

Sehr geehrte Damen und Herren,

vielen Dank für Ihr Angebot von letzter Woche. Wir möchten bei Ihnen folgenden Artikel zu den nachstehenden Konditionen bestellen.

Ihre Zahlungs- und Lieferbedingungen sowie di Bestandteile Ihrer AGBs haben wir zur Kenntnis genommen. Wir bitten sie die im Angebot angegebene Lieferzeit einzuhalten.

Mit freundlichen Grüßen

Fly Bike Werke GmbH

Ann-Kathrin Nemitz-Müller

Fly Bike Werke GmbH
Rostocker Str. 334
26121 Oldenburg

www.flybike.de
mail@flybike.de

Bankkonten
Landessparkasse Oldenburg
BLZ 280 501 00
Kto.-Nr. 112326444
IBAN DE86 2805 0100 0112 3264 44
BIC BRLADE21LZO

Geschäftsführer
Hans Peters

Handelsregister
Amstgericht Oldenburg
HR Oldenburg B 2134

Steuer Nr. 112/8870/0057
USt-Id.-Nr. DE236667691

Arbeitsblatt 9.1 | Dokumente des Bestellvorgangs

Lieferant		**Fly Bike Werke GmbH**	
	←	**Anfrage:**	**Merkwort: A M P E L** • **A**rtikelbezeichnung/-beschreibung mit Angaben zur Qualität • **M** • **P** • **E**rmäßigungen und Zahlungsbedingungen • **L**
	→		• Spezifikation der Ware • • • •
	←	**Bestellung:**	
	→		
	→		
	→		

Informationsblatt 9.1 (6 Seiten) | Die Serienbrieffunktion in MS Word

Serienbrief

Ein Serienbrief ist ein Brief, der an viele Personen gleichzeitig verschickt wird. Üblich ist, dass **alle Personen den gleichen Inhalt** erhalten.

Ein Beispiel dafür ist eine persönlich adressierte Reklame.

Das Einzige, was sich in diesen Briefen unterscheidet, ist der Name der Person und die Anschrift.

Ein **Serienbrief** besteht immer aus **zwei verschiedenen Teilen**:

1. Datenbank
Hier sind in einer **Datenbank** die personenbezogenen Informationen gespeichert, die sich für jeden Empfänger des Briefes **unterscheiden** (z. B. Adressdaten)

2. Hauptdokument
Hier wird in einem Dokument der Text abgespeichert, der für alle Empfänger **gleich** ist.

Wenn Sie einen **Serienbrief** erstellen, dann geschieht das in **drei Schritten**, wobei die Reihenfolge der ersten beiden Schritte austauschbar ist.

Sinnvoll ist folgende Reihenfolge:

- Erstellen der **Datenbank**
- Erstellen des **Hauptdokuments**
- **Verbinden** von Datenbank und Hauptdokument über das **Einfügen der Seriendruckfelder**

Zum Erstellen eines Serienbriefes wechseln Sie in der Multifunktionsleiste auf die Registerkarte **Sendungen**.

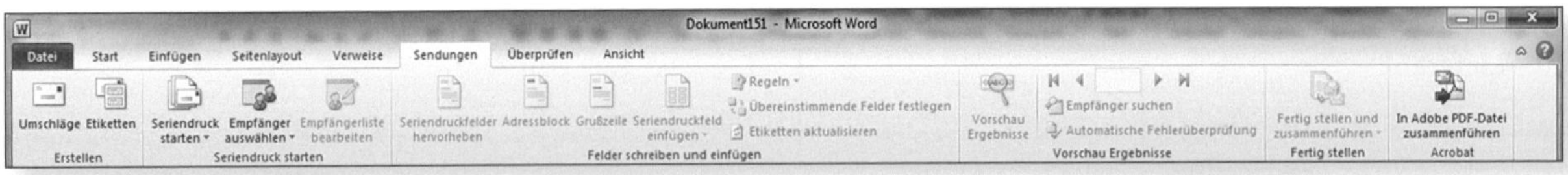

Seriendruck-Assistent

In WORD wird die Erstellung eines Serienbriefes vom **Seriendruck-Assistenten** sehr detailliert – in sechs Schritten – begleitet.

Sie starten den Seriendruck-Assistent über:

- Multifunktionsleiste
- Registerkarte **Sendungen**
- Gruppe **Seriendruck starten**
- Schaltfläche **Seriendruck starten**
- **Seriendruck-Assistent mit Schritt-für-Schritt-Anweisungen**

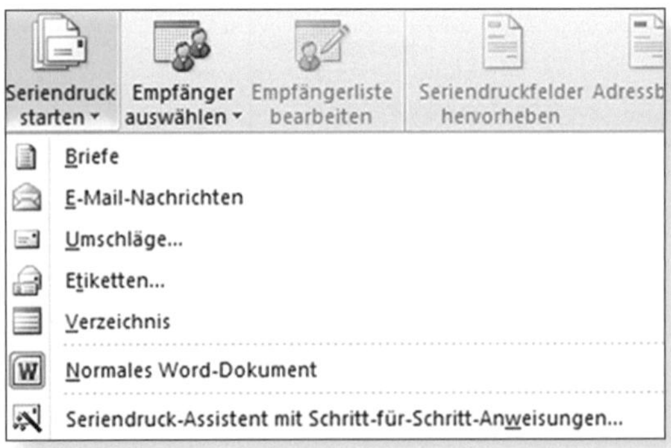

Erster Schritt

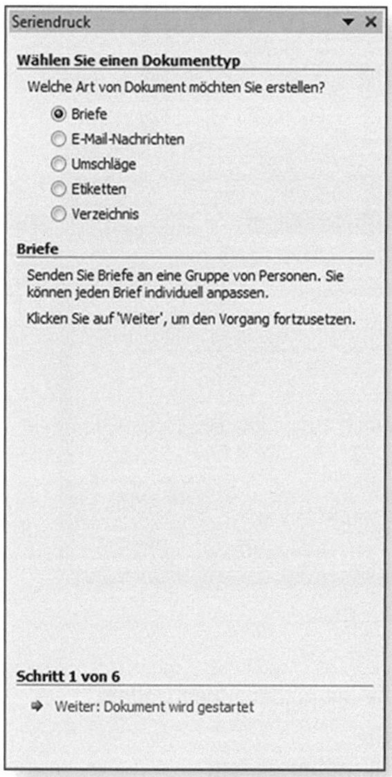

An dieser Stelle wählen Sie die **Art** des **Dokuments**, das Sie erstellen wollen.

Zweiter Schritt

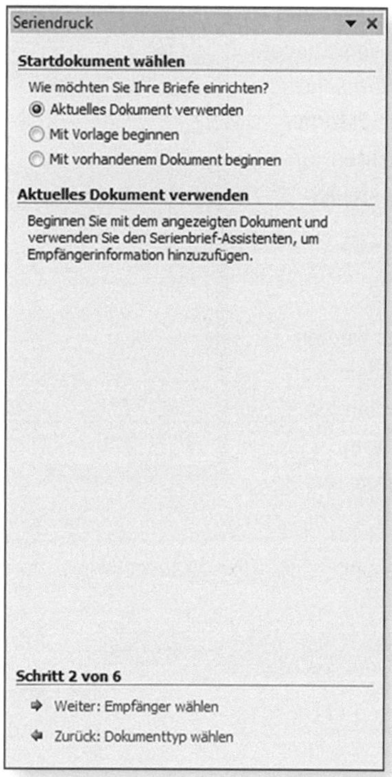

Hier können Sie ein schon **vorhandenes Dokument** als **Hauptdokument** wählen. Oder Sie können das **aktuell geöffnete Dokument** als neues Hauptdokument benutzen.

Dritter Schritt

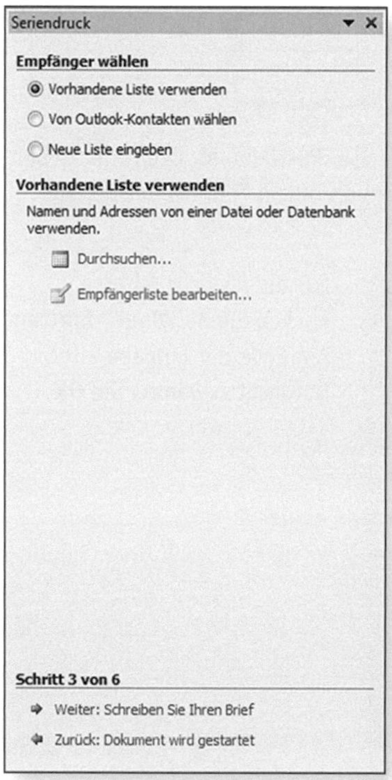

An dieser Stelle wählen Sie die **Datenbank** für das Hauptdokument aus. Klicken Sie dazu auf **Durchsuchen**.

Alternativ: Dritter Schritt

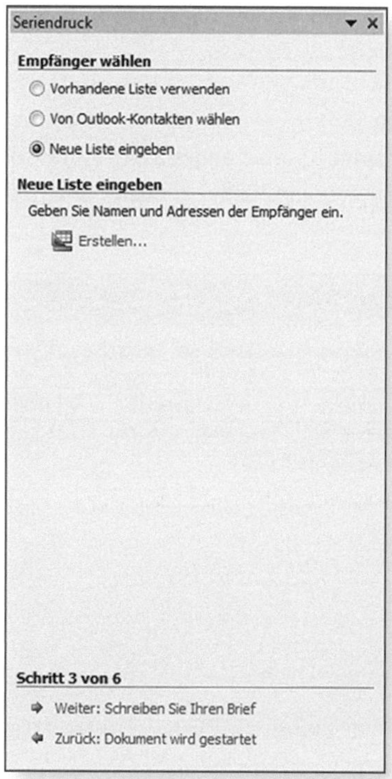

Falls noch keine Liste vorhanden ist, wählen Sie **Neue Liste** eingeben und dann **Erstellen**.

Neue Adressliste

In der **vorgegebenen Maske der Adressliste** sehen Sie verschiedene Feldnamen (Titel, Vorname, Nachname usw.). Diese **Feldnamen** sind die Überschriften für die späteren Datenbankfelder.

Hierüber werden später die Datensätze eingegeben.

Viele dieser Feldnamen werden Sie nicht brauchen, andere werden Ihnen fehlen. Wählen Sie deshalb **Spalten anpassen.** Es öffnet sich das Dialogfenster **Adressliste anpassen**.

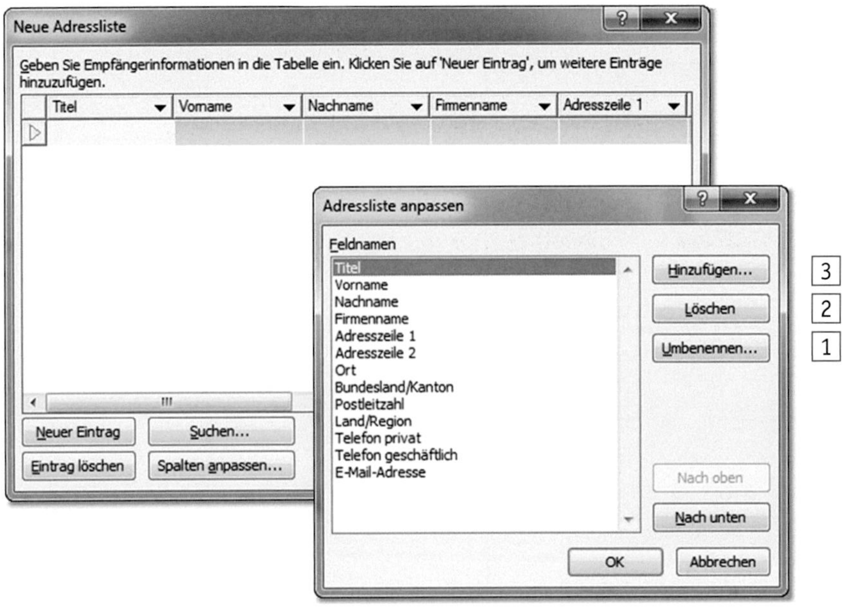

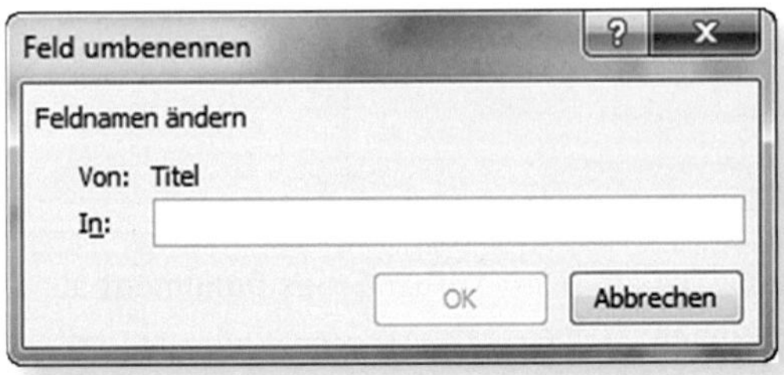

Adressliste anpassen

Markieren Sie die Feldnamen, die Sie umbenennen wollen und wählen Sie [1] **Umbenennen.**
Es öffnet sich das Dialogfeld **Feld umbenennen:**

Tragen Sie im Feld **In** den neuen Feldnamen ein.

Markieren Sie zudem die Feldnamen, die Sie nicht brauchen, und wählen Sie [2] **Löschen.**

Fehlen Ihnen Feldnamen, wählen Sie [3] **Hinzufügen.**
Feldnamen dürfen keine Leerzeichen, Steuerzeichen, Punkte, Ausrufezeichen, Akzente oder Klammern enthalten und sollen eindeutig sein.

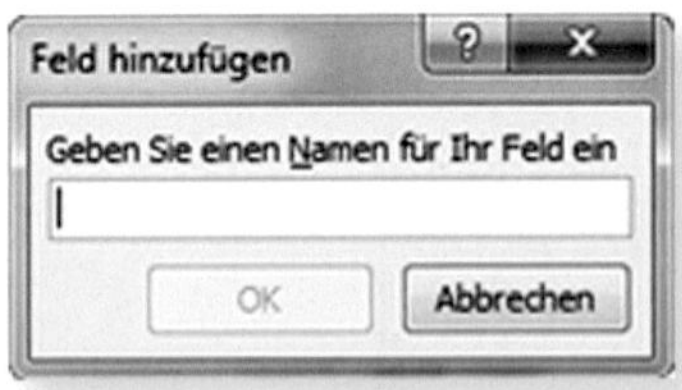

Adressdaten eingeben

Sie sehen hier ein **Beispiel** für eine **angepasste Adressliste** (Vorname, Nachname, Straße, Postleitzahl, Ort). Hier geben Sie die einzelnen Datensätze ein. Dabei können Sie mit der TAB-Taste oder dem Cursor von einem Feld zum nächsten springen.

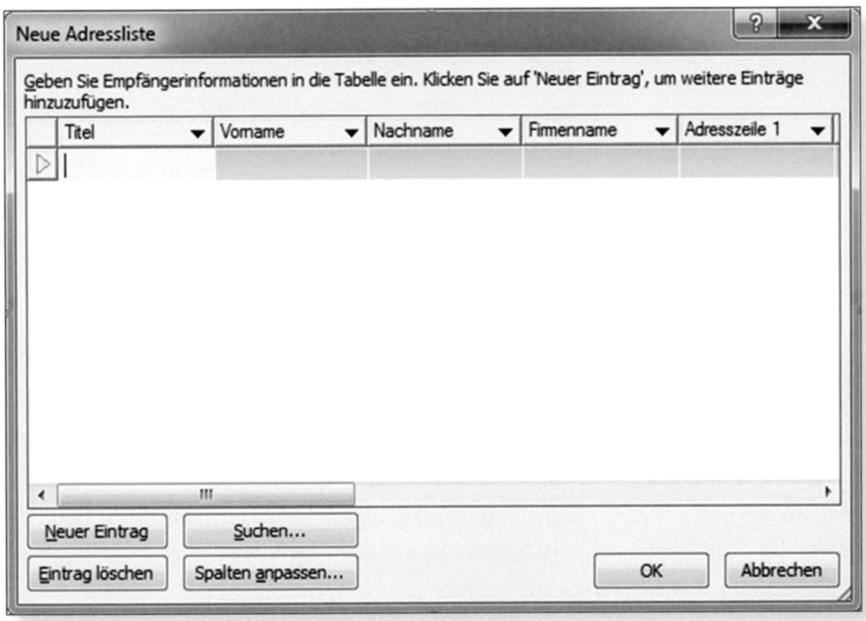

Für die nächste Adresse klicken Sie auf **Neuer Eintrag.** Am Ende der Eingabe aller Datensätze wählen Sie **OK.**

Adressliste speichern

Nun folgt ein wichtiger Schritt: Wenn Sie alle Feldnamen eingegeben haben, müssen Sie die **Adressliste abspeichern**.

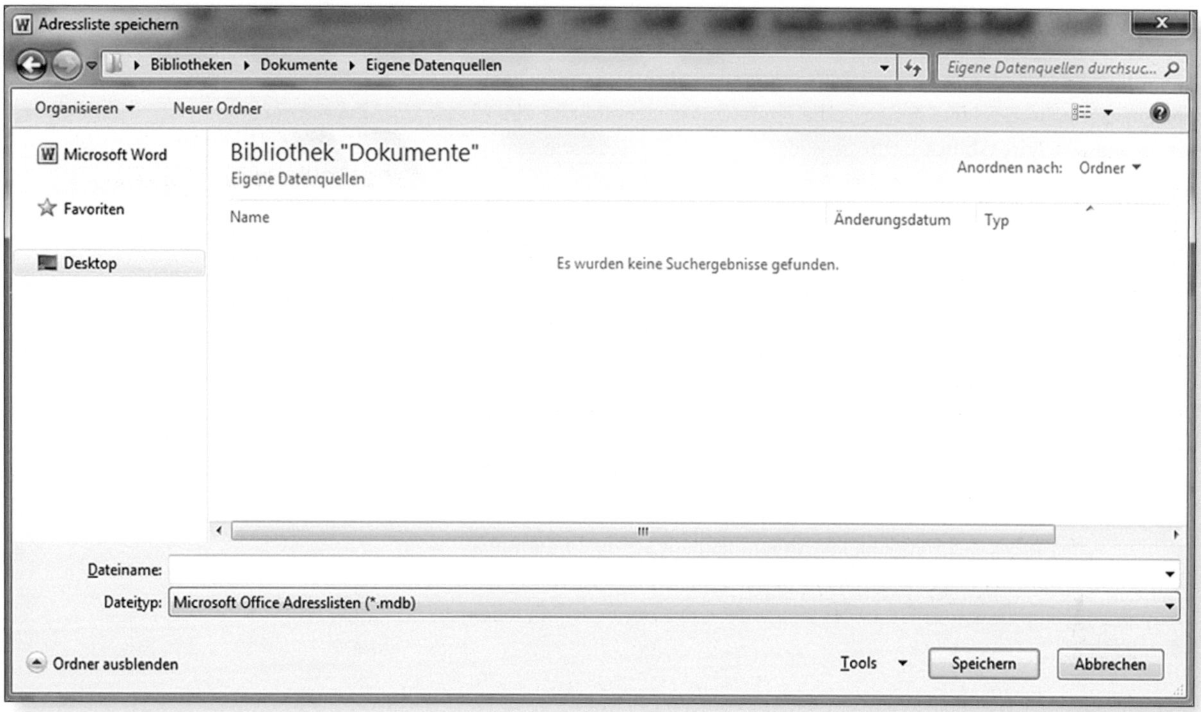

Seriendruckempfänger

Über das Dialogfeld **Seriendruckempfänger** können Sie nun bestimmen, an welche Personen der Serienbrief versendet werden soll.

Dazu klicken Sie jeweils in die Kontrollkästchen vor dem Nachnamen und stellen so Ihre **Empfängerliste** zusammen. Alternativ können Sie dies aber auch noch später erledigen.

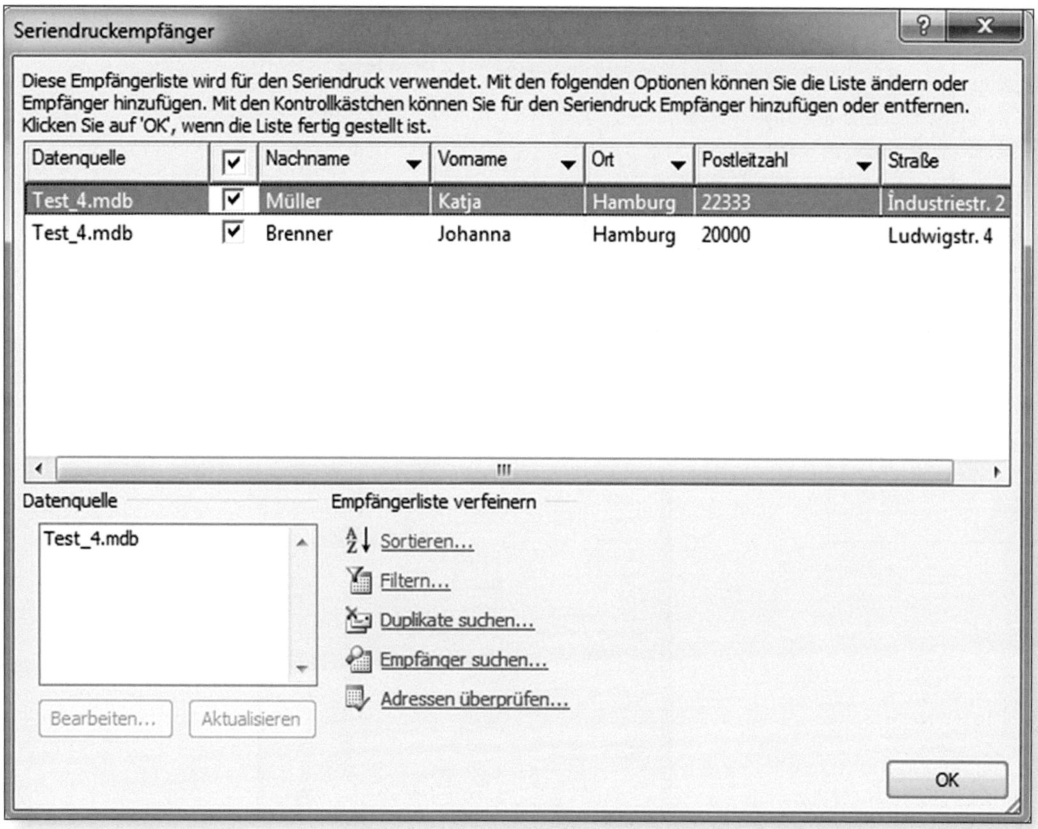

Vierter Schritt

Jetzt ist es an der Zeit, Ihr **Hauptdokument** zu **erstellen.**

Sie schreiben Ihren gewünschten Text in ein Word-Dokument.

Dabei fügen Sie an den dafür vorgesehenen Stellen auch **Seriendruckfelder** ein. Seriendruckfelder können vorbereitete, zusammengesetzte Elemente wie den **Adressblock** enthalten oder einzelne Elemente wie eine Kundennummer oder den Namen des Ansprechpartners. Einzelne Elemente fügen Sie über **Weitere Elemente** ein. Wählen Sie Ihre Datenbankfelder aus und bestätigen Sie mit **Einfügen.**

Die Seriendruckfelder erscheinen, wie vorher festgelegt, mit spitzen Doppelklammern eingerahmt im Hauptdokument und werden beim Ausdruck durch die Daten aus der Datenbank ersetzt, z. B.: «Kundennr».

Wenn sie als Seriendruckfeld **Adressblock** wählen, legen Sie zunächst die Adresselemente fest. Über den Schalter **Felder wählen** bestimmen Sie, welche Zeilen die Adresse umfassen soll, wobei Ihnen das Programm bereits eine Kombination aus verschiedenen Feldern vorschlägt. Felder, die in Ihrem Adressblock nicht vorkommen sollen, können Sie durch die Angabe (nicht übereinstimmend) ausblenden. Die möglichen Inhalte der Felder (Drop-down-Menü) entsprechen dabei den Feldern der zugrunde liegenden Datenbank.

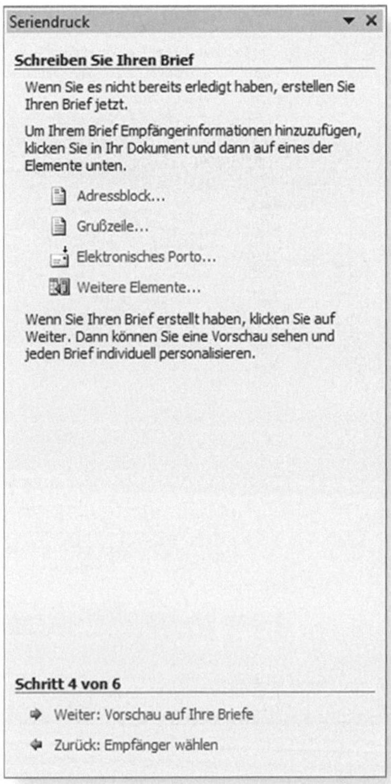

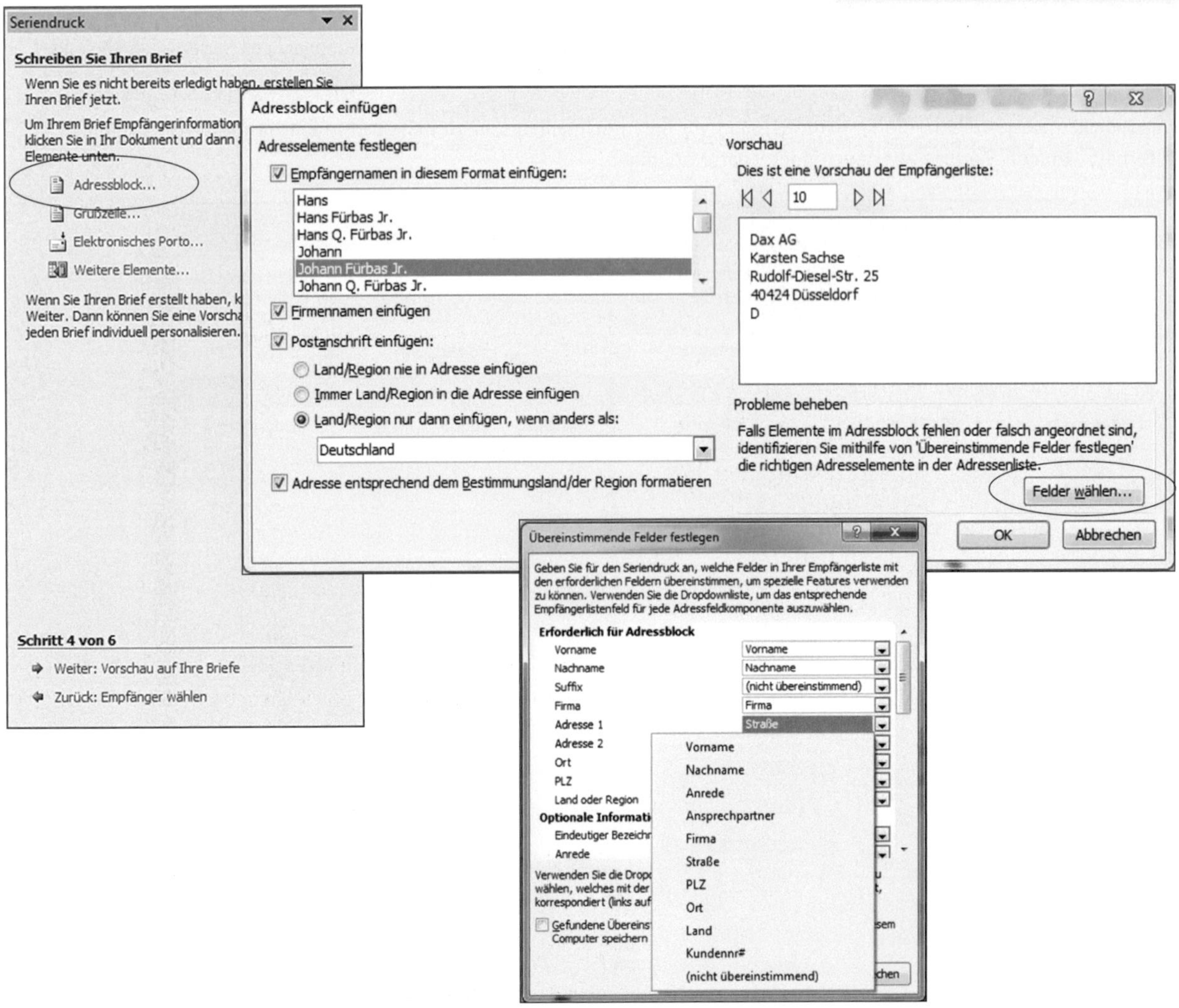

Fünfter Schritt

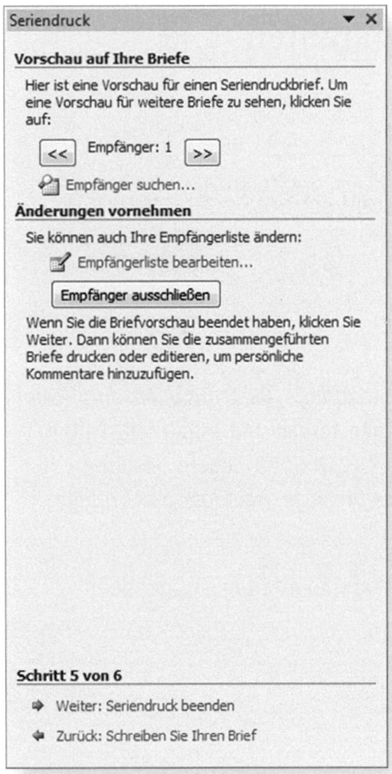

Ihr Serienbrief ist fast fertig.

Hier können Sie sich die einzelnen Seriendruckbriefe in einer Vorschau ansehen. Gehen Sie dazu auf die **Pfeil-Schaltfläche** und kontrollieren Sie die einzelnen Briefe.

Für die Vorschau können Sie auch auf die Schaltfläche **Vorschau Ergebnisse** in der Multifunktionsleiste **Sendungen** klicken.

Über die Schaltfläche **Empfängerliste bearbeiten** können Sie zum jetzigen Zeitpunkt auch noch Korrekturen einfügen.

Sechster Schritt

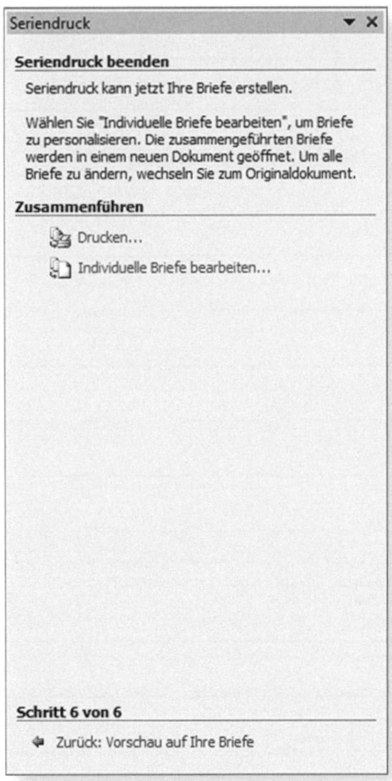

Im letzten Schritt werden die Briefe gedruckt. Klicken Sie dazu auf Drucken (spätestens jetzt sollten Sie auch Ihr Dokument abgespeichert haben):

Es öffnet sich das folgende Dialogfeld:

Hier können Sie bestimmen, welche Datensätze (Empfängerliste) ausgedruckt werden sollen.

Alternativ starten Sie den Druck über die Schaltfläche **Fertig stellen und zusammenführen** in der Registerkarte Sendungen der Multifunktionsleiste.

Arbeitsblatt 9.2 (2 Seiten) | Verknüpfung der Vorlagen Anfrage und Bestellung mit den Lieferanten- und Artikelstammdaten

1 Beantworten Sie die folgenden Wiederholungsfragen zum Informationsmaterial 9.1
- **a** Was versteht man unter einem Serienbrief und aus welchen beiden Teilen besteht er?
- **b** Welche Inhalte werden in der Datenbank und dem Hauptdokument gespeichert?
- **c** In welchen Schritten erfolgt die Serienbrieferstellung?
- **d** Welche Art von Dokumenten kann man als Serienbrief erstellen?
- **e** Wozu dient die Adressliste?

2 Öffnen Sie die zu überarbeitenden MS-Word-Vorlagen *Vorlage_Anfrage_alt.dotx* und *Vorlage_Bestellung_alt.dotx* (oder arbeiten sie mit den auf S. 122 abgedruckten Vorlagen). Überprüfen Sie die Vorlagen formal und inhaltlich. Fallen Ihnen Fehler auf, die Sie korrigieren müssen? Haben Sie Verbesserungsvorschläge? (DIN 5008-Regeln beachten! Siehe Informationsblatt 4.1) Speichern Sie die optimierten Vorlagen unter *Vorlage_Anfrage_neu.dotx* und *Vorlage_Bestellung_neu.dotx*.

3 Erstellen Sie nun aus Ihrer neuen Vorlage einen Serienbrief für die Anfrage nach Fahrradreifen mit folgenden Angaben:

Artikel	Menge	
Rennradreifen	100 Sets	

Firma	Ansprechpartner	Straße	PLZ	Ort	Kundennummer
Schwalle KG	Olaf Rille	Märkische Straße 36	44135	Dortmund	752333
Continent AG	Franz Rieger	Vahrenwalder Straße 99	30165	Hannover	141516

- **a** Welche Seriendruckfelder brauchen Sie, welche Angaben können Sie direkt im Hauptdokument ergänzen? Machen Sie eine Liste.

b Notieren Sie während der Gestaltung Ihres Serienbriefes die wesentlichen Schritte in der Menüführung.

____

____

____

____

____

____

____

c Speichern Sie den Serienbrief unter dem Namen *Anfrage_Rennreifen.docx.* Beachten Sie die Vorschriften der DIN 5008 zur Geschäftsbriefgestaltung.

4 Auf Ihre Anfrage erhalten Sie folgendes Angebot von der Firma Schwalle KG:

Schwalle

Schwalle KG · Märkische Str. 36 · 44135 Dortmund

Fly Bike Werke GmbH
Ann-Kathrin Nemitz-Müller
Rostocker Str. 334
26121 Dortmund

Ihr Zeichen: nem/prakt001
Ihre Nachricht vom: 25.03.20XX
Kunden-Nr.: 752333

Unser Zeichen:
Name: Olaf Rille
Telefon: +49 231 5281-936
Telefax: +49 231 5281-155
E-Mail: rille@schwalle.de

Datum: 1.04.20XX

Sehr geehrte Frau Nemitz-Müller,

vielen Dank für Ihre Anfrage zu unseren Rennradreifen. Wir unterbreiten Ihnen gern folgendes Angebot:

Stück	Bestellnr.	Artikel	Einzelpreis	Summe
100	0447	Renn Bereifung Ultra Sport, 2 St. Felgenbänder, Reifen, 2 St. Ultra Schlauch mit Ventil	74,20 €	7.420,00 €
			Summe	7.420,00 €
			20 % Rabatt	1.484,00 €
			Gesamtsumme	5.936,00 €
			19 % MwSt.	1.127,84 €
				7.063,84 €

Die Lieferfrist beträgt eine Woche, das Zahlungsziel ist 28 Tage. Bei Zahlung innerhalb von 14 Tagen gewähren wir 2 % Skonto. Die Lieferkosten betragen 240,00 €, die Lieferung erfolgt unter Eigentumsvorbehalt; Erfüllungsort und Gerichtsstand ist Dortmund.

Wir freuen uns, wenn Ihnen unser Angebot zusagt und halten uns 30 Tage daran gebunden.

Mit freundlichem Gruß

P.S.: Falls sie weitere Fragen zu diesem Angebot haben oder zusätzliche Informationen benötigen, erreichen Sie mich unter der Rufnummer 0231 5281-936

Schwalle KG
Märkische Straße 36
44135 Dortmund

www.schwalle.de
mail@schwalle.de

Bankkonten
Dortmunder Volksbank
IBAN DE06 4416 0014 0204 4001 23
BIC GENODEM1DOR

Geschäftsführer
Lennart Maberth

Handelsregister
Amtsgericht Dortmund
HR Dortmund 12964

Steuer Nr. 314/7878/9876

Nutzen Sie Ihre Vorlage und bestellen Sie die angebotenen Fahrradreifen. Speichern Sie Ihre Bestellung unter dem Namen *Bestellung_Rennreifen.docx.*

Aufgaben

Aufgabe 1
Erläutern Sie den Unterschied zwischen Anfrage und Bestellung.

Aufgabe 2
Beschreiben Sie den Ablauf der Serienbrieferstellung und benennen Sie zwei Vorteile gegenüber der manuellen Brieferstellung mit MS Word.

Aufgabe 3
Erstellen Sie den nach folgender E-Mail gewünschten Serienbrief.

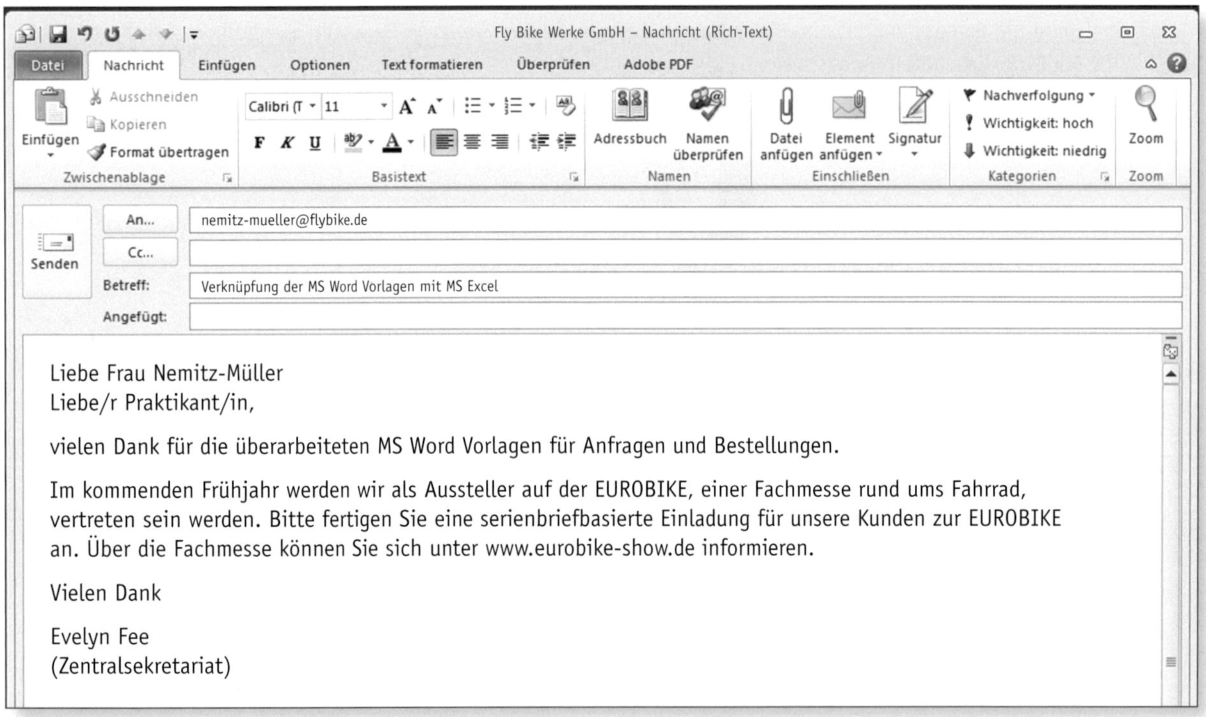
Fly Bike Werke GmbH – Nachricht (Rich-Text)

An... nemitz-mueller@flybike.de
Cc...
Betreff: Verknüpfung der MS Word Vorlagen mit MS Excel
Angefügt:

Liebe Frau Nemitz-Müller
Liebe/r Praktikant/in,

vielen Dank für die überarbeiteten MS Word Vorlagen für Anfragen und Bestellungen.

Im kommenden Frühjahr werden wir als Aussteller auf der EUROBIKE, einer Fachmesse rund ums Fahrrad, vertreten sein werden. Bitte fertigen Sie eine serienbriefbasierte Einladung für unsere Kunden zur EUROBIKE an. Über die Fachmesse können Sie sich unter www.eurobike-show.de informieren.

Vielen Dank

Evelyn Fee
(Zentralsekretariat)

Aufgabe 4
Erweitern Sie Ihre Lernkartei.

Aufgabe 5
Ergänzen Sie Ihr Lerntagebuch.

SB BWR ▸ Seite 147 ff. | Handlungsfeld 2, Kap. 2.1 bis 2.2
LS BWR ▸ Seite 138 ff. | Lernsituation 22

Quantitativer und qualitativer Angebotsvergleich

Situation

Fly Bike Werke GmbH

Hausmitteilung

Absender	Empfänger	mit der Bitte um
☐ Geschäftsführung	☐ Geschäftsführung	☐ Kenntnisnahme
☐ Zentralsekretariat	☐ Zentralsekretariat	☒ Erledigung
☐ Controlling	☐ Controlling	☐ Stellungnahme
☐ Einkauf/Logistik	☒ Einkauf/Logistik	
☒ Produktion	☐ Produktion	
☐ Verwaltung	☐ Verwaltung	
☐ Vertrieb	☐ Vertrieb	
☐ Frau/Herr	☒ Frau/~~Herr~~ Nemitz-Müller	

Liebe Frau Nemitz-Müller,

für einen Kundenauftrag benötigen wir 200 Fahrradschaltungen (Artikelbezeichnung: Renn Schaltung, Warengruppe 65, Artikelnummer 6505). Bitte bestellen Sie die Schaltungen bei unserem Lieferanten nach, da unser derzeitiger Inventurbestand nicht ausreicht. Vielen Dank!

Mit freundlichen Grüßen
Stefan Schneider
(Lagerabteilung)

Diese Hausmitteilung erhielt Frau Nemitz-Müller heute Vormittag aus dem Lager. Allerdings hat sie sich zu einer Fortbildung angemeldet und ist nur noch eine Stunde im Büro, bevor Sie nach Berlin aufbricht. Erst in drei Tagen wird sie wieder zurück sein. Da sie mit Ihrer Arbeit bisher sehr zufrieden war, bittet sie Sie, in der Zwischenzeit Angebote einzuholen. Sie kündigt Ihnen auch schon an, dass sie Ihnen nach Ihrer Rückkehr die Angebotsauswahl überlassen möchte.

Handlungsaufträge

1 Analysieren Sie die Problemstellung der Ausgangssituation und planen Sie Ihr Vorgehen. Erstellen Sie hierzu eine Übersicht wie im Arbeitsblatt 1.1.

2 Notieren Sie, welche Informationen Sie zur Nachbestellung der Schaltungen benötigen und überlegen Sie, woher Sie diese Informationen erhalten. Nutzen Sie hierzu Arbeitsblatt 10.1.

3 Formulieren Sie den Brieftext für die Anfragen an die Lieferanten, die Sie anschreiben möchten. Erstellen Sie anschließend mithilfe der Serienbriefvorlage Anfrage die Dokumente (Ergänzen Sie dabei Ihre Serienbriefdatenbank aus LS 9 um die möglichen Lieferanten für den Artikel Renn Schaltung). Speichern Sie Ihre Anfrage unter *Anfrage_Renn Schaltung.docx*.

4 Nach fünf Tagen liegen Ihnen drei Angebote der infrage kommenden Lieferanten vor (siehe S. 135). Frau Nemitz-Müller bittet Sie, einen quantitativen Angebotsvergleich durchzuführen und dazu die Vorlage auf Arbeitsblatt 10.2 zu nutzen.

5 Um zukünftig Arbeitszeit zu sparen, sollen Sie darüber hinaus ein Formular zum quantitativen Angebotsvergleich in MS Excel erstellen. Bilden Sie die Tabelle von Arbeitsblatt 10.2 in Excel nach und speichern Sie das Dokument unter dem Namen *quantitativer Angebotsvergleich.xlsx*. Führen Sie die Berechnungen mithilfe von Formeln durch und halten sie die Formeln in der zweiten Tabelle auf dem Arbeitsblatt 10.2 fest.

6 Treffen Sie eine begründete Entscheidung für einen der drei Lieferanten.

Arbeitsblatt 10.1 | Schaltungen nachbestellen

Benötigte Informationen	Herkunft der Informationen	Inhalt der Informationen
Was soll bestellt werden?		
Wie viel soll bestellt werden?		
Bei welchem Lieferanten soll bestellt werden?		
Zu welchen Konditionen soll bestellt werden?		

Tamino Deutschland GmbH

Tamino Deutschland GmbH • Immermannstr. 24 • 40210 Düsseldorf

Fly Bike Werke GmbH
Rostocker Str. 334
26121 Oldenburg

Ihr Zeichen: nem
Ihre Nachricht vom: 13.03.20XX
Unser Zeichen: TD13
Unsere Nachricht vom:

Name: Sebastian Freundlich
Telefon: 02 11 16 21 50
Telefax: 02 11 16 21 99
E-Mail: freund@Tamino.de

Datum: 17.03.20XX

Angebot Renn Schaltung

Sehr geehrte Frau Nemitz-Müller,

gern machen wir Ihnen ein Angebot für 200 Fahrradschaltungen zum Einzelpreis von 250,90 €. Da Sie bereits langjähriger Kunde bei uns sind, gewähren wir einen Rabatt in Höhe von 10 %. Bei Zahlung innerhalb von 30 Tagen können wir Ihnen zusätzlich 2 % Skonto einräumen. Die voraussichtliche Lieferzeit beträgt 7 Tage.

Mit freundlichen Grüßen

Tamino Deutschland GmbH

i. A. Sebastian Freundlich

DAX GMBH
Düsseldorf

Dax GmbH • Rudolf-Diesel-Str. 25 • 40424 Düsseldorf

Fly Bike Werke GmbH
Rostocker Str. 334
26121 Oldenburg

Ihr Zeichen: nem
Ihre Nachricht vom: 13.03.20XX
Unser Zeichen: DX
Unsere Nachricht vom:

Name: Karsten Sachse
Telefon: 02 11 8 91 73 26
Telefax: 02 11 8 91 79 99
E-Mail: sachse@dax.de

Datum: 18.03.20XX

Angebot Fahrradschaltung „Rennschaltung"

Sehr geehrte Frau Nemitz-Müller,

herzlichen Dank für Ihre Anfrage. Im Folgenden erhalten Sie ein Angebot für 200 Fahrradschaltungen zum Einzelpreis von 230,50 €. Aufgrund der Abnahmemenge von 200 Stück können wir Ihnen einen Mengenrabatt von 7 % einräumen. Bei Zahlung innerhalb von 30 Tagen können wir Ihnen zusätzlich 3 % Skonto gewähren. Die voraussichtliche Lieferzeit beträgt 5 Tage. Für die Lieferung werden außerdem Frachtkost in Höhe von 3 % des Bareinkaufspreises fällig.

Mit freundlichen Grüßen

Dax GmbH

i. A. Karsten Sachse

JITENSHA INC

Jitensha inc. • 4-4-10 Minami-Azabu, Minato-ku • 106-0047 Tokyo

Fly Bike Werke GmbH
Ann-Kathrin Nemitz-Müller
Rostocker Str. 334
26121 Oldenburg

Angebot

Sehr geehrte Frau Nemitz-Müller,

vielen Dank für Ihre Anfrage zu unseren Fahrradschaltungen. Wir unterbreiten Ihnen gern folgendes Angebot:

Stück	Bestellnr.	Artikel	Einzelpreis	Summe
200	u-239	Rennschaltung 24-Gang mit Zahnkranz, Schallwerk, Umwerfer, Kette und Schaltgriffen	214,25 €	42.850,00 €
			Summe	42.850,00 €
			12 % Rabatt	5.142,00 €
			Gesamtsumme	37.708,00 €
			19 % MwSt.	7.164,52 €
				44.872,52 €

Die Lieferfrist beträgt 14 Tage, das Zahlungsziel ist 30 Tage. Bei Zahlung innerhalb von 14 Tagen gewähren wir 2 % Skonto. Die Lieferkosten betragen 340,00 € netto, die Lieferung erfolgt über unseren Deutschlandvertrieb in Dortmund und unter Eigentumsvorbehalt; Erfüllungsort und Gerichtsstand ist Dortmund.

Wir freuen uns, wenn Ihnen unser Angebot zusagt und halten uns 30 Tage daran gebunden.

Mit freundlichem Gruß

i. A. Akiko Hanage

PS: Falls Sie weitere Fragen zu diesem Angebot haben oder zusätzliche Informationen benötigen, erreichen Sie unseren Vertrieb, Frau Nakamura, unter Rufnummer 0231 5281-338

Arbeitsblatt 10.2 (2 Seiten) | Quantitativer Angebotsvergleich

Rufen Sie sich mithilfe Ihres BWR-Buches noch einmal Aufgabe und Inhalt von Angebotsvergleichen ins Gedächtnis.

1 Wonach richten sich die Kaufentscheidungen bei einem quantitativen Angebotsvergleich?

2 Erläutern Sie die Größen, die sie unter 1 genannt haben.

3 Welche Faktoren bleiben beim quantitativen Angebotsvergleich unberücksichtigt?

4 Führen Sie mithilfe der Tabelle auf der folgenden Seite einen quantitativen Angebotsvergleich für die Rennschaltungsangebote durch. Zu welchem Ergebnis kommen Sie?

Quantitativer Angebotsvergleich Renn Schaltung

Datum: ______________________ Artikelnummer: __________ Menge: ________

Lieferant						
	%	Betrag	%	Betrag	%	Betrag
Einzelpreis						
Gesamtpreis						
– Lieferantenrabatt						
= Zieleinkaufspreis						
- Lieferantenskonto						
= Bareinkaufspreis						
+ Bezugskosten						
= Bezugspreis gesamt						
= Bezugspreis je Stück						

5 Übertragen Sie Ihre Tabelle in Excel und berechnen Sie den günstigsten Lieferanten mithilfe der Formeln, die Sie bereits in LS 6 kennengelernt haben. Tragen sie die Formeln in die nachstehende Tabelle ein.

Hinweis
Die Formel für den günstigsten Bezugspreis je Stück enthält eine Min-Funktion, die Formel für den günstigsten Anbieter eine verschachtelte Wenn-Funktion.

	A	B	C	D	E	F	G	H
1	Quantitativer Angebotsvergleich Renn Schaltung							
2								
3	Datum:							
4	Artikelnummer							
5	Menge							
6								
7	Lieferant							
8		%	Betrag	%	Betrag	%	Betrag	
9	Einzelpreis							
10	Gesamtpreis							
11	– Lieferantenrabatt							
12	= Zieleinkaufspreis							
13	– Lieferantenskonto							
14	= Bareinkaufspreis							
15	+ Bezugskosten							
16	= Bezugspreis gesamt							
17	= Bezugspreis je Stück							
18								
19	günstigster Preis:							
20	günstigster Anbieter:							

Folgesituation

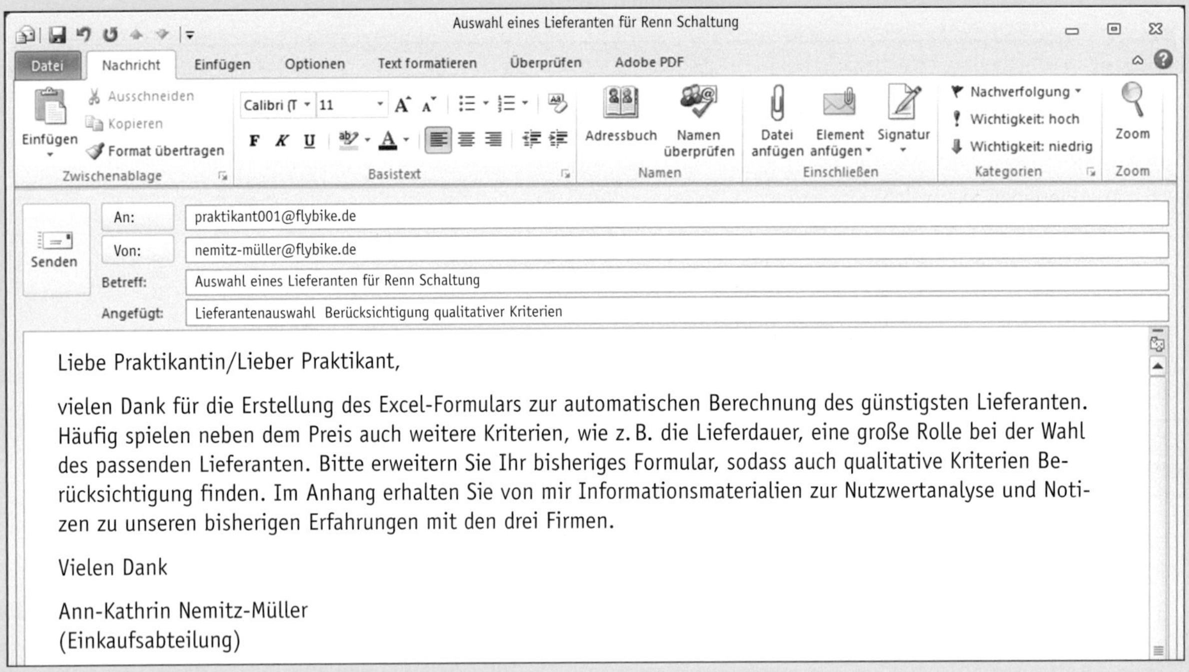

An: praktikant001@flybike.de
Von: nemitz-müller@flybike.de
Betreff: Auswahl eines Lieferanten für Renn Schaltung
Angefügt: Lieferantenauswahl Berücksichtigung qualitativer Kriterien

Liebe Praktikantin/Lieber Praktikant,

vielen Dank für die Erstellung des Excel-Formulars zur automatischen Berechnung des günstigsten Lieferanten. Häufig spielen neben dem Preis auch weitere Kriterien, wie z. B. die Lieferdauer, eine große Rolle bei der Wahl des passenden Lieferanten. Bitte erweitern Sie Ihr bisheriges Formular, sodass auch qualitative Kriterien Berücksichtigung finden. Im Anhang erhalten Sie von mir Informationsmaterialien zur Nutzwertanalyse und Notizen zu unseren bisherigen Erfahrungen mit den drei Firmen.

Vielen Dank

Ann-Kathrin Nemitz-Müller
(Einkaufsabteilung)

Handlungsaufträge

1 Sichten Sie die Aktennotizen zu den Lieferanten Tamino Deutschland, Jitensha INC und Dax GmbH. Lesen Sie sich anschließend die Informationen auf Arbeitsblatt 10.3 zur Nutzwertanalyse durch und wiederholen Sie Ihr Wissen aus dem BWR-Unterricht.

2 Führen Sie mithilfe von Excel und Arbeitsblatt 10.3 eine Nutzwertanalyse für die drei möglichen Lieferanten der Rennschaltungen durch und speichern Sie Ihre Ergebnisse aus Arbeitsblatt 10.3 unter dem Namen *qualitativer Angebotsvergleich.xlsx*.

3 Sammeln Sie Argumente für und wider eine Nutzwertanalyse und formulieren Sie eine begründete Empfehlung für einen der drei Lieferanten.

4 Bereiten Sie auf maximal zwei Seiten eine kurze, aussagekräftige Präsentation Ihrer Ergebnisse vor. Nutzen Sie hierzu entweder Word oder PowerPoint.

5 Geben Sie dem Vortragenden nach der Präsentation ein Feedback. Sie können dazu wieder auf Arbeitsblatt 1.5 aus Lernsituation 1 zurückgreifen.

Aktennotizen zu den Lieferanten des Artikels „Renn Schaltung"

Tamino Deutschland:

Bei dem Lieferanten haben wir bereits zahlreiche andere Artikel bestellt. Sowohl mit der Qualität der Ware als auch mit dem Reklamationsverhalten waren wir in der Vergangenheit sehr zufrieden. Die Liefertermine werden meist eingehalten. Leider produziert der Lieferant nicht nach neuesten ökologischen Standards, hält allerdings gesetzliche Mindestanforderungen ein.

Dax GmbH

Die Dax GmbH mit Sitz in Düsseldorf ist ein relativ neuer Lieferant. Kurze Lieferzeiten und hohe Qualität der Waren zeichnen das Unternehmen aus. Lediglich bei Reklamationen gab es kleinere Probleme in der Vergangenheit. Zum Beispiel hatten Tests ergeben, dass Trikots des Herstellers teilweise schadstoffbelastet waren.

Jitensha INC

Mit dem Lieferanten haben wir bislang nur vereinzelt Verträge abgeschlossen. Leider hat das Unternehmen aufgrund seines Sitzes in Japan, lange Lieferzeiten. Auch die Reklamation gestaltete sich problematisch. Die Lieferbeziehungen wurden beibehalten, da das Unternehmen qualitativ sehr hochwertige Produkte liefert und alle europäischen Umweltvorschriften erfüllt.

Arbeitsblatt 10.3 (2 Seiten) | Nutzwertanalyse

Die Nutzwertanalyse ist ein Verfahren, das Ihnen dabei hilft, verschiedene Alternativen miteinander zu vergleichen, um dadurch die Alternative herauszufinden, die Sie selbst für die beste halten. Dabei gehen Sie folgendermaßen vor:

1. Schritt: Wählen Sie Entscheidungskriterien aus, die Sie für wichtig halten und nach denen Sie die Alternativen vergleichen möchten.
2. Schritt: Überlegen Sie, welches Kriterium am wichtigsten ist und welches am unwichtigsten ist. Sortieren Sie die anderen Kriterien zwischen diese beiden Eckpositionen nach ihrer Wichtigkeit ein.
3. Schritt: Bewerten Sie die Kriterien indem Sie, je nach Wichtigkeit, Punkte von 1 bis 10 vergeben.

   10 Punkte → höchste Wichtigkeit

   1 Punkt → geringste Wichtigkeit
4. Schritt: Vergeben Sie nun Punkte für jedes Kriterium, wie gut das einzelne Angebot dieses Kriterium erfüllt. Auch hier gilt:

   10 Punkte → erfüllt Kriterium am besten.

   1 Punkt → erfüllt Kriterium am schlechtesten.
5. Schritt: Multiplizieren Sie nun die vergebenen Punkte mit der Wichtigkeit. Sie erhalten einen Punktwert je Kriterium. Addieren Sie dann die einzelnen Punktwerte für jedes Angebot zusammen.

Das Angebot mit den meisten Punkten ist dann die beste Lösung.

1. Welche Kriterien sollen die Rennschaltungen bzw. die Lieferanten erfüllen?

____

____

2. Wie wichtig sind diese Kriterien? Vergeben Sie Punkte von 1 bis 10.

____

____

3. Wie gut erfüllen die Angebote die einzelnen Kriterien? Vergeben Sie Punkte von 1 bis 10.

____

____

4. Welchen Punktwert erreichen die einzelnen Angebote je Kriterium?

____

____

Erstellen Sie nun folgende Vorlage für eine Nutzwertanalyse in Excel.

	A	B	C	D	E	F	G	H	I
1									
2		Nutzwertanalyse							
3									
4		Kriterium	Gewichtungsfaktor	Angebot 1		Angebot 2		Angebot 3	
5				Punkte	Punktwert	Punkte	Punktwert	Punkte	Punktwert
6									
7									
8									
9									
10									
11									
12									
13									
14									
15									
16									
17									
18									
19									
20		Gesamtergebnis							
21									
22		Bestes Ergebnis			Bestes Angebot				
23									

Listen Sie die Kriterien zunächst auf einem gesonderten Tabellenblatt *Kriterien* auf. Erstellen Sie dann die Vorlage auf dem Tabellenblatt *Analyse*.

Ergänzen Sie geeignete kopierfähige Formeln in den Zellen E6 bis E19, G6 bis G19, I6 bis I19 sowie in den hellgrau unterlegten Zellen für „Gesamtergebnis", „Bestes Ergebnis" und „Bestes Angebot".
Nennen Sie die Datei *Nutzwertanalyse.xlsx*.

Übertragen sie Ihre Werte und Formeln auch in die Tabelle auf dieser Seite.

Hinweis
Die Formel für „Bestes Angebot" enthält eine Kombination aus verschachtelter WENN-Funktion und MAX-Funktion.

Aufgaben

Aufgabe 1
Quantitativer und qualitativer Angebotsvergleich

Werten Sie die folgenden Angebote für die Fahrradhelme Standard und 1A mithilfe eines quantitativen und qualitativen Angebotsvergleichs aus. Ziehen Sie dazu auch die hier ebenfalls abgebildeten Aktennotizen zu Rate.

Bereiten Sie sich darauf vor, Ihre Ergebnisse zu präsentieren.

CYCLE TOOLS IMPORT GMBH

Am Sandtorkai 30 · 20457 Hamburg

Fly Bike Werke GmbH
Abteilung Einkauf
Rostocker Straße 334
26121 Oldenburg

Ihr Zeichen, Ihre Nachricht vom	Unsere Zeichen, Unsere Nachricht vom	Telefon	Kunden-Nr.	Datum
PI	WE			24.04.20XX

Angebot

Sehr geehrte Frau Nemitz-Müller,

gerne bieten wir Ihnen die gewünschten Fahrradhelme in zwei unterschiedlichen Qualitäten freibleibend an.

Anzahl	Artikelnr.	Artikelbezeichnung	Listenverkaufspreis pro Stück	Rabatt
100	789	Fahrrad-Helm Premium	39,95 €	30 %
100	788	Fahrrad-Helm Standard	30,33 €	25 %

Die Versand- und Verpackungskosten betragen 5 % des Warenwertes.

Die Preise verstehen sich zuzüglich 19 % Mehrwertsteuer. Die Zahlung ist innerhalb von 14 Tagen zu leisten. Bei Zahlung innerhalb von 7 Tagen gewähren wir 3 % Skonto. Die Lieferung erfolgt per Lkw direkt nach der Bestellung.

Mit freundlichen Grüßen

Weeseler

Martin Weeseler

Fahrradteile International GmbH
Borgwardstr. 16 – 28309 Bremen

Fly Bike Werke GmbH
Abteilung Einkauf
Rostocker Straße 334
26121 Oldenburg

Ihr Zeichen, Ihre Nachricht vom	Unsere Zeichen, Unsere Nachricht vom	Telefon	Kunden-Nr.	Datum
PI	IT			23.04.20XX

Angebot

Sehr geehrte Frau Nemitz-Müller,

wir danken Ihnen für Ihr Interesse an unseren Artikeln. Ihren Wunsch erfüllen wir gerne und bieten Ihnen freibleibend an:

Anzahl	Artikelnr.	Artikelbezeichnung	Listenverkaufspreis pro Stück	Rabatt
100	11457	Fahrrad-Helm 1A	43,78 €	32 %
100	11458	Fahrrad-Helm Standard	30,99 €	28 %

Die Versand- und Verpackungskosten betragen 3 % des Warenwertes.

Die Preise verstehen sich zuzüglich 19 % Mehrwertsteuer. Die Zahlung ist innerhalb von 14 Tagen zu leisten. Bei Zahlung innerhalb von 7 Tagen gewähren wir 2 % Skonto.

Die Lieferung erfolgt per LKW direkt nach der Bestellung.

Mit freundlichen Grüßen

Itze

Kevin Itze

Aktennotiz: Cycle-Tools-Import GmbH

Mit diesem Lieferanten besteht noch keine intensive Lieferantenbeziehung, es erfolgten erst wenige Lieferungen. Die Bestellabwicklung läuft im Allgemeinen gut. Die Liefertermine wurden bisher, bis auf eine Ausnahme, pünktlich eingehalten. Reklamationen wurden vom Kundendienst äußerst kulant und großzügig bearbeitet. Der Hersteller zeichnet sich besonders aufgrund seiner exzellenten Qualität aus. Er hat in innovative Herstellungsverfahren investiert und stellt die Helme unter strengen ökologischen Gesichtspunkten her.

Aktennotiz: Fahrradteile International GmbH

Es bestehen sehr intensive Lieferantenbeziehungen und die Abwicklung der bisherigen Lieferungen erfolgte zufriedenstellend. Die Liefertermine wurden weitgehend eingehalten. Es gab bisher eine Reklamation, die erst nach mehrmaligen Rückfragen erledigt wurde. Die Qualität der Produkte ist gut. Auf ökologische Aspekte wird bei der Herstellung der Produkte zwar geachtet – dies könnte aber noch intensiviert werden.

Lernsituation 11

Lagerhaltung optimieren

SB BWR ▶ Seite 178 ff. | Handlungsfeld 2, Kap. 7.3, 7.4
Seite 190 ff. | Handlungsfeld 2, Kap. 9.2
Seite 165 | Handlungsfeld 2, Kap. 6.2

LS BWR ▶ Seite 164 ff. | Lernsituation 27
Seite 179 ff. | Lernsituation 31
Seite 160 ff. | Lernsituation 26

Situation

Als Praktikant unterstützen Sie zurzeit Frau Nemitz-Müller in der Einkaufsabteilung. Sie hat Ihnen folgende Hausmitteilung weitergeleitet, mit der Bitte die geforderten Daten für sie aufzubereiten.

Hausmitteilung

Fly Bike Werke GmbH

Absender	Empfänger	mit der Bitte um
☒ Geschäftsführung	☐ Geschäftsführung	☐ Kenntnisnahme
☐ Zentralsekretariat	☐ Zentralsekretariat	☒ Erledigung
☐ Controlling	☐ Controlling	☐ Stellungnahme
☐ Einkauf/Logistik	☐ Einkauf/Logistik	
☐ Produktion	☐ Produktion	
☐ Verwaltung	☐ Verwaltung	
☐ Vertrieb	☐ Vertrieb	
☐ Frau/Herr	☒ Frau/~~Herr~~ Nemitz-Müller	

Sehr geehrte Frau Nemitz-Müller,

ich habe für kommenden Freitag eine Sitzung mit allen Abteilungsleitern angesetzt, um die Kostenentwicklung der letzten zwei Jahre zu besprechen. Bitte werten Sie für die Konferenz die Lagerhaltung für unsere drei Top-Seller Fahrrad City Glide, Fahrrad Trekking Free und Mountain Dispo aus.

Mit freundlichen Grüßen

Hans Peters
(Geschäftsführung)

Handlungsaufträge

1 Welche Problemstellung ergibt sich aus der Situation? Welche Arbeitsschritte sind notwendig? Erstellen Sie eine Übersicht entsprechend Arbeitsblatt 1.1.

2 Welche Möglichkeiten zur Auswertung der Lagerbestände kennen Sie? Erstellen Sie mithilfe des Arbeitsblattes 11.1 eine Übersicht.

3 Werten Sie die Lagerhaltung des vorletzten und letzten Geschäftsjahrs mit einem Tabellenkalkulationsprogramm (Excel) aus.

4 Vergleichen Sie die drei Top-Seller, indem Sie die Ergebnisse folgender Kennzahlen jeweils in einem Diagramm gegenüberstellen:
- **a** Durchschnittlicher Lagerbestand
- **b** Umschlagshäufigkeit
- **c** Durchschnittliche Lagerdauer
- **d** Lagerzinsen

5 Bilden Sie Gruppen zu jeweils 4 Schülerinnen/Schülern und bereiten Sie in jeder Gruppe eine Ergebnispräsentation für die Abteilungsleiterkonferenz vor.

6 Geben sie nach jeder Präsentation ein Feedback. Dazu können sie den Feedbackbogen aus Lernsituation 1 nutzen (vgl. Arbeitsblatt 1.5)

Informationsmaterial:

Fahrrad City Glide		
	vorletztes Geschäftsjahr	letztes Geschäftsjahr
Anschaffungskosten je Stück	185,00 €	195,00 €
Jahresverbrauch	375	546
Höchstbestand	150	150
Bestellmenge je Bestellung	20	25
Mindestbestand	80	80
Jahreszinssatz	5 %	4 %

Fahrrad Trekking Free		
	vorletztes Geschäftsjahr	letztes Geschäftsjahr
Anschaffungskosten je Stück	222,00 €	250,00 €
Jahresverbrauch	525	576
Höchstbestand	220	250
Bestellmenge je Bestellung	35	40
Mindestbestand	100	100
Jahreszinssatz	5 %	4 %

Fahrrad Mountain Dispo		
	vorletztes Geschäftsjahr	letztes Geschäftsjahr
Anschaffungskosten je Stück	270,00 €	290,00 €
Jahresverbrauch	675	636
Höchstbestand	80	100
Bestellmenge je Bestellung	35	40
Mindestbestand	50	50
Jahreszinssatz	5 %	4 %

Arbeitsblatt 11.1 | Lagerkennzahlen

Lagerkennzahl	Formel	Bedeutung der Lagerkennzahl

Folgesituation 1

Sie erhalten eine E-Mail von Frau Nemitz-Müller: Für die Konferenz der Abteilungsleiter benötigt sie zusätzlich noch eine Übersicht über die Artikel mit den größten und kleinsten Wertanteilen am Lagerbestand. In Ihre Auswertung sollen Sie die folgenden Artikel mit einbeziehen.

E-Mail Anhang: Artikelübersicht

Artikelbezeichnung	Durchschnittlicher Lagerbestand	Einkaufspreis
Trekking, Rahmen 52	250	265,00 €
Trekking, Rahmen 56	230	280,00 €
Trekking, Rahmen 60	215	310,00 €
Mountain Dispo, Rahmen 40	190	420,00 €
Mountain Dispo, Rahmen 48	180	435,00 €
Mountain Dispo, Rahmen 56	180	445,00 €
Renn, Rahmen 50	90	1.365,00 €
Renn, Rahmen 54	80	1.365,00 €
Renn, Rahmen 56	70	1.450,00 €
City Bike, Rahmen 52	200	275,00 €
City Bike, Rahmen 56	195	285,00 €
City Bike, Rahmen 60	190	295,00 €
Kids, Rahmen 35	150	145,00 €
Kids, Rahmen 38	160	150,00 €
Kids, Rahmen 45	170	155,00 €

Handlungsaufträge

1 Notieren Sie die beiden Fachbegriffe für Artikel, die einen hohen bzw. einen niedrigen Wertanteil am Lagerbestand haben, und erläutern Sie, worauf man im Beschaffungsprozess bei diesen Güterarten achten muss.

2 Erläutern Sie, mit welchem Instrument man diese beiden Arten von Artikeln darstellen kann und welche zentralen Schritte man bei der Analyse durchführen muss.

3 Führen Sie die ABC-Analyse für die Fahrradrahmen durch.

- **a** Nutzen Sie hierzu ein Tabellenkalkulationsprogramms (Excel) und erstellen Sie eine Tabelle nach dem Muster auf S. 147.
- **b** Übernehmen Sie dazu zunächst die Spalteninhalte aus der Artikelübersicht und führen Sie anschließend die in Aufgabe 2 aufgelisteten Schritte durch. Arbeiten Sie dabei mit kopierbaren Formeln. Wenn sie Hilfe benötigen, schlagen Sie auch noch einmal in Lernsituation 6 nach. Speichern Sie die Datei unter *ABC-Analyse Rahmen.xls*.
- **c** Auch die Kategorie der Güter (Spalte 7) soll mithilfe einer geeigneten Funktion automatisch ausgegeben werden. Hierbei gibt die Geschäftsführung vor, dass alle Artikel, bis zu einem kumulierten Verbrauchswert von 80 % A-Güter sind. Bei den C-Gütern soll der kumulierte Wert der Verbrauchswerte lediglich 5 % betragen.
- **d** Stellen Sie die Ergebnisse der ABC-Analyse in einem Punktdiagramm dar (siehe hierzu Informationsblatt 11.1) und drucken Sie Ihre Ergebnisse auf einer DIN-A4-Seite aus.
- **e** Halten Sie die Zeilenbeschriftung sowie Ihre Formeln für die ersten drei Zeilen auch noch einmal handschriftlich in der Tabelle auf S. 147 fest.

	A	B	C	D	E	F	G	H	I
1									
2									
3	1 Artikelbezeichnung	2 Durchschnittl. Lagerbestand	3 Einkaufs-preis	4 Verbrauchswert in €	5 kumulierte Verbrauchswerte	6 Prozentuale Anteile am Wert	7 Kategorie der Artikel	8 kumulierte Verbrauchsmenge	9 Anteil an der Verbrauchsmenge
4									
5									
6									
7									
8									
9									
10									
…									

Informationsblatt 11.1 (2 Seiten) | Punktdiagramme erstellen

In einem Punkt- oder auch XY-Diagramm werden Daten anhand von X- und Y-Koordinaten erfasst und in einer Fläche eingetragen. Punktdiagramme werden normalerweise zum Anzeigen und Vergleichen von numerischen Werten (z. B. von wissenschaftlichen, statistischen und technischen Daten) verwendet.

Ein Punktdiagramm mit Verbindungslinie und ein Liniendiagramm sehen sehr ähnlich aus. Allerdings haben Punktdiagramme zwei Werteachsen. Größere Abstände auf den Achsen bedeuten entsprechend größere Unterschiede der dargestellten Werte.

Liniendiagramme hingegen haben nur eine Werteachse, die andere ist die Rubrikenachse. Rubriken unterscheiden sich in der Regel nur qualitativ, z. B. unterschiedliche Anbieter, Artikel, Regionen, oder ordinal, geben also eine Reihenfolge an.

Vorgehensweise zur Erstellung eines Liniendiagramms:

Jahr	Anzahl der Reklamationen
1990	30
1992	28
1996	26
2000	25
2006	24
2008	24
2009	19
2011	18
2012	17
2013	15

Im folgenden Beispiel soll die Anzahl von Reklamationen in verschiedenen Jahren bei der Fly Bike Werke GmbH ausgewertet werden. Zunächst stellt sich die Frage, ob die Daten mit einem Linien- oder Punktdiagramm dargestellt werden sollen.

Treffen Sie eine begründete Entscheidung für einen Diagrammtyp.

____

____

____

____

____

____

Erstellen Sie die Tabelle mit den Datenpaaren in Excel und speichern Sie sie unter dem Namen *Reklamation.xlsx*. Führen Sie anschließend die folgenden Schritte zur Diagrammerstellung durch.

1. Klicken Sie mit der Maus in eine leere Zelle. Wählen Sie über die Karteikarte **Einfügen** einen passenden Diagrammtyp.

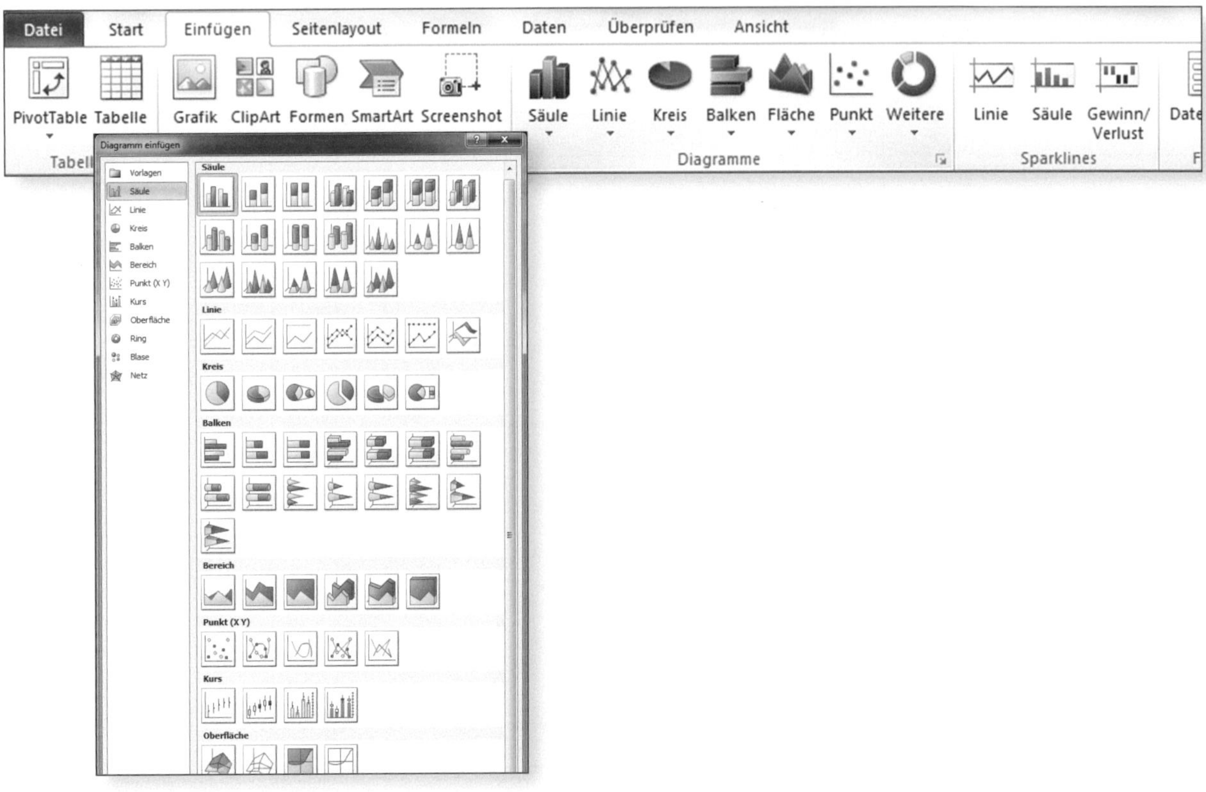

2. Rufen Sie im leeren Diagrammbereich mit der rechten Maustaste das Kontextmenü auf und wählen Sie den Menüpunkt **Daten auswählen** aus.

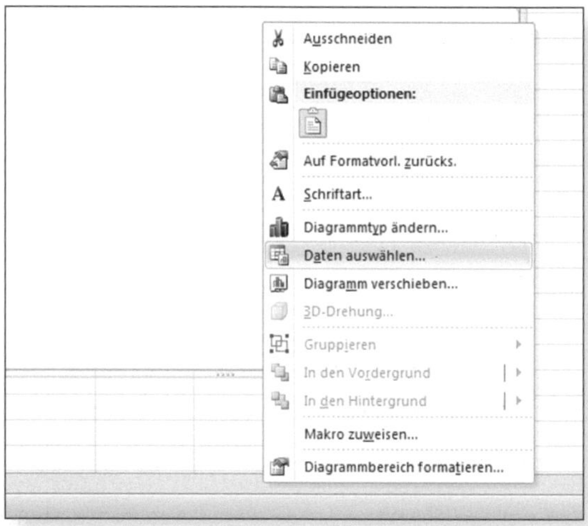

Ergänzen Sie über das Dialogfenster über den Button **Hinzufügen** die Daten.

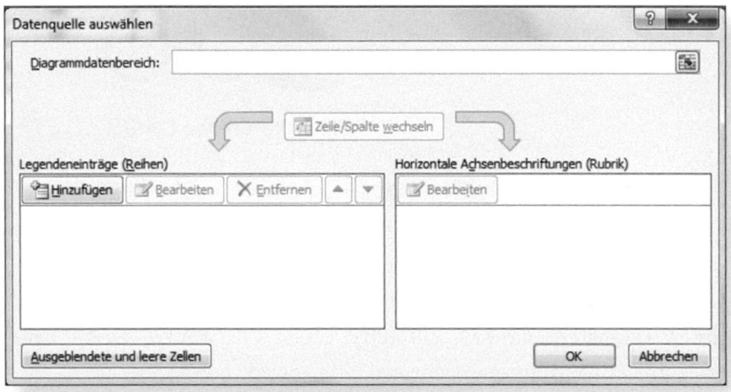

3. Wählen Sie als Reihenname die Überschrift „Anzahl der Reklamationen" aus. Welche Werte gehören zur Reihe X?

____

Welche Werte gehören zur Reihe Y?

____

4. Bestätigen Sie die beiden geöffneten Dialogfenster jeweils mit *OK*.

5. Im fertigen Diagramm wird die Jahreszahl 1985 im Nullpunkt auf der X-Achse angezeigt. Damit die X-Achse bei 1990 beginnt, machen Sie einen Rechtsklick auf die Jahreszahlen und wählen Sie **Achse formatieren**.

6. Setzen Sie bei **Minimum** den Haken bei **Fest** und geben Sie die Jahreszahl 1990 ein. Schließen Sie das Dialogfenster.

7. Ergänzen Sie abschließend eine passende Überschrift und die X- und Y-Achsenbeschriftung.

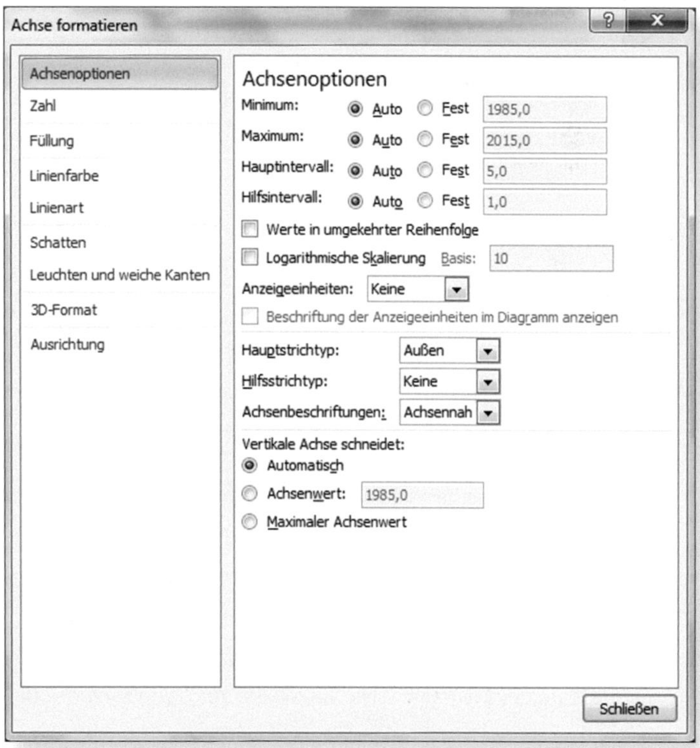

Folgesituation 2

Im Anschluss an die Abteilungsleiterkonferenz erhalten alle Praktikanten in der Einkaufsabteilung der Fly Bike Werke GmbH folgende Hausmitteilung.

Hausmitteilung

Fly Bike Werke GmbH

Absender	Empfänger	mit der Bitte um
☐ Geschäftsführung	☐ Geschäftsführung	☐ Kenntnisnahme
☐ Zentralsekretariat	☐ Zentralsekretariat	☒ Erledigung
☐ Controlling	☐ Controlling	☐ Stellungnahme
☒ Einkauf/Logistik	☐ Einkauf/Logistik	
☐ Produktion	☐ Produktion	
☐ Verwaltung	☐ Verwaltung	
☐ Vertrieb	☐ Vertrieb	
☒ Frau Nemitz-Müller	☒ ~~Frau/Herr~~ An alle Praktikanten	

Liebe Praktikanten,

die Analyse der Lagerkosten auf der letzten Abteilungsleiterkonferenz hat ergeben, dass im vergangenen Geschäftsjahr hohe Bestell- und Lagerkosten angefallen sind. Ich bitte Sie daher, folgende Lagerdaten für den Top-Seller Mountain Bike Dispo zu überprüfen und die optimale Bestellhäufigkeit zu berechnen.

- Artikelnummer: 3013
- Artikelbezeichnung: Mountain Dispo Rahmenhöhe 56
- Einkaufspreis je Stück: 320,00 €
- Jahresbedarf: 800 Stück
- Kosten je Bestellung: 250,00 €
- Kosten der Lagerhaltung: 10 % des durchschnittlichen Lagerbestands

Bitte stellen Sie mir Ihre fertigen Ergebnisse heute Nachmittag vor.

Mit freundlichen Grüßen

Ann-Kathrin Nemitz-Müller
(Leiterin der Einkaufsabteilung)

Handlungsaufträge

1 Notieren Sie die wichtigsten Arbeitsschritte zur Berechnung der optimalen Bestellmenge.

2 Planen Sie ein geeignetes Tabellenlayout zur Berechnung der Bestell-, Lager- und Gesamtkosten für das Mountain Bike Dispo. Verwenden Sie Ihr BWR-Buch und recherchieren Sie ggf. im Internet.

3 Berechnen Sie die Bestell- und Lagerkosten mithilfe von MS Excel und speichern Sie Ihre Datei unter dem Dateinamen *optimale Bestellmenge Mountainbike Dispo.xlsx*.

4 Werten Sie die Bestell-, Lager- und Gesamtkosten des Einkaufs mithilfe eines geeigneten Diagramms aus. Begründen Sie die Wahl des Diagrammtyps. Nutzen Sie zur Gestaltung des Diagramms auch Informationsblatt 11.2.

5 Lassen Sie die optimale Bestellanzahl in einer separaten Spalte mithilfe einer geeigneten Funktion automatisch ausgeben.

6 Drucken Sie Ihre Ergebnisstabelle auf einer DIN-A4-Seite aus, indem Sie ggf. die Seitenränder und Spaltenbreiten anpassen.

Wechseln Sie hierzu in die Druckansicht und verschieben Sie über das Symbol **Seitenränder anzeigen** unten rechts in der Ecke die Seitenränder und Spaltenbreiten. Sofern die Tabelle noch nicht auf ein DIN-A4-Blatt passt, wählen Sie das Symbol **Seite einrichten** aus und passen Sie unter dem Punkt **Verkleinern/Vergrößern** die Prozentzahl an.

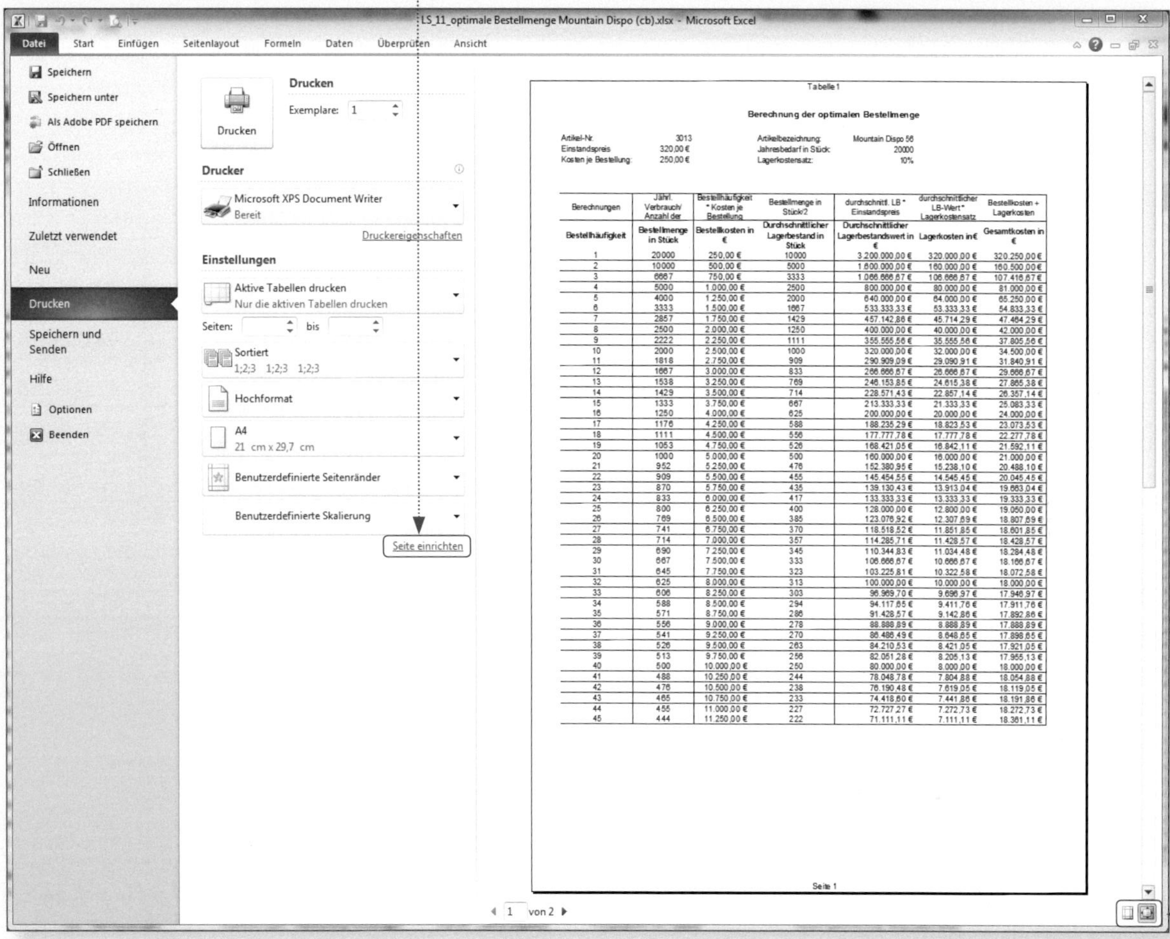

Informationsblatt 11.2 (6 Seiten) | Diagramme bearbeiten

In Lernsituation 7 haben Sie gelernt, wie Sie mithilfe von Excel Diagramme erstellen und gestalten können (vergleiche Arbeitsblatt 7.1). Die Möglichkeiten, die Ihnen Excel oder andere Tabellenkalkulationsprogramme hier bieten sind damit allerdings noch lange nicht erschöpft.

Manchmal ist es notwendig, Diagramme auch nachträglich noch zu ändern, also z. B. die Größe zu verändern, Datenreihen zu ergänzen bzw. auszuschließen, die Skalierung zu ändern, markante Punkte einzutragen, ein Gitternetz einzufügen, den Diagrammtyp zu wechseln und so fort. Wie das funktioniert, werden Sie im Folgenden kennenlernen.

Aufgabe 1: Übertragen Sie dazu die nachfolgende Tabelle in Ihr Tabellenkalkulationsprogramm (Excel):

Umsatz						
	20X1	20X2	20X3	20X4	20X5	20X6
Bau	71,00 Mrd. €	78,00 Mrd. €	82,00 Mrd. €	80,00 Mrd. €	70,00 Mrd. €	82,00 Mrd. €
Beton	92,00 Mrd. €	90,00 Mrd. €	92,00 Mrd. €	93,00 Mrd. €	95,00 Mrd. €	98,00 Mrd. €
Glas	62,00 Mrd. €	64,00 Mrd. €	66,00 Mrd. €	65,00 Mrd. €	67,00 Mrd. €	67,00 Mrd. €
Dach	54,00 Mrd. €	53,00 Mrd. €	55,00 Mrd. €	54,00 Mrd. €	52,00 Mrd. €	50,00 Mrd. €
Garten	65,00 Mrd. €	66,00 Mrd. €	68,00 Mrd. €	70,00 Mrd. €	72,00 Mrd. €	70,00 Mrd. €

Aufgabe 2: Erstellen sie aus dieser Datentabelle ein Säulendiagramm. Und bearbeiten Sie anschließend die Formatierungsschritte a bis e.

Wenn sie den gesamten hier abgebildeten Bereich der Tabelle markieren, wird Ihnen Excel z. B. das hier rechts abgebildete Diagramm erstellen:

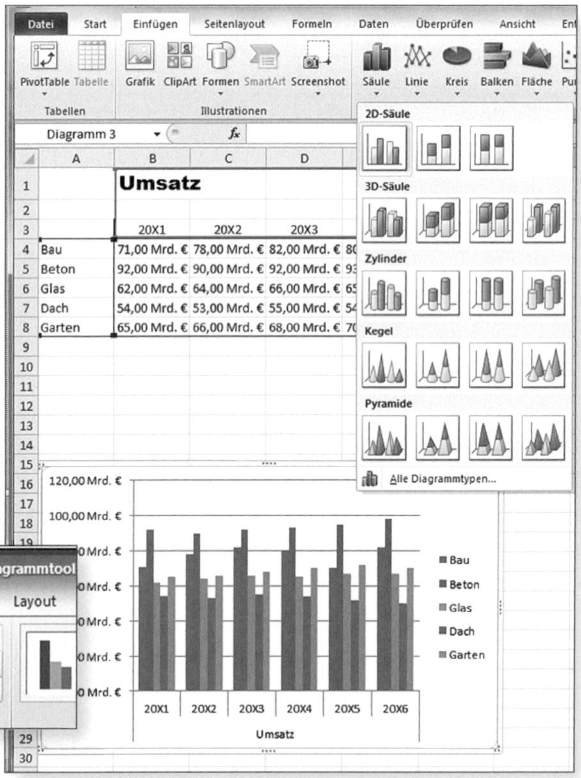

a Auswahl der zu verwendenden Daten

Sie möchten allerdings, dass

1. die Kategorien Bau, Beton, Glas etc. auf der horizontalen Achse dargestellt werden und die Balken die Umsatzwerte für die verschiedenen Jahre repräsentieren,
2. nur die Werte für die Jahre 20X1 und 20X6 verglichen werden.

Gehen Sie nun über das Dialogfeld **Diagrammtools** und die Registerkarte **Entwurf** zur Gruppe **Daten** und klicken Sie auf **Daten auswählen.**

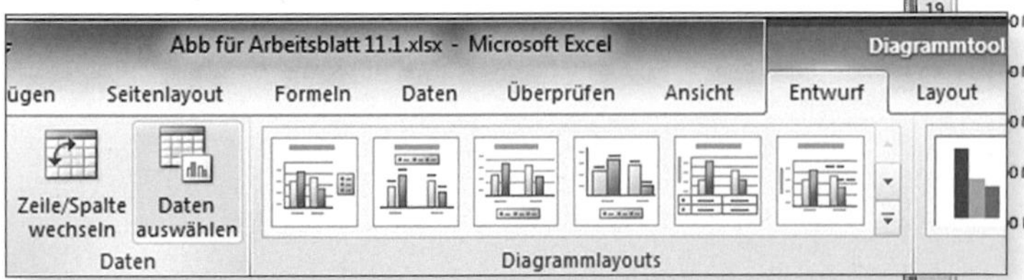

Es öffnet sich das folgende Fenster:

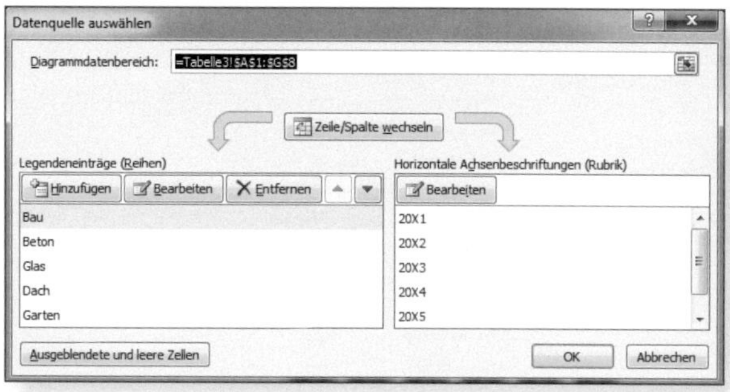

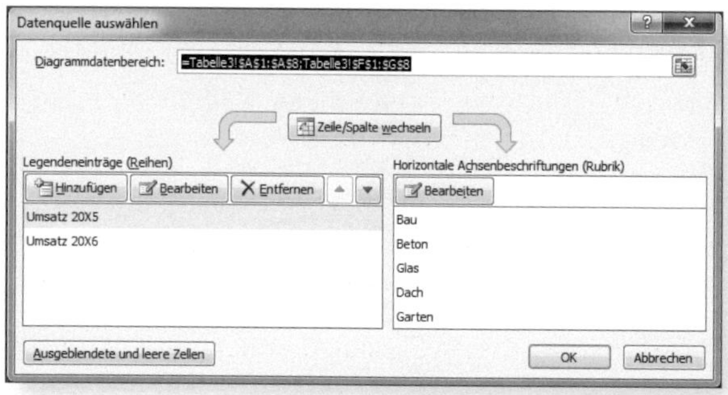

Sie können nun über den Schalter **Zeile/Spalte wechseln** die horizontale Achsenbeschriftung (Rubrik) und die Legendeneinträge (Reihen) vertauschen. Die Umsatzträger Bau, Beton, Glas etc. stehen danach im rechten Feld (Rubrik), die Jahreszahlen links (Reihen). Anschließend können Sie die Jahreszahlenreihen markieren, die sie nicht abbilden wollen und über den Button **Entfernen** löschen.

Nach diesen Änderungen sieht Ihr Diagramm z. B. wie folgt aus:

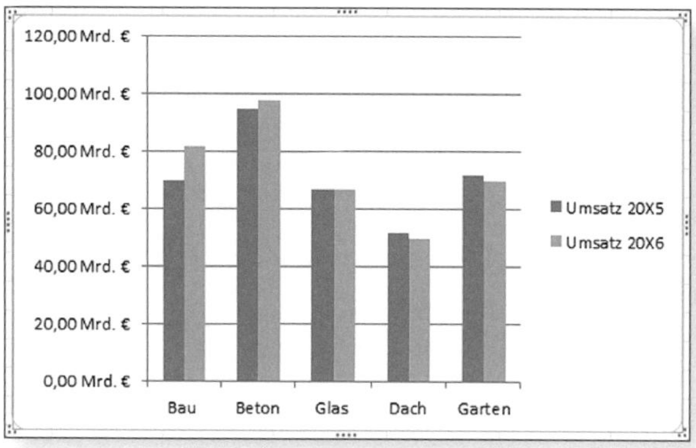

Hinweis
Sie kommen auch zum Fenster Datenquelle auswählen, wenn Sie mit der rechten Maustaste auf eine beliebige Stelle im Diagramm klicken und im sich öffnenden Kontextmenü den Punkt **Daten auswählen** anklicken.

b Vertikale Achse formatieren

Als nächstes wollen Sie die vertikale (Wert-) Achse bearbeiten. Dazu möchten Sie zunächst die Nachkommastellen entfernen und den Wertebereich auf 0 bis 100 Mrd. € verkleinern. Außerdem möchten Sie die Teilstriche gern im Abstand von 25 Mrd. € abbilden.

Aktivieren sie das Diagramm, indem Sie darin auf eine beliebige Stelle klicken (ein nicht aktives Diagramm hat, sofern Sie noch keine Veränderung vorgenommen haben, einen dünnen schwarzen Rand, beim aktivierten ist der Rand hellblau und breiter). Gehen Sie dann über das Dialogfeld **Diagrammtools** und die Registerkarte **Layout** zur Gruppe **Achsen** und klicken Sie dort wiederum auf Achsen. Wählen Sie **vertikale Primärachse** und dann **weitere Optionen für vertikale Primärachse.**

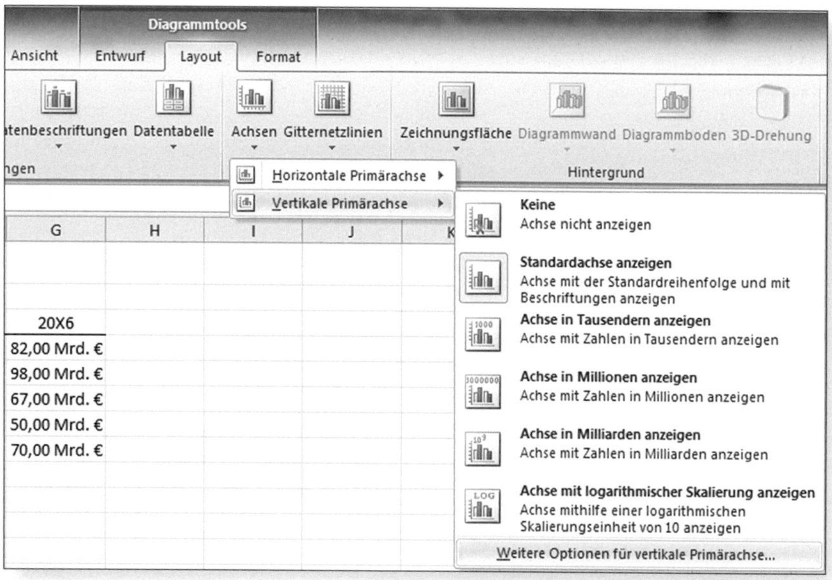

Es öffnet sich das folgende Fenster:

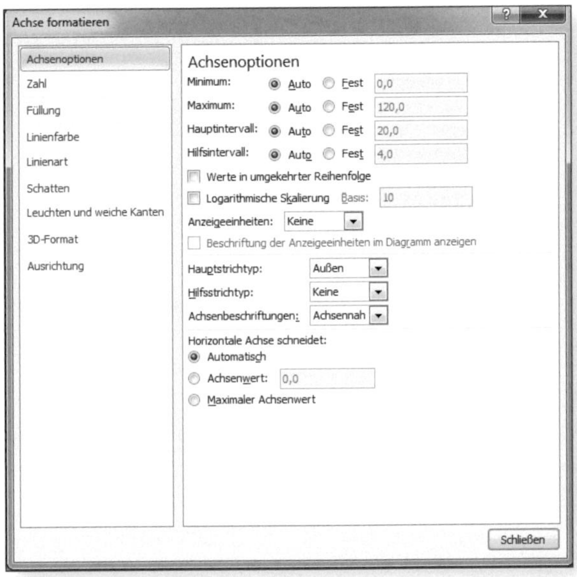

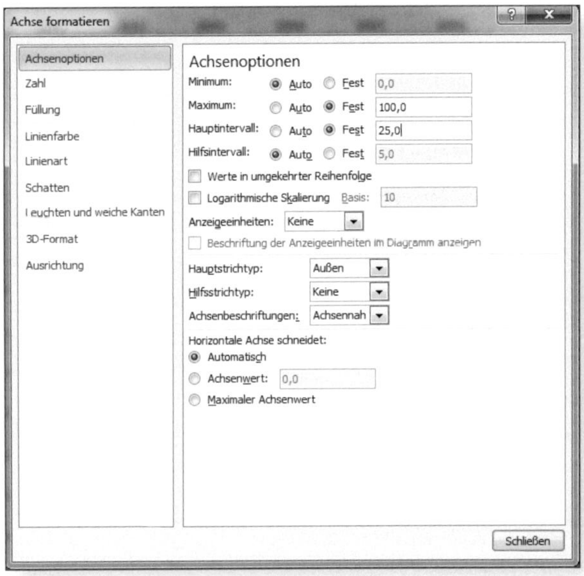

Unter **Achsenoptionen** können Sie nun festlegen, dass das Hauptintervall – also der Abstand zwischen den Teilstrichen – nicht 20, sondern 25 sein soll und unter **Zahl** geben Sie das benutzerdefinierte Währungsformat #.##0 „Mrd." € ein.

Hinweis
Sollte dieses Format in der Auswahlliste der benutzerdefinierten Zahlen nicht vorhanden sein, kann der Formatcode über das entsprechende Feld hinzugefügt werden.

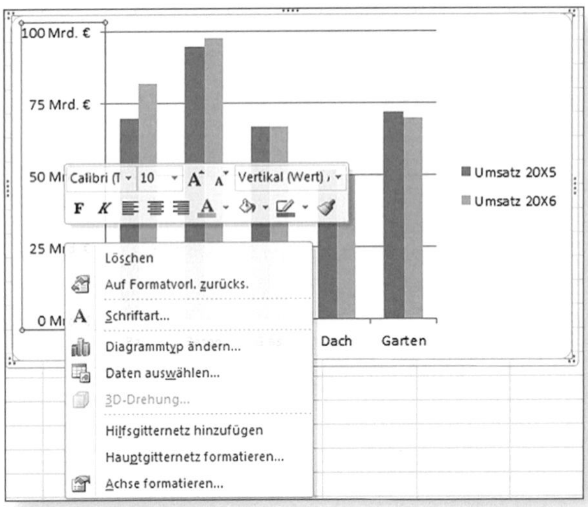

Hinweis
Zum Fenster **Achse formatieren** gelangen Sie auch, wenn Sie im Diagramm mit der rechten Maustaste auf den Bereich der vertikalen Achse klicken und im sich öffnenden Kontextmenü den Punkt **Achse formatieren** ... anklicken.

c Horizontale Achse formatieren

Die horizontale Achse entspricht schon Ihren Vorstellungen. Auch hier können jedoch eine ganze Reihe von Einstellungen vorgenommen werden, die sich zum Teil allerdings etwas von den Formatierungsmöglichkeiten der vertikalen Achse unterscheiden. Das entsprechende Kontextmenü finden Sie wieder in der Gruppe **Achsen**, die Sie im Dialogfeld **Diagrammtools** unter der Registerkarte **Layout** finden. Dort klicken Sie wieder auf **Achsen**, wählen allerdings jetzt **horizontale Primärachse** und darunter dann **Optionen für horizontale Primärachse.** Alternativ: Rechtsklick auf den Bereich der horizontalen Achse und im sich öffnenden Kontextmenü den Punkt Achse formatieren anklicken (siehe auch unter b).

d Legende formatieren

Aktivieren Sie wieder Ihr Diagramm und rufen Sie das Kontextmenü Legende auf. Das Kontextmenü finden Sie unter:

aa ______________________________

bb ______________________________

Lassen Sie sich die Legende nun unterhalb der Rubrikenachse anzeigen.

Welchen der beiden Wege zum Kontextmenü müssen Sie wählen, damit Sie die folgende Auswahlmöglichkeit 1 erhalten?

____

Welcher Weg führt zu Auswahlmöglichkeit 2?

____

Auswahlmöglichkeit 1

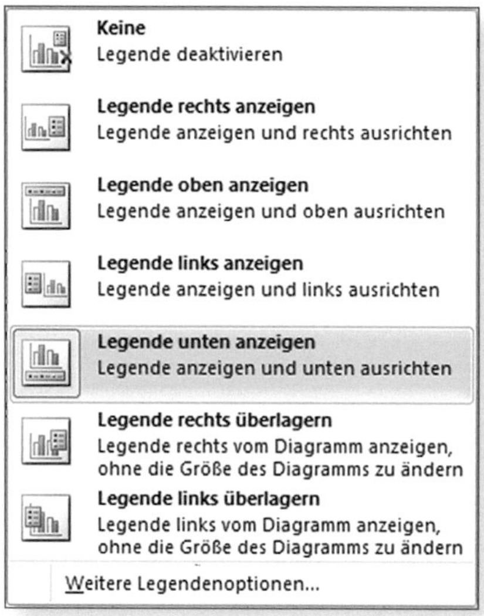

Auswahlmöglichkeit 2

e Balken formatieren

Als nächstes möchten sie die Umsatzbalken formatieren. Sie sollen etwas breiter werden und andere Farben erhalten. Rechtsklicken Sie dazu auf einen der Balken. Es erscheint wieder das Kontextmenü:

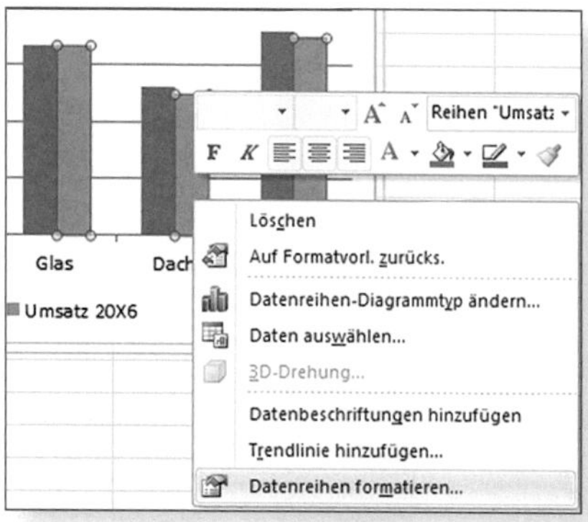

Wählen Sie den Befehl **Datenreihen formatieren**. Es öffnet sich ein neues Fenster. Verändern Sie darin unter **Reihenoptionen** die Abstandsbreite der Balken (z. B. auf 100 %) und unter **Füllung** die Farbe der markierten Balken (z. B. auf hellblau). Wiederholen Sie den Vorgang, indem Sie auf die Balken klicken, die Sie noch nicht verändert haben, und ändern Sie auch deren Farbe (z. B. auf dunkelblau). Die Abstandsbreite müssen Sie dabei nicht mehr bearbeiten, sie gilt für die gesamte Darstellung.

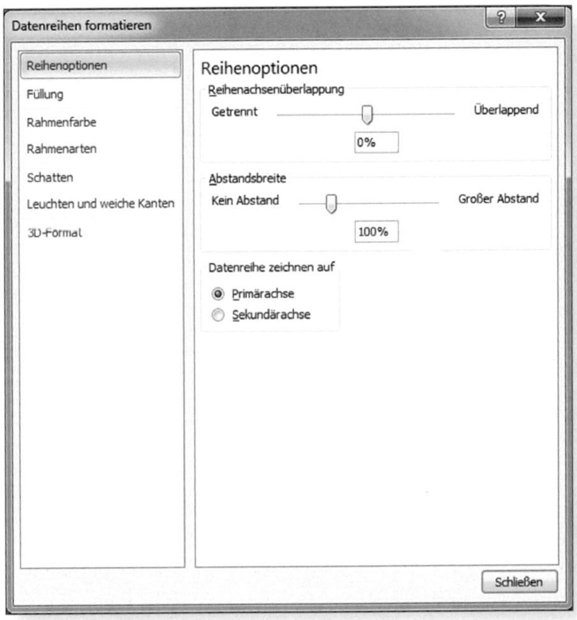

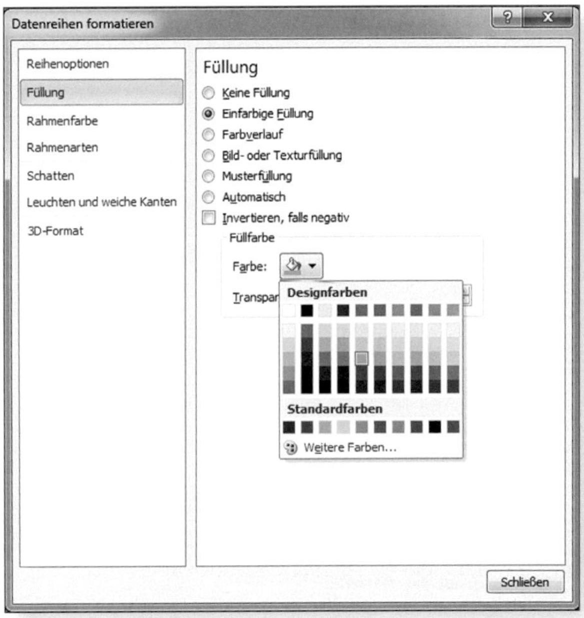

Klicken Sie erneut mit der rechten Maustaste auf die Balken und lassen Sie sich nun noch die Umsatzwerte in den Balken anzeigen. Es sollen nur die Zahlen (ohne „Mrd."), keine Nachkommastellen und keine Währungsbezeichnung angezeigt werden.

Welchen Befehl im Kontextmenü müssen Sie auswählen?

____

____

____

____

____

(**Hinweis:** Sie müssen das Kontextmenü für jedes Umsatzjahr zweimal anklicken. Wenn Sie das Menü nach dem ersten Bearbeitungsschritt erneut aufrufen, finden Sie eine kleine Veränderung, welche?)

Anschließend könnte Ihr Diagramm wie folgt aussehen:

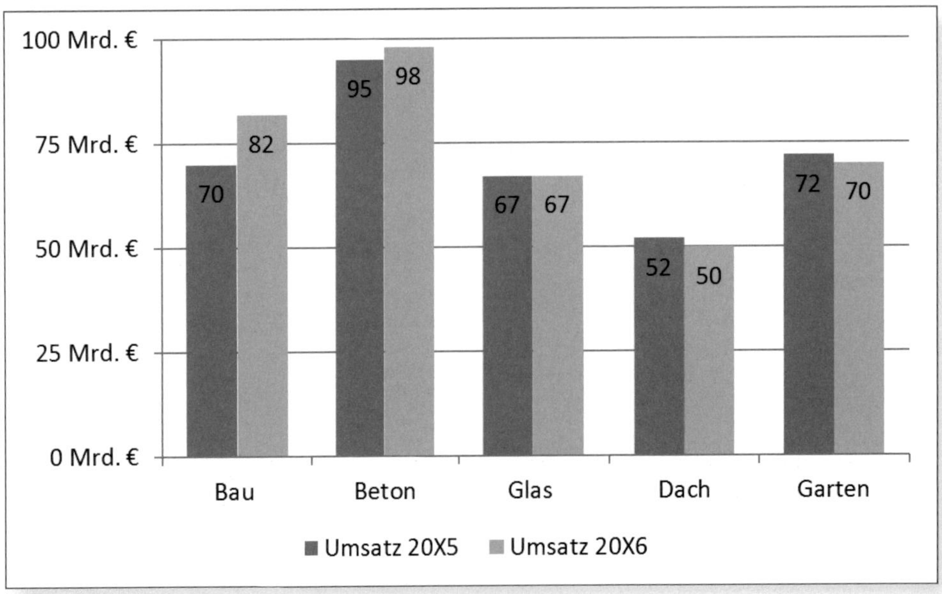

f Diagrammtitel hinzufügen, Hintergrund und Größe verändern

Im letzten Schritt fügen Sie Ihrem Diagramm nun noch einen Titel hinzu, verändern seine Größe auf das Format einer halben DIN-A4-Seite und geben ihm einen farbigen Hintergrund. Welche Schritte müssen Sie durchführen?

____

____

____

____

____

____

Zusammenfassung

Ein Diagramm hat standardmäßig einen schwarzen Rahmen. Das bedeutet, das Diagramm ist nicht aktiviert. Wenn sie mit der Maus in das Diagramm klicken, verändert der Rahmen seine Farbe und wird hellblau (wie in der Abbildung). Über Anfasser am Rahmen und am Diagramm selbst kann die Größe nun je nach Wunsch verändert werden. Ist ein Diagramm aktiviert, erweitert sich die Menüleiste um **Diagrammtools** mit den Registerkarten **Entwurf, Layout und Format.** Die meisten Tools können allerdings auch über einen Rechtsklick in das Diagramm und den Bereich, der bearbeitet werden soll, aufgerufen werden.

Ein Diagramm besteht aus folgenden Elementen:

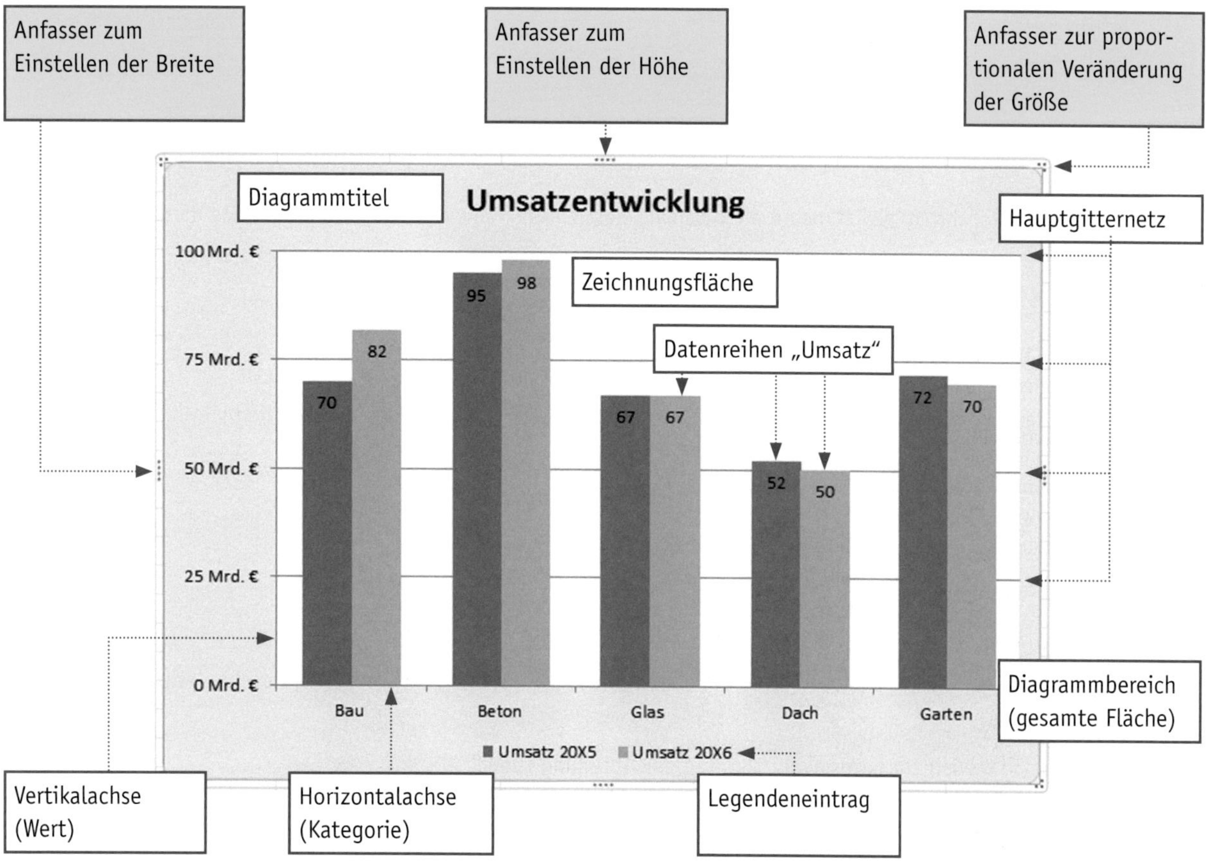

Wichtig: Um die einzelnen Diagrammelemente formatieren zu können, muss das Element vorab angeklickt werden. Über einen rechten Mausklick kann dann ein Kontextmenü geöffnet werden, in dem sich die unterschiedlichen Befehle befinden.

Die meisten Kontextmenüs sind ähnlich aufgebaut und meist auch selbsterklärend. Die Vielzahl der Formatierungsmöglichkeiten wurde hier allerdings nicht erschöpfend dargestellt, mit der Auswahl sind Sie nun aber gut gerüstet, in Zukunft selbst ansprechende Diagramme zu gestalten.

Aufgaben

Aufgabe 1

Führen Sie für folgende Handelswaren der Fly Bike Werke GmbH eine ABC-Analyse mit MS Excel durch. Stellen Sie Ihre Ergebnisse in einem Diagramm dar. Hierbei gelten für die Einteilung in A-, B- und C-Güter folgende Angaben:

Kategorie	Anteil am Gesamtwert	Anteil an der Gesamtmenge
A	70%	geringer Anteil
B	20%	30% bis 50%
C	10%	40% bis 50%

	A	B	C	D	E	F	G	H	I	J
1	ABC-Analyse der Handelswaren									
2										
3	Artikelbezeichnung	Durchschnittlicher Lagerbestand	Einkaufspreis	Verbrauchswert in €	kumulierte Vebrauchswerte	Prozentuale Anteile am Wert	Kategorie der Artikel	kumullierte Verbrauchsmenge	Anteil an der Gesamtmenge	
4					- €	0%		0	0%	
5	Fahrradhelm standard	10	49,50 €							
6	Fahrradhelm ultra light	11	55,90 €							
7	Fahrradhelm Jugend	14	59,90 €							
8	Fahrradhelm Vexo Teamsport	7	64,90 €							
9	Fahrradhelm ROGI Toplevel	6	79,90 €							
10	Shirt Steff S	15	9,90 €							
11	Shirt Steff M	20	9,90 €							
12	Shirt Steff L	13	10,90 €							
13	Shirt Steff XL	12	11,90 €							
14	Shorts Steff S	15	13,90 €							
15	Shorts Steff M	14	13,90 €							
16	Shorts Steff L	11	14,90 €							
17	Shorts Steff XL	11	14,90 €							
18										
19										

Aufgabe 2

Berechnen Sie für den Fahrradhelm standard die optimale Bestellmenge mit MS Excel und stellen Sie diese grafisch dar.

Notizen aus der Lagerkartei:

- Artikelbezeichnung: Fahrradhelm standard
- Artikelnummer: 1701
- Bestellung kann wöchentlich, alle zwei Wochen, monatlich, alle 2 Monate, jedes Quartal, halbjährlich und jährlich erfolgen
- Jahresverbrauch: 10.000 Stück
- Bezugspreis 49,50 €
- Kosten je Bestellung: 20,00€

Aufgabe 3

Kreuzen Sie die richtigen Aussagen zur Analyse der Lagerhaltung an. Formulieren Sie für die falschen Antworten jeweils eine korrekte Aussage.

☐ Lagerkennzahlen dienen zur Gewinnermittlung in der Abteilung Lager.

____

☐ Die Lagerreichweite gibt die Größe des Lagers wieder.

____

____

- ☐ Die Umschlagshäufigkeit gibt an, wie oft sich ein Lager innerhalb eines Geschäftsjahrs erneuert.

  ____

- ☐ Der durchschnittliche Lagerbestand berechnet sich durch folgende Formel: (Bestellmenge/2) + Höchstbestand

  ____

- ☐ Die Lagerzinsen geben die Kosten an, die in Form von entgangenen Zinsen für das im Lager gebundene Kapital entstehen.

  ____

- ☐ Bei der ABC-Analyse werden die Artikel im Lager identifiziert, die einen wertmäßig geringen Anteil einnehmen (A-Güter).

  ____

  ____

- ☐ Bei A-Gütern wird durch hohe Lagerbestände nur wenig Kapital im Lager gebunden sein, sodass sie im Beschaffungsprozess vernachlässigt werden können.

  ____

  ____

- ☐ C-Güter sind Artikel mit hohem Mengenanteil und kleinem Wertanteil am Lagerbestand.

  ____

- ☐ Bei der Berechnung der kumulierten Verbrauchswerte werden die Lagerbestände und Einkaufspreise multipliziert.

  ____

  ____

- ☐ Bei der Berechnung der optimalen Bestellhäufigkeit werden die Bestell-, Lager- und Gesamtkosten berechnet.

  ____

- ☐ Die Lagerkosten berechnen sich als Summe aus durchschnittlichem Lagerbestandswert und Lagerkostensatz

  ____

- ☐ Die Gesamtkosten berechnen sich aus der Summe von Bestell- und Lagerkosten.

  ____

- ☐ Die Bestellkosten werden mithilfe der Formel Bestellhäufigkeit/Kosten je Bestellung berechnet.

  ____

- ☐ Bei der optimalen Bestellhäufigkeit sind die Gesamtkosten maximal.

  ____

Aufgabe 4
Erweitern sie Ihre Lernkartei.

Aufgabe 5
Führen sie Ihr Lerntagebuch.

Wissen ☑ Sozialkompetenz ☐
Fertigkeiten ☑ Selbstständigkeit ☑

SB BWR ▸ Seite 182 ff. | Handlungsfeld 2, Kap. 8
LS BWR ▸ Seite 172 ff. | Lernsituation 29

Erfassung und Kontrolle des Wareneingangs

Situation

Nach wie vor unterstützen Sie als Praktikantin/Praktikant Frau Nemitz-Müller in der Einkaufsabteilung. Nach Ihrem Angebotsvergleich aus Lernsituation 10 ging die folgende Bestellung über 200 Gangschaltungen an die DAX GmbH. Inzwischen liegt Ihnen auch der auf der folgenden Seite ebenfalls abgedruckte Lieferschein vor.

Fly Bike Werke GmbH

Fly Bike Werke GmbH · Rostocker Str. 334 · 26121 Oldenburg

DAX AG
Karsten Sachse
Rudolf-Diesel-Str. 70
40424 Düsseldorf

Ihr Zeichen: DX
Ihre Nachricht vom: 18. 03. 20XXx
Unser Zeichen: nem
Kunden-Nr.: 316/9998

Ihr Ansprechpartner: Ann-Kathrin Nemitz-Müller
Telefon: +49 441 885-5
Telefax: +49 441 885-9211
E-Mail: nemitz-mueller@flybike.de

Datum: 26. 03. 20XX

Bestellung Renn Fahrradschaltungen

Sehr geehrter Herr Sachse,

vielen Dank für Ihr Angebot vom 18. 03. 20XX. Wir möchten bei Ihnen folgenden Artikel zu den nachstehenden Konditionen bestellen:

Artikelbezeichnung: Fahrradschaltung Renn
Menge: 200 Stück
Einzelpreis: 230,50 Euro

Ihre Zahlungs- und Lieferbedingingen sowie die Bestandteile Ihrer AGBs haben wir zur Kenntnis genommen. Wir bitten Sie, die im Angebot angegebebe Lieferzeit von 5 Tagen einzuhalten.

Mit freundlichen Grüßen

Fly Bike Werke GmbH

i. A. Ann-Kathrin Nemitz-Müller
Ann-Kathrin Nemitz-Müller

DAX GMBH
Düsseldorf

Dax GmbH • Rudolf-Diesel-Str. 25 • 40424 Düsseldorf

Fly Bike Werke GmbH
Rostocker Str. 334
26121 Oldenburg

Ihr Zeichen: nem
Ihre Nachricht vom: 26.03.20XX
Unser Zeichen: DX
Unsere Nachricht vom: 18.03.20XX

Name: Karsten Sachse
Telefon: 02 11 89 17-326
Telefax: 02 11 89 17-999
E-Mail: sachse@dax.de

Datum: 29.03.20XX

Lieferschein Nr. 1522

Bearbeiter: Karsten Sachse	Kundennummer: 316/9998	Ihre Bestellung Nr. 31	vom 26.03.20XX	Versanddatum: 29.03.20XX
Versandart: Lkw		Verpackungsart: Kartonage		
Positionsnummer:	Artikelnummer:	Artikelbezeihnung:	Menge:	Mengeneinheit:
1	77451	Fahrradschaltung Renn	100	Stück
Ware erhalten		Ort, Datum, Unterschrift		

Handlungsaufträge

1 Führen Sie die Wareneingangskontrolle durch. Sichten Sie dazu die Informationen aus dem Qualitätsmanagement-Handbuch und halten Sie die notwendigen Arbeitsschritte auf dem Arbeitsblatt 12.1 fest. Zu welchem Ergebnis führt Ihre Wareneingangskontrolle?

2 Überlegen Sie, von welchen Gewährleistungsrechten die Fly Bike Werke GmbH in diesem Fall Gebrauch machen kann. Verfassen Sie ein passendes Schreiben an den Lieferanten. Beachten Sie die normgerechte Geschäftsbriefgestaltung.

Ablaufbeschreibung der Wareneingangkontrolle aus dem QM-Handbuch der Fly Bike Werke GmbH

Im ERP-System erfolgt zunächst die Eingabe der Bestellnummer. Anschließend wird ein Wareneingangsprotokoll erstellt, in das die Daten aus der Bestelldatei übernommen werden. Die Daten auf dem Lieferschein sind daraufhin mit der Bestellung abzugleichen. Insbesondere ist zu prüfen, ob der richtige Artikel, in der richtigen Menge, in gewünschter Qualität und Beschaffenheit am korrekten Lieferort eingegangen ist. Sofern Abweichungen festgestellt werden, sind die Daten des Lieferscheins ebenfalls zu erfassen.
Im ERP-System erhöht sich der Lagerbestand automatisch entsprechend der Eingaben. Der Wareneingangsschein kann ausgedruckt werden. In der Finanzbuchhaltung wird die Warenlieferung auf Wareneingangsverrechnungskonto gebucht. Abschließend erfolgt die Aktualisierung der Liste offener Bestellungen im ERP-System.

Arbeitsblatt 12.1 | Wareneingangskontrolle

Ablauf der Wareneingangskontrolle

1. **Eingabe** ______________________________

2. **Erstellung** ______________________________

3. **Vergleich** ______________________________

4. **Manuelle Eingabe** ______________________________

5. **Erhöhung** ______________________________

6. **Ausdruck** ______________________________

7. **Buchung** ______________________________

8. **Aktualisierung** ______________________________

Folgesituation

Nachdem die Lieferung der 100 fehlenden Rennschaltungen eingegangen ist, erhält Frau Nemitz-Müller die Rechnung der Firma Dax GmbH. Nachdem sie sie auf sachliche und rechnerische Richtigkeit geprüft hat, leitet sie die Rechnung an Herrn Steffes aus der Finanzbuchhaltung weiter. Einen Tag später erhält sie ein weiteres Schreiben des Lieferers. Zur gleichen Zeit endet Ihre Mitarbeit in der Beschaffungsabteilung und Sie wechseln in die Verwaltung zu Herrn Steffes (siehe Hausmitteilung auf S. 164). Dort können Sie die weitere Bearbeitung des Vorgangs verfolgen.

DAX GMBH
Düsseldorf

Dax GmbH • Rudolf-Diesel-Str. 25 • 40424 Düsseldorf

Fly Bike Werke GmbH
Rostocker Str. 334
26121 Oldenburg

Ihr Zeichen: nem
Ihre Nachricht vom: 31.03.20XX
Unser Zeichen: DX
Unsere Nachricht vom: 18.03.20XX

Name: Karsten Sachse
Telefon: 0211 8917-326
Telefax: 0211 8917-999
E-Mail: sachse@dax.de

Datum: 10.04.20XX

Rechnung Nr. 31-1522 Nr. 1522

Bearbeiter:	Kundennummer:	Ihre Bestellung Nr.	vom	Versanddatum:
Karsten Sachse	316/9998	31	26.03.20XX	29.03.20XX
Versandart: Lkw		Verpackungsart: Kartonage		Geliefert am: 31.03.20XX und 08.04.20XX

Pos.-Nr.	Artikelnummer	Artikelbezeichnung	Menge	Einzelpreis in €	Rabatt in %	Gesamtpreis
1	77451	Fahrradschaltung Renn	200	230,50	7	42.873,00
2	20	Transportkosten (3 %)	–	–		1.286,19
					Nettorechnungsbetrag in €	44.159,19
					+ 19 % Umsatzsteuer in €	8.390,25
					Bruttorechnungsbetrag in €	52.549,44

	Datum:	Skonto:	Skonto in €	Betrag in €
Innerhalb der Skontofrist bis:	10.05.20XX	3	1.576,48	50.972,96
Innerhalb der Zahlungsfrist bis:	25.05.20XX	–		52.549,44

DAX GMBH
Düsseldorf

Dax GmbH • Rudolf-Diesel-Str. 25 • 40424 Düsseldorf

Fly Bike Werke GmbH
Rostocker Str. 334
26121 Oldenburg

Ihr Zeichen: nem
Ihre Nachricht vom: 31.03.20XX
Unser Zeichen: DX
Unsere Nachricht vom: 18.03.20XX

Name: Karsten Sachse
Telefon: 0211 8917-326
Telefax: 0211 8917-999
E-Mail: sachse@dax.de

Datum: 11.04.20XX

Nachträglicher Nachlass zu Rechnung Nr. 31-1522

Sehr geehrte Frau Nemitz-Müller,

da wir Ihre Bestellung über 200 Schaltungen Renn in zwei anstatt, wie von Ihnen gewünscht, in einer Lieferung versenden mussten, gewähren wir Ihnen einen nachträglichen Nachlass von 5 %. Den Betrag haben wir Ihrem Konto bereits gutgeschrieben.

Wir bitten Sie die Unannehmlichkeiten zu entschuldigen und hoffen auf weiterhin gute Geschäftsbeziehungen.

Mit freundlichen Grüßen

i. A. Karsten Sachse
(Dax GmbH)

Hausmitteilung

Fly Bike Werke GmbH

Absender	Empfänger	mit der Bitte um
☒ Geschäftsführung	☐ Geschäftsführung	☐ Kenntnisnahme
☐ Zentralsekretariat	☐ Zentralsekretariat	☒ Erledigung
☐ Controlling	☐ Controlling	☐ Stellungnahme
☐ Einkauf/Logistik	☐ Einkauf/Logistik	
☐ Produktion	☐ Produktion	
☐ Verwaltung	☐ Verwaltung	
☐ Vertrieb	☐ Vertrieb	
☐ Frau/Herr	☒ ~~Frau/Herr~~ An alle Praktikanten	

Liebe Praktikanten der Abteilung Einkauf,

in den vergangenen Wochen haben Sie die Beschaffungsabwicklung in der Abteilung Einkauf kennengelernt. Bitte melden Sie sich morgen früh in der Abteilung Verwaltung bei Herrn Steffes. Er wird Ihnen bei der Erfassung und Kontrolle der Eingangsrechnungen behilflich sein. Zur Vorbereitung erhalten Sie im Anhang einen Auszug aus unserem Qualitätsmanagementhandbuch zur Eingangsrechnungskontrolle.

Mit freundlichen Grüßen

Hans Peters
(Geschäftsführung)

Handlungsaufträge

1 Notieren Sie die wichtigsten Arbeitsschritte zur Kontrolle und Erfassung der Eingangsrechnung. Vervollständigen Sie hierfür die Abbildung auf Arbeitsblatt 12.2.

2 Führen Sie die Buchungen zur Begleichung der Eingangsrechnung der Dax GmbH durch. Herr Steffes stellt Ihnen als Hilfe die Vorlage auf Arbeitsblatt 12.3 zur Verfügung.

3 Erstellen Sie mit MS Excel eine Vorlage zur Buchung der Buchungssätze im Grund- und Hauptbuch. Speichern Sie die Datei unter *Buchung Rechnung DAX GmbH.xlsx* ab. Verwenden Sie für die Berechnungen geeignete Formeln und verknüpfen Sie das Grund- und Hauptbuch mir direkten Zellbezügen.

Ablaufbeschreibung der Eingangsrechnungskontrolle aus dem QM-Handbuch der Fly Bike Werke GmbH

In der Einkaufsabteilung erfolgt die Überprüfung der Eingangsrechnung auf sachliche und rechnerische Richtigkeit. Bei Unstimmigkeiten ist der Lieferant zu kontaktieren, gibt es keine Beanstandungen, ist die Rechnung an die Finanzbuchhaltung weiterzuleiten. Sie erfasst die Verbindlichkeit buchhalterisch. Ein Mitarbeiter druckt eine Zahlungsvorschlagsliste mit den fälligen Verbindlichkeiten aus und legt sie dem Rechnungsleiter zur Freigabe vor. Sobald er die Freigabe erteilt hat, wird die Verbindlichkeit per Überweisung beglichen und die Zahlung buchhalterisch erfasst.

Arbeitsblatt 12.2 | Erfassung und Kontrolle von Eingangsrechnungen

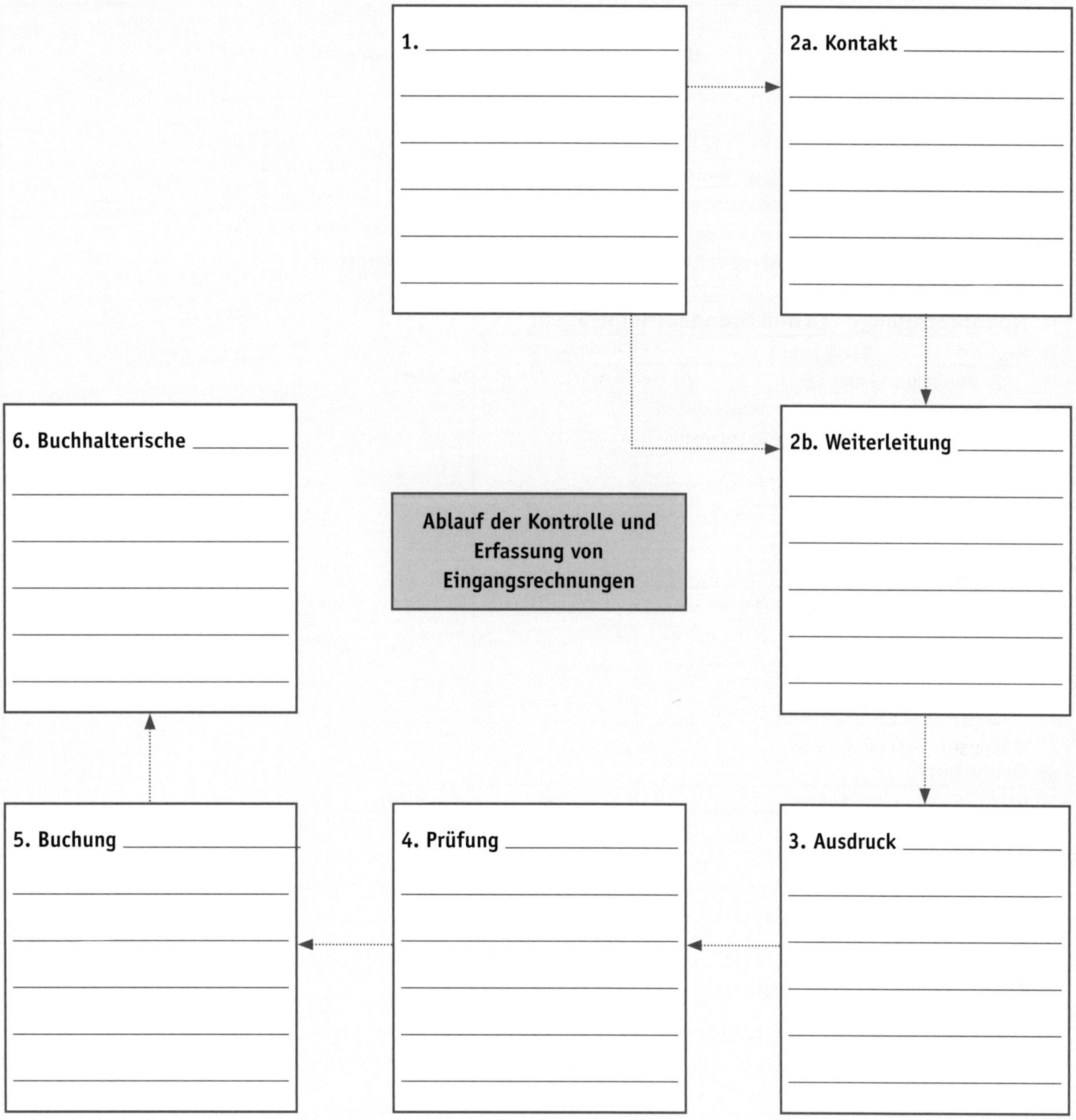

Arbeitsblatt 12.3 | Verbuchung der Eingangsrechnung

Buchungen von Eingangsrechnungen

Buchungen:

1. Einkauf von Rohstoffen auf Ziel: Bruttorechnungsbetrag:	52.549,44 €
darin enthalten Bezugskosten in Höhe von:	3%
2. Preisnachlass des Lieferanten auf den Bruttorechnungsbetrag in Höhe von:	5%
3. Rechnungsausgleich nach Abzug des Preisnachlasses und unter Abzug von Skonto:	3%

Nebenrechnungen zu den Grundbucheinträgen:

Nr	Bezeichnung	Beträge in €
1	Bruttorechnungsbetrag	
	Nettorechnungsbetrag mit Bezugskosten	
	Nettorechnungsbetrag ohne Bezugkosten	
	Bezugskosten	
	Vorsteuer	
2	Nachlass Brutto	
	Nachlass Netto	
	Vorsteuer	
3	Bruttorechnungsbetrag nach Nachlass	
	Skonto Brutto	
	Skonto Netto	
	Vorsteuer von Skonto	
	Bruttorechnungsbetrag nach Skonto	

Grundbuch:

Nr.	Konten	Soll	Haben
1			
2			
3			

Hauptbuch:

Soll	Aufw. für Rohstoffe	Haben

Soll	Verbindlichkeiten aLL	Haben

Soll	Bezugskosten für Rohstoffe	Haben

Soll	Nachlässe	Haben

Soll	Vorsteuer	Haben

Soll	Bank	Haben

Aufgaben

Aufgabe 1

Ihnen liegt folgende Notiz von Frau Nemitz-Müller mit der Bitte um Bearbeitung vor:

Lieber Praktikant,

die Firma Gory Tech hat uns Trikot Shirts (Artikelnummer 7012) in der falschen Farbe geliefert. Bestellt (Bestellnummer: 52) wurden 20 Shirts in der Farbe Rot, geliefert wurden allerdings 20 Shirts der Farbe Gelb. (Lieferschein Nummer 1232)
Bitte bearbeiten Sie den Geschäftsfall in meinem Namen und legen Sie mir das entsprechende Schreiben zur Unterschrift vor.
Hier finden Sie die vollständige Adresse des Lieferanten

Gory Tech GmbH
Franzgasse 22
28197 Bremen

Vielen Dank!

Aufgabe 2

Ihnen liegt folgender Auszug aus der Bestellrückstandsliste vor. Bearbeiten Sie den Geschäftsfall und legen Sie das passende Schreiben Frau Nemitz-Müller zur Unterschrift vor.

Auszug aus der Bestellrückstandsliste

Bestellnummer	Name und Anschrift des Lieferanten	Bestelldatum	voraussichtliches Lieferdatum	Status	Bemerkung
52	Gory Tech GmbH Franzgasse 22 28197 Bremen	04.04.20XX	10.04.20XX	falsche Ware	Mängelrüge am 12.04.2013 verschickt
53	Trikot KG Unter den Linden 54 10178 Berlin	04.04.20XX	09.04.20XX	Lieferantenverzug	Lieferant konnte telefonisch und per E-Mail bisher nicht kontaktiert werden, in der Bestellung war der Liefertermin nicht kalendermäßig vereinbart
54	Tamino Deutschland Immermannstr. 24 40210 Düsseldorf	05.04.20XX	10.04.20XX	Ware eingegangen	Wareneingangskontrolle ohne Mängel

Aufgabe 3

Herr Steffes aus der Finanzbuchhaltung bittet Sie, folgende Geschäftsfälle mit Hilfe der Grund- und Hauptbuchvorlage in MS Excel zu buchen. Berechnen Sie zuvor die fehlenden Umsatzsteuer- und Bruttorechnungsbeträge.

Buchungen von Eingangsrechnungen

Nr.	Geschäftsfall	Nettowert in €	19% USt	Bruttowert in €
1	Rohstoffeinkauf auf Ziel	12.000,00 €		
2	Banküberweisung von Frachtkosten für Rohstoffe	350,00 €		
3	Gutschrift für Rücksendung an Rohstofflieferanten (Fall 1)	3.000,00 €		
4	Bonusgutschrift des Rohstofflieferanten	50,00 €		
5	Überweisung an Rohstofflieferanten, Rechnungsbetrag unter Nutzung von 3%	-	-	7.500,00 €

Grundbuch:

Nr.	Konten	Soll	Haben
1			
2			
3			
4			
5			

LSG Grundbuch / LSG Hauptbuch / Vorlage Grundbuch

Hauptbuch:

Soll	Aufw. für Rohstoffe	Haben

Soll	Verbindlichkeiten aLL	Haben

Soll	Bezugskosten für Rohstoffe	Haben

Soll	Nachlässe	Haben

Soll	Vorsteuer	Haben

Soll	Bank	Haben

Aufgabe 4

Erweitern Sie Ihre Lernkartei

Aufgabe 5

Führen Sie Ihr Lerntagebuch

Lernsituation 13

SB BWR ▸ Seite 152 ff. | Handlungsfeld 2, Kap. 2.2.2
LS BWR ▸ Seite 138 ff. | Lernsituation 22

Beschaffung neuer Hard- und Software

Situation

Bettina Lotto ist jetzt schon seit neun Monaten als Auszubildende bei der Fly Bike Werke GmbH beschäftigt.

Bereits während Ihrer schulischen Ausbildung hat Sie einiges über Computer und deren Komponenten gelernt und konnte bei der Fly Bike Werke GmbH vieles über den betrieblichen Einsatz erfahren.

Da die Computerausstattung der Abteilung Verwaltung veraltet ist, sollen für jeden Mitarbeiter neue Endgeräte angeschafft werden. Alle Geräte sollen in das Unternehmensnetzwerk eingebunden werden und einen Internetzugang ermöglichen. Die Mitarbeiter sollen Zugriff auf einen gemeinsamen Drucker erhalten und sämtliche betrieblich notwendige Software nutzen können.

Bettina Lotto hat Anfang des Monats im Rahmen ihrer Ausbildung von der Buchführung in den Einkauf gewechselt. Am frühen Morgen kommt ihr Chef auf sie zu:

Herr Thüne: „Guten Morgen Frau Lotto, konnten Sie sich inzwischen schon gut in unsere Abteilung einarbeiten?“

Bettina: „Ja, mir macht die Arbeit hier wirklich sehr viel Spaß … es ist sehr interessant zu sehen, wie hier die Entscheidungen z. B. bei der Auswahl der Lieferanten oder bei den Preisverhandlungen vorgenommen werden.“

Herr Thüne: „Das freut mich sehr zu hören. Da Sie sich ja bisher in Ihrer Ausbildung immer sehr stark durch Ihre Eigenständigkeit und schnelle Auffassungsgabe ausgezeichnet haben, schlage ich Ihnen vor, folgende Aufgabe zu übernehmen.

Gestern ist Herr Steffes auf mich zugekommen und hat endlich die Entscheidung verkündet, dass die gesamte Verwaltung mit neuen Rechnern ausgestattet werden soll. Und jetzt bitte ich Sie, den Beschaffungsvorgang zu planen. Ich stelle mir vor, dass Sie zunächst eine Präsentation vorbereiten, in der die grundlegende Funktionsweise eines Personal Computers mit Einbindung in unser Netzwerk geklärt wird. Das könnte auch für die anderen Auszubildenden interessant sein, da hierzu immer wieder Fragen in den Abschlussprüfungen gestellt werden.

Erkundigen Sie sich auch bitte bei den Kolleginnen und Kollegen der Abteilung Verwaltung, welche Anforderungen sie an einen Computer haben, um ihn problemlos im beruflichen Alltag nutzen zu können.

Und dann veranlassen Sie bitte alle weiteren Schritte, die für die Beschaffung der Geräte notwendig sind.

Bettina: „Es ist schön, dass Sie so großes Vertrauen in mich haben. Natürlich übernehme ich das gerne“

Bettina Lotto hat sich direkt an die Arbeit gemacht und die Kolleginnen und Kollegen in den verschiedenen Bereichen der Abteilung Verwaltung befragt, welche Anforderungen sie an einen Computer haben, der sie problemlos im beruflichen Alltag unterstützt. Dabei hat sie sich folgende Stichpunkte gemacht (siehe nächste Seite):

Mindestanforderungen der Verwaltungsmitarbeiter
- Zugang zum ERP-System
- Bürosoftware nutzen können
- Internet Browser
- Möglichkeit zur Bildbearbeitung und Flyergestaltung
- Firewall, Schutz gegen Trojaner und Viren
- viel Speicherplatz für Dateien
- LAN, WLAN, Bluetooth
- CDs und DVDs brennen
- USB 3.0, HDMI
- mobil
- min. 4 GB RAM
- 500 GB HDD, 5400 U/Min
- 1600 x 900 Pixel, 17,3 Zoll HD
- gängiges Betriebssystem
- hohe Prozessorgeschwindigkeit

Handlungsaufträge

1 Welche Problemstellung ergibt sich aus der Situation? Erstellen Sie eine Übersicht wie in Arbeitsblatt 1.1.

2 Unterstützen Sie Bettina Lotto bei der Vorbereitung ihrer Präsentation und klären Sie mithilfe einer Internetrecherche die Begriffe zu den Komponenten und Funktionsweisen eines PCs auf den Arbeitsblättern 13.1 und 13.2.

3 Sortieren Sie die Begriffe von Arbeitsblatt 13.1 den Kategorien Hardware, Software und Sonstiges zu. Nutzen Sie hierzu das Arbeitsblatt 13.3.

4 Erstellen Sie zu den weiteren Begriffen eines PCs auf Arbeitsblatt 13.2 eine Mindmap.

5 Suchen Sie sich einen Lernpartner, mit dem Sie die folgende Aufgabe gemeinsam bearbeiten:
Lesen Sie beide in Einzelarbeit den gesamten Text auf dem Informationsblatt 13.1, Bestandteile und Funktionsweise eines PCs. Teilen Sie den Text in zwei Hälften ein und einigen Sie sich, welcher Lernpartner für welche Hälfte des Textes verantwortlich ist. Jetzt erklären Sie Ihrem Lernpartner den Inhalt Ihrer Texthälfte und bauen jedoch zwei kleine Fehler ein, die Ihr Lernpartner herausfinden muss. Geben Sie sich gegenseitig Feedback und berichten Sie im Plenum über die Erfahrungen und Schwierigkeiten bei der Bearbeitung dieser Aufgabe.

6 Zur vertiefenden Wiederholung spielen Sie das Spiel Jeopardy zu den IT-Begriffen.

Arbeitsblatt 13.1 (2 Seiten) | Begriffe zu den Komponenten und Funktionsweisen eines PCs (Teil 1)

Begriffe	Bedeutung
Arbeitsspeicher RAM	
Betriebssystem	
Bit, Byte Kilobyte Megabyte Gigabyte Terrabyte	
Bluetooth	
Browser	
Bürosoftware	
CD/DVD	
ERP-System	
Festplatte	

Begriffe	Bedeutung
Firewall	
Grafikkarte	
Hardware	
HDMI	
LAN/WLAN	
Monitor	
Prozessor/Prozessor-geschwindigkeit	
Software	
Trojaner	
USB-Stick	

Arbeitsblatt 13.2 (2 Seiten) | Weitere Begriffe zu Komponenten und Funktionsweisen eines PCs

Begriffe	Bedeutung
Internet	
IP-Adresse	
Java	
SQL	
ASCII	
Backup	
Client	
Cursor	
Datenschutz	
Datensicherheit	
Domain	
Drag and Drop	
EVA-Prinzip	
.exe	
HTML	
HUB	

Begriffe	Bedeutung
Icon	
.jpg	
Laptop	
Link/Hyperlink	
Megapixel	
Menü	
Mouse/Maus	
Internetprovider	
QWERTZ	
ROM	
Scanner	
Scrollen	
Server	
Soundkarte	
Tablet	
Touchscreen	
Webcam	
URL	

Arbeitsblatt 13.3 | Begriffe rund um den Computer

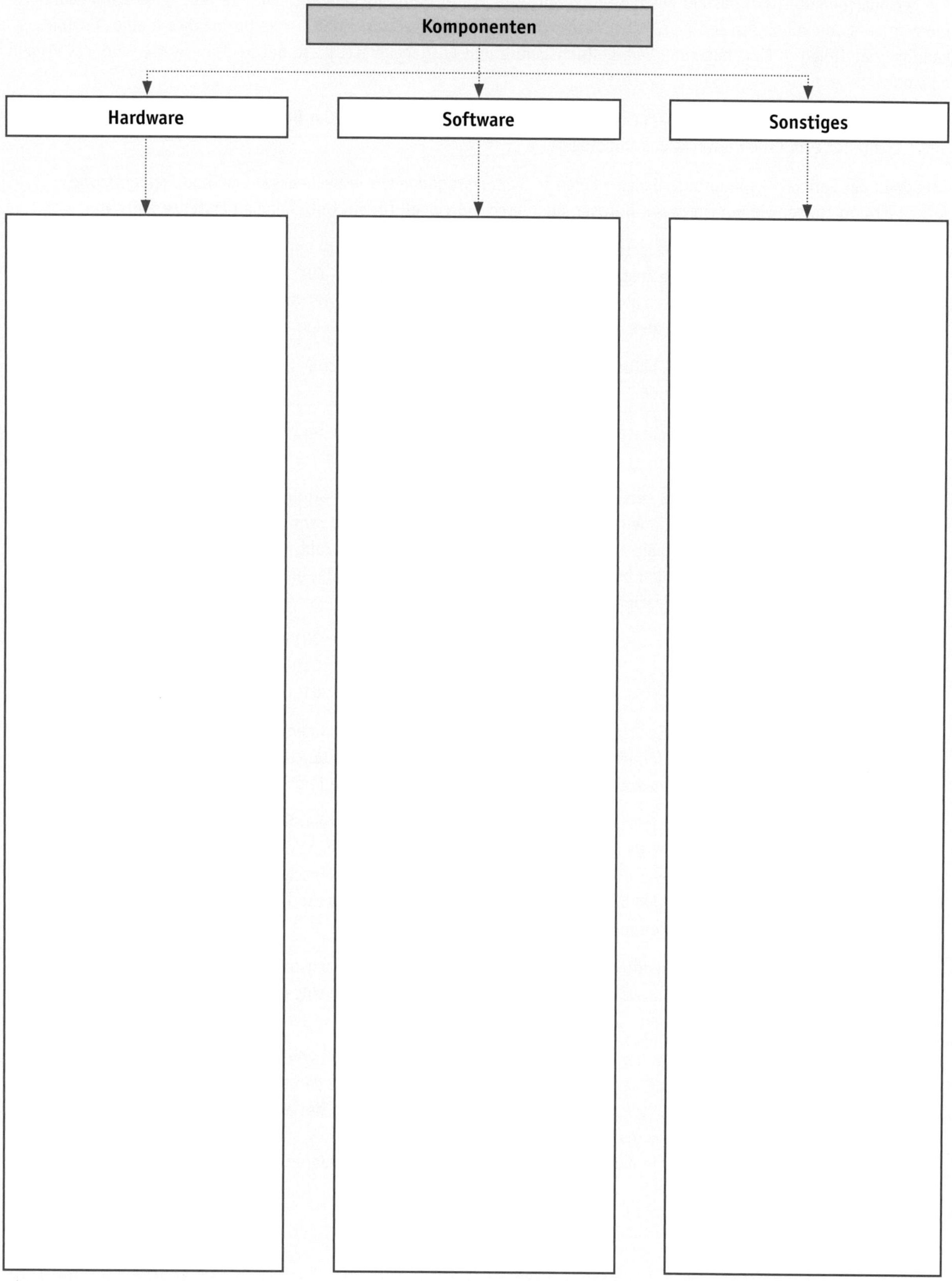

Ergänzen Sie die Übersicht ggf. auch um die Begriffe aus Arbeitsblatt 13.2 oder weitere Begriffe, auf die Sie bei Ihrer Recherche gestoßen sind.

Informationsblatt 13.1 | Bestandteile und Funktionsweise eines PCs

Ein Personalcomputer (PC) besteht aus Hard- und Software. Unter Hardware versteht man alle Teile an einem Rechner, die man anfassen kann, also Gehäuse, Kabel, Maus, DVD-Laufwerk, Tastatur, Monitor etc. Die Hardware eines Computers kann man einteilen in Eingabegeräte, Verarbeitungsgeräte und Ausgabegeräte. Diese Betrachtungsweise wird EVA-Prinzip genannt.

Ohne Software, auch Programme genannt, funktioniert ein PC allerdings nicht. Der Begriff Software umfasst alles, was einen Computer zum Leben erweckt und ihn steuert.

Innerhalb der Software kann unterschieden werden in Systemprogramme, wie Betriebssysteme und Treiber, sowie Anwenderprogramme, wie Bürosoftware, Browser, aber auch individuell für ein Unternehmen erstellte Software.

Die Software ist für den Anwender unsichtbar und besteht aus einer langen Kette von binären Zeichen, nämlich Einsen (1) und Nullen (0), die für die Zustände „Strom an" (1) und „Strom aus" (0) stehen. Die kleinste Einheit ist ein Bit und bedeutet nichts anderes als einen Schalter, um den Strom ein- bzw. auszuschalten. In der Software werden immer 8 Schalter, also 8 Bit, gleichzeitig verwendet. Sie ergeben zusammen 1 Byte.

○○○○○○○○: Hier sind 8 Schalter nebeneinander dargestellt, deren Strom ausgeschaltet ist. Der binäre Code für diesen Zustand lautet 00000000.

◉◉◉◉◉◉◉◉: Hier sind 8 Schalter dargestellt, bei denen Strom fließt. Im binären Code würden wir hier 11111111 schreiben.

Mit diesen 8 Schaltern kann man 256 verschiedene Zustände von Strom an und Strom aus darstellen, je nachdem in welchen unterschiedlichen Kombinationen Strom fließt bzw. nicht fließt. Somit kann man Zahlen und Buchstaben codiert darstellen. Die ersten vier Schalter stellen z. B. dar, ob es sich um eine Zahl, einen Buchstaben oder ein Satzzeichen handelt, die letzten vier Stellen bezeichnen genau, um welche Ziffer oder um welches Zeichen es sich handelt. Zum Beispiel gilt für folgende Kombinationen:

○○◉◉	Zahl	○○○◉	1	binär: 00110001
○◉○○	Buchstabe groß	○○○◉	A	binär: 01000001
○◉◉○	Buchstabe klein	○○◉○	b	binär: 01100010

Wenn ein PC eingeschaltet wird, fließt Strom. Auf dem Motherboard (Hardware innen in einem PC) befinden sich viele Schalter, die von der Software die Information erhalten, welche Schalter Strom durchlassen dürfen und welche nicht. Auf dem Motherboard befindet sich auch der Prozessor (Hardware), die zentrale Recheneinheit des PCs.

Durch das Einschalten des PCs wird zunächst das BIOS (Basic Input Output System, Software) aktiviert. Das BIOS sitzt in einem Bestandteil des PCs, den man ROM (Read Only Memory) nennt. Hier können Informationen nur ausgelesen, jedoch nicht verändert werden. Zum BIOS gehört auch die Startroutine, die bei jedem Einschalten des PCs die gleichen Arbeitsschritte in der gleichen Reihenfolge durchläuft, nämlich zunächst überprüft, ob die Hardware, wie z. B. Grafikkarte, Tastatur, Festplatte etc., angeschlossen und betriebsbereit ist.

Um mit dem PC zu kommunizieren, benötigt man ein Betriebssystem, das als nächstes geladen wird. Das Betriebssystem, z. B Windows von Microsoft oder Linux, beinhaltet alle Werkzeuge, die man braucht, um mit dem PC zu arbeiten. Es ist also die Schnittstelle zwischen Hardware und Anwendungsprogrammen.

Drückt jetzt der Benutzer eine Buchstabentaste auf der Tastatur, wird eine Folge von Strom an bzw. Strom aus an den Prozessor weitergegeben, der nun eine Verbindung zur Grafikkarte herstellt, die den entsprechenden Buchstaben auf dem Monitor darstellt. Solange der PC eingeschaltet ist, wird dieser Buchstabe, der auf dem Monitor sichtbar ist, nur im Arbeitsspeicher gespeichert. Möchte man die Datei mit dem Buchstaben dauerhaft speichern, werden die Informationen wieder über Strom an und Strom aus in den entsprechenden Schaltern elektromagnetisch auf der Festplatte gespeichert.

Folgesituation

Herr Thüne ist von der Präsentation völlig begeistert und bittet Bettina Lotto, folgende drei Lieferanten anzuschreiben bzw. anzumailen, die eingehenden Angebote auszuwerten und den Bestellvorgang abzuschließen.
Kontakte Lieferanten

Kontakte Lieferanten			
Lieferantenname	IT Konkret	Elektro Spitz	Jupiter
Lieferantennummer	274055	274080	275001
Ansprechpartner	Dirk Meyer	Henriette Spitz	Özlem Bulut
Straße	Hauptstr. 27	Am schönen Ufer 177	Media Allee 25 a
PLZ	26180	22527	12207
Ort	Oldenburg	Hamburg	Berlin

Da bereits langfristige Geschäftsbeziehungen zur Firma PC-Schnell-Und-Gut bestehen, die sämtliche Hardware und Software für die Fly Bike Werke installiert, braucht sich Bettina Lotto nicht um Angebote für die Installation zu kümmern.

Handlungsaufträge

1 Unterstützen Sie Bettina Lotto bei der Abwicklung des Beschaffungsvorgangs. Planen Sie Ihr Vorgehen und greifen Sie dabei auch ggf. auf Ihre Unterlagen aus den Lernsituationen 9 und 10 zurück.

2 Nutzen Sie die Zeit bis zum Eingang der PC-Angebote, um Ihre Excel-Kenntnisse zu vertiefen und bearbeiten Sie die Arbeitsblätter 13.4 (SVERWEIS), 13.5 (WVERWEIS) und 13.6 (Arbeiten mit mehreren Tabellenblättern).

3 Nach 3 Tagen liegen Ihnen die auf den folgenden Seiten abgedruckten Angebote der angeschriebenen Firmen vor. Vergleichen Sie zunächst die Bezugspreise. Sie können dabei auf die Datei *quantitativer_Angebotsvergleich.xlsx* zurückgreifen, die Sie in Lernsituation 10 angelegt haben.
Nutzen Sie zusätzlich Ihre neu erworbenen Excelkenntnisse.

a Übertragen Sie die Kontaktdatei, die Sie von Herrn Thüne erhalten haben, auf ein gesondertes Tabellenblatt „Kontaktdaten" und ergänzen Sie Ihre Angebotsvergleichstabelle mithilfe der neuen Excelbefehle um die Lieferantennummer.

b Erstellen Sie auf einem weiteren Tabellenblatt „Konditionen" eine Übersicht über die Angebotskonditionen nach folgendem Muster:

Konditionen Lieferanten				
Lieferantennummer	**Listenpreis**	**Skonto**	______	______
______	______ €	______ %	______ %	______ €
______	______ €	______ %	______ %	______ €
______	______ €	______ %	______ %	______ €

Nutzen Sie anschließend wieder die neu erlernten Formeln, um die Konditionen der drei Lieferanten in Ihre Angebotsvergleichstabelle zu übernehmen.

4 Führen Sie anschließend eine Nutzwertanalyse durch. Arbeitsblatt 10.3 aus Lernsituation 10 kann Ihnen hierbei zur Orientierung dienen. Ziehen Sie als Beurteilungskriterien die Merkmale Arbeitsspeicher, Festplattengröße, Grafikkarte, Lieferzeit, Marke/Qualitätseinschätzung, Preis, Prozessorleistung, WLAN/LAN, Zuverlässigkeit des Lieferanten heran. Sichten Sie dazu auch die Notizen, die sich Bettina Lotto zu den 3 potenziellen Lieferanten gemacht hat.

5 Für welchen Lieferanten haben Sie sich entschieden? Begründen Sie!

Angebot 1:

IT Lösung Konkret
Hauptstr. 27
26180 Oldenburg

IT Lösung Konkret · Hauptstraße 27 · 26180 Oldenburg

Fly Bike Werke GmbH
Rostocker Str. 334
26121 Oldenburg

Ihr Zeichen, Ihre Nachricht vom	Unser Zeichen, unsere Nachricht vom	Telefon, Name	Datum
prakt002, 23.05.20XX	ITK-ME	0441 4275-471, Dirk Meyer	25.05.20XX

Ihre Anfrage nach Arbeitsplatzcomputern

Sehr geehrte Frau Lotto,

vielen Dank für Ihre Anfrage nach unseren Produkten.
Folgenden Artikel können wir Ihnen anbieten:

Sino VINCI, 17,3 Zoll, 1600 x 900 Pixel
4 GB RAM, 2 x 2,5 GHz Telli Yuartium, Kapazität 500 GB, WLAN- und LAN, Bluetooth, DVD Super Multi Brenner, Grafikkarte Telli 3000 HD und Soundprozessor onboard, Gewicht 3,2 kg, Betriebssystem und Officepaket nach Wunsch.

630,00 Euro pro Stück

Die PCs sind vorrätig und können sofort nach Bestellungseingang geliefert werden.
Bei Abnahme von mindestens 5 Stück erhalten Sie 5 % Rabatt auf den oben genannten Preis.
Bei Rechnungsausgleich innerhalb von 14 Tagen gewähren wir 2 % Skonto. Für die Lieferung berechnet unsere Spedition 25,00 Euro.

Herzliche Grüße

IT Lösung Konkret

i. A. Dirk Meyer

Dirk Meyer

Bisher wenig Erfahrung mit Jupiter, bei der letzten Bestellung gab es Reklamationen, die aber nach einigen Telefonaten und einer Nachbesserung geklärt werden konnten.
Firma vertreibt lokale Eigenmarke, taucht in Testberichten bisher nicht auf.

Angebot 2:

Elektro Spitz
Am schönen Ufer 177
22527 Hamburg

Elektro Spitz · Am schönen Ufer 177 · 22527 Hamburg

Fly Bike Werke GmbH
Frau Lotto
Rostocker Str. 334
26121 Oldenburg

Ihr Zeichen: prakt002
Ihre Nachricht vom: 23.05.20XX
Unser Zeichen:
Unsere Nachricht vom:

Name: Henriette Spitz
Telefon: 040 38566 12
Telefax: 040 38566 10
E-Mail: he.spitz@elektro-spitz.de

Datum: 25.05.20XX

Ihre Anfrage nach Arbeitsplatzcomputern

Sehr geehrte Frau Lotto,

auf Ihre Anfrage bieten wir Ihnen an:

TELL Business,

17,3 Zoll, 1600 x 900 Pixel	2 x 2,5 GHz SSD	8 GB RAM	Festplatte 750 GB
DVD Brenner, Blu-ray-Laufwerk	10 Mbit/s 100 Mbit/s 1000 Mbit/s LAN	eingebautes Wireless-LAN	Bluetooth, Card Reader
Grafikkarte NOVODIA 2700 UR 1024 MB	Aktuelles Betriebssystem	Office Paket	4,15 kg

Listenpreis: 700,00 Euro/Stück

Bei Abnahme von 5 baugleichen Geräten gewähren wir Ihnen 7 % Rabatt. Für die Lieferung berechnen wir eine Bezugskostenpauschale von 35,00 Euro. Bei Begleichung unserer Rechnung innerhalb von 14 Tagen gewähren wir 1,5 % Skonto. Die Lieferzeit beträgt 3 Tage.

Wir freuen uns Ihre Bestellung zu erhalten.

Mit freundlichen Grüßen

Elektro Spitz

Henriette Spitz

i. A. Henriette Spitz

Zuverlässiger Geschäftspartner der Fly Bike Werke; langjährige Zusammenarbeit, selten Probleme
Marke steht für gute Qualität zu meist etwas überdurchschnittlichen Preisen

Angebot 3:

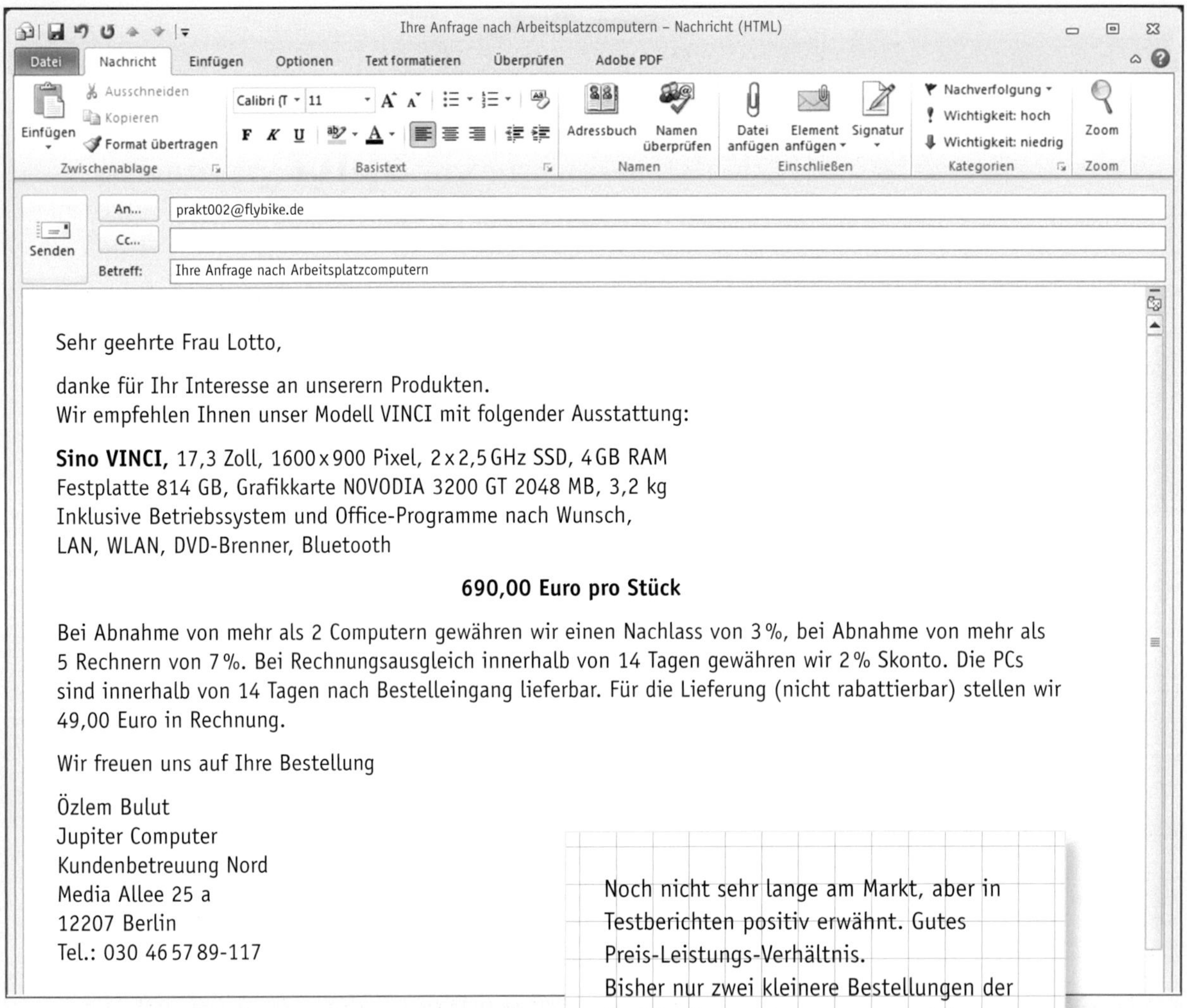
Ihre Anfrage nach Arbeitsplatzcomputern – Nachricht (HTML)

An... prakt002@flybike.de

Cc...

Betreff: Ihre Anfrage nach Arbeitsplatzcomputern

Sehr geehrte Frau Lotto,

danke für Ihr Interesse an unserern Produkten.
Wir empfehlen Ihnen unser Modell VINCI mit folgender Ausstattung:

Sino VINCI, 17,3 Zoll, 1600 x 900 Pixel, 2 x 2,5 GHz SSD, 4 GB RAM
Festplatte 814 GB, Grafikkarte NOVODIA 3200 GT 2048 MB, 3,2 kg
Inklusive Betriebssystem und Office-Programme nach Wunsch,
LAN, WLAN, DVD-Brenner, Bluetooth

690,00 Euro pro Stück

Bei Abnahme von mehr als 2 Computern gewähren wir einen Nachlass von 3 %, bei Abnahme von mehr als 5 Rechnern von 7 %. Bei Rechnungsausgleich innerhalb von 14 Tagen gewähren wir 2 % Skonto. Die PCs sind innerhalb von 14 Tagen nach Bestelleingang lieferbar. Für die Lieferung (nicht rabattierbar) stellen wir 49,00 Euro in Rechnung.

Wir freuen uns auf Ihre Bestellung

Özlem Bulut
Jupiter Computer
Kundenbetreuung Nord
Media Allee 25 a
12207 Berlin
Tel.: 030 46 57 89-117

Noch nicht sehr lange am Markt, aber in Testberichten positiv erwähnt. Gutes Preis-Leistungs-Verhältnis.
Bisher nur zwei kleinere Bestellungen der Fly Bike Werke, aber sehr gute Erfahrungen mit diesem Unternehmen im privaten Bekanntenkreis.

Arbeitsblatt 13.4 | SVERWEIS (Excel)

In Lernfeld 6 haben Sie bereits verschiedene Funktionen in Excel kennengelernt.
Mithilfe der hier vorgestellten Funktion SVERWEIS lassen sich zu einem Zelleninhalt passende Werte aus einem anderen Zellbereich z. B. einer Tabelle suchen und in einer weiteren Zelle anzeigen.

Die Formel für SVERWEIS ist folgendermaßen aufgebaut:

=SVERWEIS(SUCHKRITERIUM;MATRIX;SPALTENINDEX)

SUCHKRITERIUM: Das Suchkriterium ist der Ausgangswert, der vorgegeben ist und zu dem nun passende Werte gefunden werden sollen.

MATRIX: Die Matrix ist die Tabelle, in der nach den passenden Werten gesucht wird.

Hinweis
SVERWEIS setzt voraus, dass die Tabelle (die Matrix), in der gesucht werden soll, senkrecht aufgebaut ist und das Suchkriterium in dieser Matrix aufsteigend sortiert ist.

SPALTENINDEX: Der Spaltenindex gibt an, in der wievielten Spalte der Tabelle sich der gesuchte Wert befindet.

Beispiel:

	A	B	C	D	E	F	G	H	I	J	K
1											
2	Rechnung				Kunden-nummer	Name der Firma	Straße	PLZ	Ort		
3	Kundennummer	10001			10001	Radbauer GmbH	Augsburger Str. 21	80335	München		
4	Name				10002	Schöller & Co. OHG Fahrradhandel	Parlamentsplatz 2	60385	Frankfurt a. M.		
5	Straße				10003	Fahrradhandel Uwe Klein e. K.	Am Wasserturm 4	66113	Saarbrücken		
6	PLZ				10004	Zweirad Gmbh	Herzogstr. 70	40251	Düsseldorf		
7	Ort				10005	Fahrrad & Motorrad GmbH	Alter Hellweg 46	44379	Dortmund		
8					10006	Bike GmbH	Leipziger Chaussee 12	39118	Magdeburg		
9					10007	Zweiradhandelsgesellschaft GmbH	Unter den Linden 42	10178	Berlin		
10					10008	Nordrad GmbH	Alter Markt 28	18055	Rostock		
11											

Geben Sie diese Daten in Excel ein und speichern Sie sie unter dem Namen *RechnungSV.xlsx* ab

Die Zellen B4, B5, B6 und B7 in der kleinen Tabelle Rechnung sollen nun mithilfe der SVERWEIS-Funktion ausgefüllt werden. Dazu müssen aus der nebenstehenden Matrix die Werte herausgesucht werden, die zu der Kundennummer in Zelle B3 passen.

Für Zelle B4 lautet die Aufgabe also: Suche zum vorgegebenen Wert in Zelle **B3** den passenden Wert aus der Tabelle **E3 bis I10**, der dort in der **2. Spalte** steht.

Oder als Formel ausgedrückt: =SVERWEIS([B3];[E3:I10];[2])

Formalansicht

	A	B
1		
2	Rechnung	
3	Kundennummer	10001
4	Name	=SVERWEIS(B3;E3:I10;2)

Ergebnis

	A	B
1		
2	Rechnung	
3	Kundennummer	10001
4	Name	Radbauer GmbH

Ergänzen Sie die Formeln für die Zellen, sodass folgendes Ergebnis zu sehen ist:

	A	B
1		
2	Rechnung	
3	Kundennummer	10001
4	Name	Radbauer GmbH
5	Straße	Augsburger Str. 21
6	PLZ	80335
7	Ort	München
8		

B5: ______________________________

B6: ______________________________

B7: ______________________________

Ändern Sie dann die Kundennummer in Zelle B3 in 10002 ab.
Was geschieht nun in den Zellen?

B4: ______________________________

B5: ______________________________

B6: ______________________________

B7: ______________________________

Arbeitsblatt 13.5 | WVERWEIS (Excel)

Der Aufbau der Formel für WVERWEIS ist identisch mit dem Aufbau der Formel für SVERWEIS.

=WVERWEIS(SUCHKRITERIUM;MATRIX;SPALTENINDEX)

Geben Sie die nebenstehenden Daten in Excel ein und speichern Sie sie unter dem Namen *RabattklasseWV.xlsx* ab

	A	B	C	D	E	F
1	ART_NR	Art_Bezeichnung	Verkaufspreis	Rabattklasse	Rabatt	Verkaufspreis nach Rabatt
2	1001	City SX Räder Damen	19,95 €	3		
3	1002	City SX Räder Herren	19,95 €	3		
4	1011	Fahrrad City Glide Rahmenhöhe 48	355,00 €	3		
5	1012	Fahrrad City Glide Rahmenhöhe 52	355,00 €	3		
6	1704	Fahrradhelm Vexo Teamsport	100,00 €	2		
7	1705	Fahrradhelm ROGI Toplevel	109,95 €	2		
8	7003	MTB ST Lenkung	33,67 €	2		
9	7004	MTB XT Lenkung	28,83 €	2		
10	7005	Renn Lenker	38,74 €	2		
11	7006	Kids TW Lenker	11,18 €	2		
12	7011	Shirt Steff Superfast Größe S	29,95 €	4		
13	7012	Shirt Steff Superfast Größe M	29,95 €	4		
14	7023	Shorts Steff Superfast Größe L	29,95 €	4		
15	7024	Shorts Steff Superfast Größe XL	29,95 €	4		
16	7025	Shorts Steff Superfast Größe XXL	29,95 €	4		
17	7033	Jacket Steff Superfast Größe L	49,95 €	4		
18	7034	Jacket Steff Superfast Größe XL	49,95 €	4		
19	7035	Jacket Steff Superfast Größe XXL	49,95 €	4		
20	9101	City SX Verpackung 1	3,58 €	1		
21	9102	MTB XT Verpackung 1	3,98 €	1		
22	9105	Renn Verpackung 1	7,00 €	1		

	H	I	J	K	L
1	Rabattklasse	1	2	3	4
2	Rabatt	0%	10%	20%	25%

Die Spalte E (Rabatt) in der großen Tabelle soll nun mithilfe der WVERWEIS-Funktion gefüllt werden. Die Werte der Zellen E2 bis E22 müssen zu den Rabattklassen der Spalte D passen und können aus der nebenstehenden kleinen Matrix herausgesucht werden.

Für Zelle E2 lautet die Aufgabe zum Beispiel: Suche zum vorgegebenen Wert in Zelle **D2** den passenden Wert aus der Tabelle **I1 bis L2**, der dort in der **2. Zeile** steht.

Oder als Formel ausgedrückt: =WVERWEIS(D2;$I$1:$L$2;2)

Hinweis

WVERWEIS setzt voraus, dass die Tabelle (die Matrix), in der gesucht werden soll, **waagrecht** aufgebaut ist, das Suchkriterium also in einer Zeile gesucht wird und dort **aufsteigend** sortiert ist.

	A	B	C	D	E	F
1	ART_NR	Art_Bezeichnung	Verkaufspreis	Rabattklasse	Rabatt	Verkaufspreis nach Rabatt
2	1001	City SX Räder Damen	19,95	3	=WVERWEIS(D2;$I$1:$L$2;2)	=C2-C2*E2

Um die Formel direkt in die darunter stehenden Zellen kopieren zu können, ist es sinnvoll für die Matrix einen absoluten Zellbezug einzugeben.

Ergänzen Sie die Formeln für die Zellen E3 bis E22 und für die Spalte F, sodass das hier abgebildete Ergebnis zu sehen ist.

	A	B	C	D	E	F
1	ART_NR	Art_Bezeichnung	Verkaufspreis	Rabattklasse	Rabatt	Verkaufspreis nach Rabatt
2	1001	City SX Räder Damen	19,95 €	3	20%	15,96 €
3	1002	City SX Räder Herren	19,95 €	3	20%	15,96 €
4	1011	Fahrrad City Glide Rahmenhöhe 48	355,00 €	3	20%	284,00 €
5	1012	Fahrrad City Glide Rahmenhöhe 52	355,00 €	3	20%	284,00 €
6	1704	Fahrradhelm Vexo Teamsport	100,00 €	2	10%	90,00 €
7	1705	Fahrradhelm ROGI Toplevel	109,95 €	2	10%	98,96 €
8	7003	MTB ST Lenkung	33,67 €	2	10%	30,30 €
9	7004	MTB XT Lenkung	28,83 €	2	10%	25,95 €
10	7005	Renn Lenker	38,74 €	2	10%	34,87 €
11	7006	Kids TW Lenker	11,18 €	2	10%	10,06 €
12	7011	Shirt Steff Superfast Größe S	29,95 €	4	25%	22,46 €
13	7012	Shirt Steff Superfast Größe M	29,95 €	4	25%	22,46 €
14	7023	Shorts Steff Superfast Größe L	29,95 €	4	25%	22,46 €
15	7024	Shorts Steff Superfast Größe XL	29,95 €	4	25%	22,46 €
16	7025	Shorts Steff Superfast Größe XXL	29,95 €	4	25%	22,46 €
17	7033	Jacket Steff Superfast Größe L	49,95 €	4	25%	37,46 €
18	7034	Jacket Steff Superfast Größe XL	49,95 €	4	25%	37,46 €
19	7035	Jacket Steff Superfast Größe XXL	49,95 €	4	25%	37,46 €
20	9101	City SX Verpackung 1	3,58 €	1	0%	3,58 €
21	9102	MTB XT Verpackung 1	3,98 €	1	0%	3,98 €
22	9105	Renn Verpackung 1	7,00 €	1	0%	7,00 €

	H	I	J	K	L
1	Rabattklasse	1	2	3	4
2	Rabatt	0%	10%	20%	25%

Die Formel für F2 lautet:

____

Ändern Sie dann den Rabattsatz in der Zelle K2 in 15 % ab.
Was geschieht nun in den Zellen:

E2: ____

F5: ____

E6: ____

Begründen Sie Ihre Antwort.

Arbeitsblatt 13.6 | Arbeiten mit mehreren Tabellenblättern

Am unteren Rand der Bildschirmansicht in Excel sehen Sie mehrere Karteireiter.

Standardmäßig bietet Excel bei jeder neu geöffneten Datei drei Tabellenblätter an: Tabelle1, Tabelle2 und Tabelle 3.

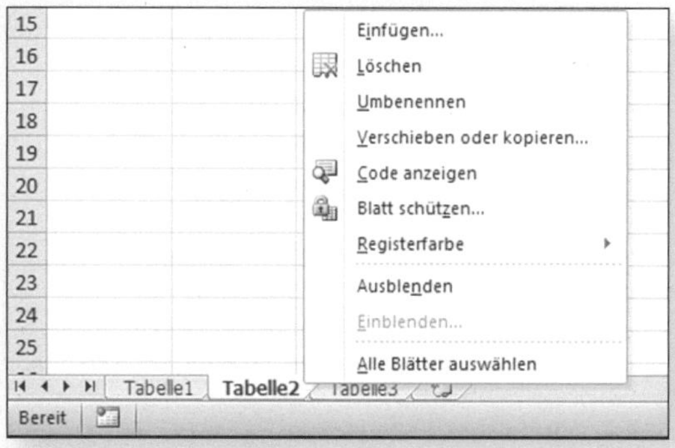

Mit einem rechten Mausklick auf diese Karteireiter erscheint folgendes Kontextmenü und die Tabellenblätter können individuell angepasst werden.

Als wichtigste Funktionen bietet Excel hier die Möglichkeit neue Tabellenblätter einzufügen, Tabellenblätter zu löschen, sie umzubenennen, in andere Dateien zu verschieben oder zu kopieren und mit unterschiedlichen Farben zu versehen.

Verändern Sie in einer neuen Datei mit dem Namen *Rechnung2.xlsx* die Tabellenblätter folgendermaßen:

Tabelle1: Umbenennen in RECHNUNG2
Farbe rot

Tabelle2: Umbenennen in KUNDEN
Farbe blau

Tabelle3: Umbenennen in ARTIKEL
Farbe grün

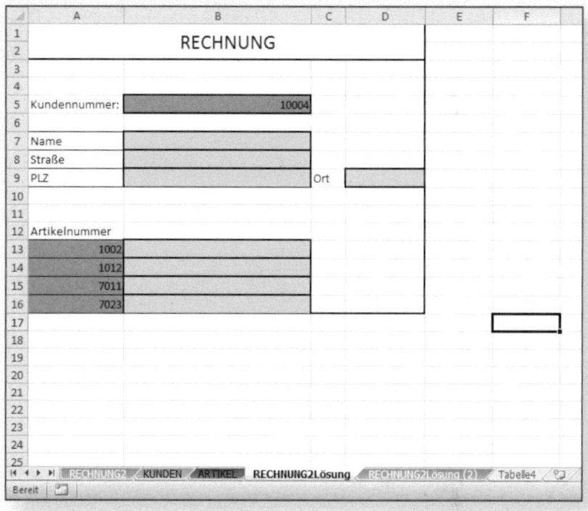

Geben Sie nebenstehendes Muster für eine Rechnung in das Tabellenblatt RECHNUNG2 ein.
In die Zellen B7, B8, B9 und D9 sollen mithilfe der WVERWEIS-Funktion Daten eingetragen werden, die aus dem Tabellenblatt KUNDEN entnommen werden sollen.
Hierzu muss die Formel, die wir in Arbeitsblatt 13.5 kennengelernt haben, ein wenig abgeändert werden. Vor der Angabe des Zellbereichs (der Matrix), in dem nach den passenden Daten gesucht werden soll, muss nun der Name des Tabellenblatts eingegeben werden, auf dem sich die Matrix befindet. Der Name der Tabelle wird mit einem Ausrufezeichen von der Matrix getrennt:

=WVERWEIS(SUCHKRITERIUM;KUNDEN!MATRIX;SPALTENINDEX)

In die Zellen B13, B14, B15, B16 sollen mithilfe der SVERWEIS-Funktion Daten aus dem Tabellenblatt ARTIKEL übernommen werden.
Auch hier muss die Formel abgeändert werden:

=SVERWEIS(SUCHKRITERIUM;ARTIKEL!MATRIX;SPALTENINDEX)

Geben Sie folgende Daten in die Tabelle KUNDEN ein:

	A	B	C	D	E	F	G	H	I
1	Kundennummer	10001	10002	10003	10004	10005	10006	10007	10008
2	Name	Radbauer GmbH	Schöller & Co. OHG Fahrradhandel	Fahrradhandel Uwe Klein e. K.	Zweirad Gmbh	Fahrrad & Motorrad GmbH	Bike GmbH	Zweiradhandelsgesellschaft GmbH	Nordrad GmbH
3	Straße	Augsburger Str. 21	Parlamentsplatz 2	Am Wasserturm 4	Herzogstr. 70	Alter Hellweg 46	Leipziger Chaussee 12	Unter den Linden 42	Alter Markt 28
4	PLZ	80335	60385	66113	40251	44379	39118	10178	18055
5	Ort	München	Frankfurt a. M.	Saarbrücken	Düsseldorf	Dortmund	Magdeburg	Berlin	Rostock

Geben Sie folgende Daten in die Tabelle ARTIKEL ein und ergänzen Sie nun alle fehlenden Formeln in der Tabelle Rechnung.

	A	B
1	Artikelnummer	Artikelbezeichnung
2	1001	City SX Räder Damen
3	1002	City SX Räder Herren
4	1012	Fahrrad City Glide Rahmenhöhe 52
5	1704	Fahrradhelm Vexo Teamsport
6	7011	Shirt Steff Superfast Größe S
7	7023	Shorts Steff Superfast Größe L

Aufgaben

Aufgabe 1:
Beantworten sie die folgenden grundlegenden Fragen rund um Ihren Computer:

a Was versteht man bei einem Computer unter Hardware und Software?

b Was ist ein Bit, ein Byte, ein Kilobyte, ein Megabyte, ein Gigabyte, ein Terrabyte?

c Wodurch unterscheidet sich das Betriebssystem von Anwenderprogrammen?

d Was versteht man unter Software?
- ☐ Betriebssysteme
- ☐ Anwendungen
- ☐ Spiele
- ☐ Office-Programme

e Was ist ein Prozessor?
- ☐ ein Bestandteil eines Monitors
- ☐ ein Eingabegerät
- ☐ die zentrale Rechen- und Steuereinheit eines PCs
- ☐ ein Ausgabegerät
- ☐ ein Bestandteil eines Druckers

f Welches der folgenden Geräte ist sowohl ein Eingabe- als auch ein Ausgabegerät
- ☐ Touchscreen
- ☐ Bildschirm
- ☐ Kopfhörer
- ☐ Drucker
- ☐ Maus

Aufgabe 2:

a Welche Teile eines Computers sind unentbehrlich für sein Funktionieren?

____

b In welcher Einheit wird die Geschwindigkeit eines Computers gemessen?

____

c Welche Aussagen sind richtig
- ☐ Kabel und andere flexible Teile eines Computers werden als Software bezeichnet.
- ☐ Software ist ein anderes Wort für Programm.
- ☐ DVDs und USB-Sticks gehören zur Software, Bildschirm und Tastatur zu Hardware.

d Welche Aussagen treffen zu?
- ☐ Ein Byte entspricht genau 8 Bit.
- ☐ Ein Megabyte ist das Doppelte von einem normalen Byte.
- ☐ 1000 MB entsprechen einem GB.
- ☐ Ein Gigabyte entspricht ungefähr 1.000.000.000 Byte.

e Was ist eine Festplatte?
- ☐ die zentrale Rechen- und Steuereinheit eines PCs
- ☐ ein besonders schneller Drucker
- ☐ ein Gerät, welches Betriebssystem, Programme und Daten speichert
- ☐ ein Bestandteil des Monitor

Aufgabe 3
Die Fly Bike Werke GmbH zahlt Ihren Kundenbetreuern eine umsatzabhängige Provision.
Erstellen Sie die Datei *Provisionsabrechnung.xlsx* nach unten abgebildetem Muster und ermitteln Sie mithilfe einer geeigneten, kopierfähigen Formel den Provisionssatz und berechnen Sie die Provision für den jeweiligen Mitarbeiter.

	A	B	C	D	E	F	G	H	I
1	Provisionsberechnung 2013					Umsatz ab	Provisionssatz		
2						- €	0,00%		
3		Umsatz	Provisionssatz	Provision		10.000,00 €	0,50%		
4	Baumann	37.000,00 €				20.000,00 €	1,00%		
5	Ganser	45.000,00 €				30.000,00 €	2,00%		
6	Polster	41.000,00 €				40.000,00 €	3,00%		
7	Sales	55.000,00 €				50.000,00 €	5,00%		
8									

Aufgabe 4

Die Kundenbetreuer der Fly Bike Werke GmbH nutzen Dienstfahrzeuge um Kunden persönlich zu besuchen. Hierüber führt das Rechnungswesen eine Liste, um die Ausgaben für Kraftstoff zu ermitteln.

Erstellen Sie eine Datei *Krafstoffkosten.xlsx* mit folgenden Tabellenblättern:

Verbrauch

	A	B	C	D	E	F	G	H
1	KFZ-Kennzeichen: OL-FB 5433							
2	Fahrer:							
3	Fahrzeugtyp:							
4	Kraftstoffsorte:							
5								
6	Verbrauch und Kraftstoffkosten							
7	Datum	Zeitspanne	Tachostand	getankte Menge	Betrag	gefahrene Strecke	Verbrauch auf 100 km	Literpreis
8	04.09.2013		15	0				
9	15.09.2013		636	38,87	58,19 €			
10	27.09.2013		1299	41,95	62,98 €			
11	09.10.2013		1975	37,91	56,57 €			
12	17.10.2013		2598	37,44	56,42 €			
13	02.11.2013		3221	36,91	55,88 €			
14	20.11.2013		3755	40,98	61,23 €			
15	01.12.2013		4599	47,47	68,26 €			
16	21.12.2013		5288	44,36	65,05 €			
17								

Fahrzeuge

	A	B	C	D
1–2	KFZ Nutzung			
3	Kennzeichen	Fahrer	Farzeugtyp	Kraftstoff
4	OL-FB 1630	Baumann	Lepo Sectra	Diesel
5	OL-FB 1654	Ganser	Wech Target	Super
6	OL-FB 5114	Polster	Hora A4	Superplus
7	OL-FB 5433	Sales	Lepo Dastra	Super
8				

- Ermitteln Sie durch Eingabe des Kennzeichens in Zelle B1, mit Hilfe einer geeigneten kopierfähigen Formel, die weiteren Daten in den Zellen B3, B4, B5.
- Formatieren Sie alle Zellen sinnvoll.
- Ermitteln Sie in Spalte B die Zeitpanne zwischen den Tankstopps in Tagen, in Spalte F die gefahrene Strecke, in Spalte G den Verbrauch in Litern auf 100 km und in Spalte H den Literpreis bei jedem Tankstopp.

Aufgabe 5

Die Mitarbeiter der Fly Bike Werke GmbH nehmen regelmäßig an Fortbildungen teil.
Nach Abschluss der Fortbildungen sollen die entstandenen Kosten berechnet werden.

Erstellen Sie eine Datei *Seminarkosten.xlsx* mit folgenden Tabellenblättern:

Kosten

	A	B	C	D	E	F	G	H
1–2	Kosten Seminarteilnahmen							
3	Personalnummer	Vergütungsgruppe	Teilnahme Excel	Teilnahme PowerPoint	Schulungstage	Seminarkosten	Kosten Abwesenheit	Gesamte Kosten
4	22100	5	x	x				
5	22300	3		x				
6	24000	2	x					
7	33000	4						
8	40000	1	x					
9	42100	5		x				
10	43100	3	x	x				
11								
12								
13	Kosten je Seminartag			150,00 €				
14	Anzahl Arbeitstage je Monat			20				
15	Dauer Excel Seminar in Tagen			5				
16	Dauer PowerPoint Seminar in Tagen			2				
17								

Vergütung

	A	B	C	D	E	F	G
1	Vergütungsgruppe	1	2	3	4	5	
2	Monatsgehalt	1.400,00 €	1.600,00 €	1.800,00 €	2.000,00 €	2.200,00 €	
3							

Ermitteln Sie mit Hilfe geeigneter, kopierfähiger Funktionen die Anzahl der Schulungstage, die Seminarkosten, die Abwesenheitskosten vom Arbeitsplatz sowie die gesamten Schulungskosten je Mitarbeiter.

Aufgabe 6

Die Fly Werke GmbH möchte alle Rechnungen in Zukunft in Excel erstellen. Entwerfen Sie zunächst folgendes Rechnungsformular bzw. nutzen Sie die Vorlage *Rechnung_Flybike.xlsx*.

a Ergänzen Sie die Tabellenblätter Rechnung, Kunden, Artikel, Ansprechpartner, Versandart.

b Beschriften Sie die Tabellenblätter, wie unten ersichtlich

c Stellen Sie die Registerfarben der Tabellenblätter wie unten ersichtlich ein.

d Alle blauen (in der Abb. rechts dunkelgrau eingefärbten) Felder sind mit Werten auszufüllen.

e Alle orangen (in der Abb. rechts hellgrau eingefärbten) Felder sind mit geeigneten, kopierfähigen Formeln zu hinterlegen.

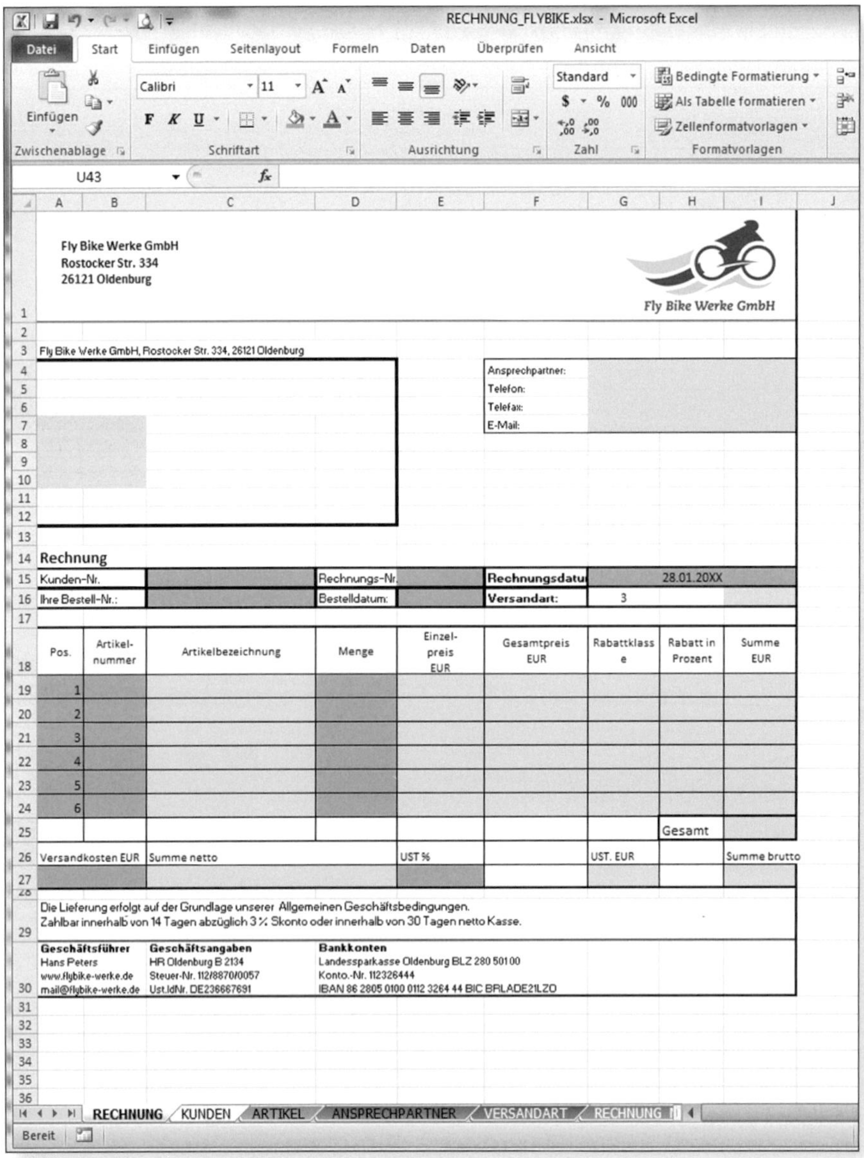

Kunden

Kundennummer	Firma	PLZ	Wohnort	Straße	Land
10001	Radbauer GmbH	80335	München	Augsburger Str. 21	DEUTSCHLAND
10007	Zweiradhandelsgesellschaft GmbH	10178	Berlin	Unter den Linden 42	DEUTSCHLAND
10008	Nordrad GmbH	18055	Rostock	Alter Markt 28	DEUTSCHLAND
20012	Südrad e. G.	85221	Dachau	Schleißheimer Str. 20	DEUTSCHLAND
20014	Interrad e. G.	12107	Berlin	Großbeerenstr. 30	DEUTSCHLAND
30033	Austria Fahrradhandelsgesellschaft AG	52066	Aachen	Rautenweg 182	DEUTSCHLAND
40021	Hofkauf AG	50735	Köln	Emdener Str. 4	DEUTSCHLAND
40022	Matro AG	45127	Essen	Altenessener Str. 611	DEUTSCHLAND

Artikel

	A	B	C	D	E	F	G	H	I	J
1	ART_NR	Art_Bezeichnung	Verkaufspreis	Rabattklasse		Rabattklasse	1	2	3	4
2	1001	City SX Räder Damen	19,95 €	3		Rabatt	0%	10%	20%	25%
3	1012	Fahrrad City Glide Rahmenhöhe 52	355,00 €	3						
4	1704	Fahrradhelm Vexo Teamsport	100,00 €	2						
5	7003	MTB ST Lenkung	33,67 €	2						
6	7005	Renn Lenker	38,74 €	2						
7	7006	Kids TW Lenker	11,18 €	2						
8	7011	Shirt Steff Superfast Größe S	29,95 €	4						
9	7024	Shorts Steff Superfast Größe XL	29,95 €	4						
10	7034	Jacket Steff Superfast Größe XL	49,95 €	4						
11	9102	MTB XT Verpackung 1	3,98 €	1						
12	9105	Renn Verpackung 1	7,00 €	1						

Ansprechpartner

	A	B	C	D	E
1	Kundennummer	Sachbearbeiter	Telefonnummer	Fax Nummer	E-Mail-Adresse
2	10001	Herr Baumann	+49 441 885 1346	+49 441 885 9211	Baumann@flybike.de
3	10007	Herr Baumann	+49 441 885 1346	+49 441 885 9211	Baumann@flybike.de
4	10008	Herr Baumann	+49 441 885 1346	+49 441 885 9211	Baumann@flybike.de
5	20012	Frau Ganser	+49 441 885 1347	+49 441 885 9211	Ganser@flybike.de
6	20014	Herr Baumann	+49 441 885 1346	+49 441 885 9211	Baumann@flybike.de
7	30033	Herr Polster	+49 441 885 1344	+49 441 885 9211	Polster@flybike.de
8	40021	Herr Sales	+49 441 885 1349	+49 441 885 9211	Sales@flybike.de
9	40022	Herr Sales	+49 441 885 1349	+49 441 885 9211	Sales@flybike.de

Versandart

	A	B	C
1	Versandart		
2	1	2	3
3	Spedition	Schiffracht	Bahnfracht

Aufgabe 5
Ergänzen Sie Ihre Lernkartei.

Aufgabe 6
Führen Sie Ihr Lerntagebuch.

SB BWR ▸ Seite 152 ff. | Handlungsfeld 2, Kap. 2.2.2

LS BWR ▸ Seite 138 ff. | Lernsituation 22

Datenschutz

Situation

Bettina Lotto konnte Herrn Thüne von ihrer Auswahl überzeugen und durfte ihren ersten Bestellprozess eigenständig von der Anfrage bis zur Bestellung durchführen. Deshalb freut sie sich umso mehr, als sie von Herrn Thüne den Auftrag bekommt, den Installationsprozess durch den Techniker der Firma PC-Schnell-Und-Gut zu begleiten.
Die Installation der neuen Computer wird durch Herrn Müller durchgeführt. Als Bettina Lotto den Techniker am ersten Tag in die Abteilung Verwaltung begleitet, müssen die Mitarbeiter der Abteilung Ihre Arbeit unterbrechen und ihren Arbeitsplatz räumen. Als Hans Müller alle Vorarbeiten erledigt hat und einen neuen Rechner installiert, startet plötzlich der Drucker und es werden mehrere Gehaltsabrechnungen für Mitarbeiter aller Unternehmensebenen – von der Geschäftsführung bis zur Produktion – gedruckt.
Sowohl Herr Müller als auch Bettina Lotto stutzen, als sie Einblick in die Unterlagen bekommen …
Als der Leiter der Abteilung Verwaltung, Christoph Steffes, hereinkommt und das sieht, nimmt er die Unterlagen schnell an sich und bittet Bettina Lotto sofort um ein Gespräch.

Herr Steffes: Frau Lotto, wissen Sie, wie diese Gehaltsabrechnungen aus dem Drucker kommen konnten und hat etwa der Techniker, Herr Müller, diese Ausdrucke gesehen?

Bettina: Ich weiß auch nicht genau, wie das passieren konnte, plötzlich hat der Drucker einfach angefangen zu drucken. Ich glaube, Herr Müller hat die Unterlagen zwar gesehen, aber nicht genau gelesen.

Herr Steffes: Das sind nämlich ganz sensible Daten, die darf kein Unbefugter sehen. Ich glaube, Ihnen wäre es auch nicht recht, wenn jeder weiß, was Sie verdienen.

Bettina: Das stimmt, aber was sind denn genau sensible Daten?

Herr Steffes: Ich gebe Ihnen mal das Bundesdatenschutzgesetz, da steht alles drin. Es wäre schön, wenn Sie für alle Mitarbeiter eine Übersicht machen könnten, was im Datenschutzgesetz steht und welche Rechte und Pflichten alle hier haben, denn darüber sollte jeder Bescheid wissen.

Bettina: Das mache ich sofort.

Handlungsaufträge

1 Helfen Sie Bettina Lotto bei der Erstellung der Übersicht. Lesen Sie dazu den Auszug aus dem Bundesdatenschutzgesetz auf Informationsblatt 14.1 und recherchieren Sie im Internet. Die folgenden Fragen helfen Ihnen, die Übersicht zu strukturieren:
- **a** Was sind personenbezogene Daten?
- **b** Was muss geschützt werden?
- **c** Wann dürfen Daten erhoben und genutzt werden?
- **d** Wo findet bei den Fly Bike Werken die Speicherung von persönlichen Daten statt?

2 Datenschutz in Unternehmen dient jedoch nicht nur dem Schutz von Persönlichkeitsrechten. Jedes Jahr entstehen in Betrieben Millionenschäden durch den Verlust von Daten. Lesen Sie den Zeitungsartikel auf der übernächsten Seite und recherchieren Sie im Internet, warum Datensicherung für Unternehmen (und auch für Privatpersonen) so wichtig ist.

3 Durch welche Maßnahmen könnte die Fly Bike Werke GmbH ihre betriebliche Datensicherheit erhöhen? Überlegen Sie dabei zunächst, welche Ursachen Datenverluste haben können und welche Folgen jeweils damit verbunden sind. Bilden Sie dazu Lerngruppen von vier Personen. Recherchieren Sie jeder im Internet nach den Ursachen, Folgen von sowie den Maßnahmen gegen Datenverlust. Präsentieren Sie zunächst Ihre Ergebnisse einem Lernpartner aus dieser Gruppe. Erstellen Sie dann gemeinsam eine Mindmap und präsentieren Sie sie im Plenum.

Informationsblatt 14.1 | Auszug aus dem Bundesdatenschutzgesetz

§ 1 Zweck und Anwendungsbereich des Gesetzes
Zweck dieses Gesetzes ist es, den Einzelnen davor zu schützen, dass er durch den Umgang mit seinen personenbezogenen Daten in seinem Persönlichkeitsrecht beeinträchtigt wird.

§ 3 Weitere Begriffsbestimmungen
Personenbezogene Daten sind Einzelangaben über persönliche oder sachliche Verhältnisse einer bestimmten oder bestimmbaren natürlichen Person (Betroffener).

§ 4 Zulässigkeit der Datenerhebung, -verarbeitung und -nutzung
Die Erhebung, Verarbeitung und Nutzung personenbezogener Daten sind nur zulässig, soweit dieses Gesetz oder eine andere Rechtsvorschrift dies erlaubt oder anordnet oder der Betroffene eingewilligt hat.

§ 4a Einwilligung
Die Einwilligung ist nur wirksam, wenn sie auf der freien Entscheidung des Betroffenen beruht. Er ist auf den vorgesehenen Zweck der Erhebung, Verarbeitung oder Nutzung sowie, soweit nach den Umständen des Einzelfalles erforderlich oder auf Verlangen, auf die Folgen der Verweigerung der Einwilligung hinzuweisen. Die Einwilligung bedarf der Schriftform, soweit nicht wegen besonderer Umstände eine andere Form angemessen ist. Soll die Einwilligung zusammen mit anderen Erklärungen schriftlich erteilt werden, ist sie besonders hervorzuheben

§ 4f Beauftragter für den Datenschutz
Öffentliche und nicht-öffentliche Stellen, die personenbezogene Daten automatisiert verarbeiten, haben einen Beauftragten für den Datenschutz schriftlich zu bestellen. Nicht-öffentliche Stellen sind hierzu spätestens innerhalb eines Monats nach Aufnahme ihrer Tätigkeit verpflichtet. Das Gleiche gilt, wenn personenbezogene Daten auf andere Weise erhoben, verarbeitet oder genutzt werden und damit in der Regel mindestens 20 Personen beschäftigt sind. Die Sätze 1 und 2 gelten nicht für nicht-öffentliche Stellen, die höchstens vier Arbeitnehmer mit der Erhebung, Verarbeitung oder Nutzung personenbezogener Daten beschäftigen. (...) Zum Beauftragten für den Datenschutz darf nur bestellt werden, wer die zur Erfüllung seiner Aufgaben erforderliche Fachkunde und Zuverlässigkeit besitzt.

Der Beauftragte für den Datenschutz ist dem Leiter der öffentlichen oder nicht-öffentlichen Stelle unmittelbar zu unterstellen. Er ist in Ausübung seiner Fachkunde auf dem Gebiet des Datenschutzes weisungsfrei. Er darf wegen der Erfüllung seiner Aufgaben nicht benachteiligt werden. (...)

Die öffentlichen und nicht-öffentlichen Stellen haben den Beauftragten für den Datenschutz bei der Erfüllung seiner Aufgaben zu unterstützen und ihm insbesondere, soweit dies zur Erfüllung seiner Aufgaben erforderlich ist, Hilfspersonal sowie Räume, Einrichtungen, Geräte und Mittel zur Verfügung zu stellen. Betroffene können sich jederzeit an den Beauftragten für den Datenschutz wenden.

§ 4g Aufgaben des Beauftragten für den Datenschutz
Der Beauftragte für den Datenschutz wirkt auf die Einhaltung dieses Gesetzes und anderer Vorschriften über den Datenschutz hin. (...) Er hat insbesondere

1. die ordnungsgemäße Anwendung der Datenverarbeitungsprogramme, mit deren Hilfe personenbezogene Daten verarbeitet werden sollen, zu überwachen (...).

2. die bei der Verarbeitung personenbezogener Daten tätigen Personen durch geeignete Maßnahmen mit den Vorschriften dieses Gesetzes sowie anderen Vorschriften über den Datenschutz und mit den jeweiligen besonderen Erfordernissen des Datenschutzes vertraut zu machen.

§ 5 Datengeheimnis
Den bei der Datenverarbeitung beschäftigten Personen ist untersagt, personenbezogene Daten unbefugt zu erheben, zu verarbeiten oder zu nutzen (Datengeheimnis). Diese Personen sind, soweit sie bei nicht-öffentlichen Stellen beschäftigt werden, bei der Aufnahme ihrer Tätigkeit auf das Datengeheimnis zu verpflichten. Das Datengeheimnis besteht auch nach Beendigung ihrer Tätigkeit fort.

§ 6 Rechte des Betroffenen
Die Rechte des Betroffenen auf Auskunft (§§ 19, 34) und auf Berichtigung, Löschung oder Sperrung (§§ 20, 35) können nicht durch Rechtsgeschäft ausgeschlossen oder beschränkt werden.

§ 33 Benachrichtigung des Betroffenen
Werden erstmals personenbezogene Daten für eigene Zwecke ohne Kenntnis des Betroffenen gespeichert, ist der Betroffene von der Speicherung, der Art der Daten, der Zweckbestimmung der Erhebung, Verarbeitung oder Nutzung und der Identität der verantwortlichen Stelle (d.h. die Stelle, die die Daten speichert) zu benachrichtigen. (...)

§ 34 Auskunft an den Betroffenen
(1) Der Betroffene kann Auskunft verlangen über
1. die zu seiner Person gespeicherten Daten, auch soweit sie sich auf die Herkunft dieser Daten beziehen,
2. Empfänger oder Kategorien von Empfängern, an die Daten weitergegeben werden, und
3. den Zweck der Speicherung.

§ 35 Berichtigung, Löschung und Sperrung von Daten
(1) Personenbezogene Daten sind zu berichtigen, wenn sie unrichtig sind.
(2) (...) Personenbezogene Daten sind zu löschen, wenn
1. ihre Speicherung unzulässig ist,
2. es sich um besonders schutzwürdige Daten handelt wie z. B. politische Meinungen, strafbare Handlungen oder Ordnungswidrigkeiten und ihre Richtigkeit nicht bewiesen werden kann,
3. (...) sobald ihre Kenntnis für die Erfüllung des Zwecks der Speicherung nicht mehr erforderlich ist,
4. (...)

(4) Personenbezogene Daten sind ferner zu sperren, soweit ihre Richtigkeit vom Betroffenen bestritten wird und sich weder die Richtigkeit noch die Unrichtigkeit feststellen lässt. Sie dürfen nur noch mit Einwilligung des Betroffenen verarbeitet und genutzt werden.

Millionenschäden durch Datenverlust

19.03.2008 von Nicolas Zeitler

Der Verlust von Daten kann für Unternehmen teuer werden. Einen durchschnittlichen Schaden von 1,8 Millionen Euro verursacht ein größerer Datenverlust laut einer Untersuchung des Ponemon-Instituts bei Firmen in Großbritannien. In mehr als einem Drittel der Fälle ist das Abhandenkommen von Laptops oder Datenträgern Ursache für das Verschwinden von gespeicherten Informationen. Die Zahlen lassen sich den Autoren zufolge auf den deutschen Markt übertragen.

Angreifer von außen spielen nur eine untergeordnete Rolle. Für mehr als die Hälfte der Datenverluste ist der leichtfertige Umgang mit Laptops, Datenträgern oder Papierakten verantwortlich.

Vergangenes Jahr kam es in Großbritannien zu einer Reihe von größeren Datenverlusten. Großes Aufsehen erregte etwa das Verschwinden von Datenträgern mit Angaben über Millionen Kindergeldbezieher im November 2007. Auch die 21 Organisationen, die sich an der Befragung des Ponemon-Institute beteiligten, erlitten solche Vorfälle. Das Institut untersuchte Ereignisse, bei denen zwischen 2.500 und mehr als 125.000 Datensätze verloren gingen. Pro verlorenem Datensatz entsteht dabei nach Berechnungen der Marktbeobachter ein Schaden von durchschnittlich etwas mehr als 61 Euro (47 britische Pfund).

Was auf den einzelnen Datensatz heruntergerechnet nach vernachlässigbaren Beträgen aussieht, kann sich für ein Unternehmen auf beträchtliche Schäden summieren: 1,8 Millionen Euro kosteten größere Verluste die untersuchten Firmen im Schnitt. Die Spannbreite ist dabei groß: Kosteten manche Datenverluste „nur" 109.000 Euro, hatten die größten Kosten von knapp fünf Millionen Euro zur Folge.

Mehr als ein Drittel der Kosten entsteht dabei durch entgangene Geschäfte in Folge des Datenverlusts – im Schnitt ein Schaden von fast 648.000 Euro insgesamt oder 22,20 Euro je Datensatz. Für die Zeit nach einem öffentlich bekannt gewordenen Datenverlust stellt die Untersuchung außerdem eine überdurchschnittlich hohe Abwanderungsquote von Stammkunden fest. Sie liegt im Mittel bei 2,5 Prozent, erreichte allerdings bei einzelnen Firmen bis zu sieben Prozent.

Die Hauptursache dafür, dass beispielsweise Kundendaten in falsche Hände gelangen, ist der Verlust oder Diebstahl von Laptops oder anderen tragbaren Geräten. 36 Prozent aller Verlustfälle waren dadurch bedingt. Zu einem weiteren Viertel dieser Schadereignisse kommt es, weil Papieraufzeichnungen verloren gehen. Bösartige Angriffe, etwa durch Schadprogramme oder Hacker, sind hingegen nur an zwölf Prozent der Verlustfälle schuld. Ebenso oft sind Dritte für den Schaden verantwortlich, zum Beispiel Firmen, an die eine Organisation bestimmte Aufgaben ausgelagert hat.

Quelle: http://www.computerwoche.de/a/millionenschaeden-durch-datenverlust,1864344

Aufgaben

Aufgabe 1:
Beantworten Sie die Fragen zum Datenschutz in folgenden Fällen, die bei den Fly Bike Werken GmbH schon einmal aufgetreten sind und begründen Sie ihre Antworten

Fall 1:
Frau Linden, Mitarbeiterin der Personalabteilung, hat vor Kurzem im Aktenschrank der Personalabteilung aufgeräumt und mehrere Ordner mit Unterlagen in den Papiercontainer hinter dem Bürogebäude geworfen.

a Verstößt Frau Linden gegen das Datenschutzgesetz?
b Wie hätte Frau Linden sich besser verhalten, um nicht mit dem Datenschutzgesetz in Konflikt zu kommen?

Fall 2:
Karl Kaufmann, ein ehemaliger Auszubildender der Fly Bike Werke GmbH, der nicht übernommen wurde, wird von seinem Freund, einem Finanzmakler gebeten, eine Liste mit Namen und Adressen ehemaliger Kollegen zu erstellen, damit er sie zu Werbezwecken anschreiben kann. Karl Kaufmann soll hierfür 200,00 Euro erhalten.

a Unterliegt die Liste dem Datenschutz?
b Verstößt Karl Kaufmann gegen das Datengeheimnis, wenn er der Bitte nachkommt?
c Unter welchen Voraussetzungen könnte Karl Kaufmann die Liste weitergeben?

Fall 3:
Christoph Steffes, derzeitiger Datenschutzbeauftragter bei der Fly Bike Werke GmbH, soll zusätzliche Aufgaben im Controlling übernehmen. Die Geschäftsleitung ist der Meinung, dass er die Aufgabe des Datenschutzbeauftragten nicht mehr auszuführen braucht, da der Aufwand ohnehin zu groß und mit zu hohen Kosten verbunden sei. Alle Mitarbeiter sollten in Zukunft selbstständig auf die Einhaltung des Datenschutzes achten.

a Muss aufgrund der Mitarbeiterzahl eine besondere Datenschutzmaßnahme getroffen werden und wenn ja, welche?
b Wann muss ein Datenschutzbeauftragter eingesetzt werden?
c Welche Bestimmungen sind bzgl. eines Datenschutzbeauftragten zu beachten?
d Welche Aufgaben hat ein Datenschutzbeauftragter? Nennen Sie Beispiele.

Fall 4:
Frau Linden, die Mitarbeiterin der Personalabteilung, wurde von einem Mitarbeiter der Produktion gebeten, einen Eintrag in der Personalakte zu korrigieren und einen anderen Eintrag ganz zu löschen. Sie ist sich unsicher, ob sie Änderungen oder Löschungen auf Veranlassung des Mitarbeiters überhaupt vornehmen darf und ob das nicht gegen das Datenschutzgesetz verstößt.

Erklären Sie ausführlich die Rechte des betroffenen Mitarbeiters.

Aufgabe 2:
Kreuzen Sie die richtige(n) Antwort(en) an

a Was passiert, wenn man keine Datensicherung angelegt hat und die Daten durch Schadprogramme zerstört wurden?
- ☐ Die Daten sind womöglich dauerhaft verloren.
- ☐ Die Daten können eventuell durch Spezialisten wieder hergestellt werden.
- ☐ Die Daten lassen sich wiederherstellen, indem ich den PC zunächst aus und dann wieder an mache.

b Wie kann man einen PC physisch schützen?
- ☐ PC mit Sicherheitskabel am Schreibtisch festschrauben.
- ☐ Bildschirm immer ausschalten, wenn man den Raum verlässt.
- ☐ Zugangskontrolle
- ☐ Schweren PC kaufen.

c Was sollte man mit Passwörtern machen?
- ☐ 12345 als Passwort nehmen.
- ☐ Das Passwort in regelmäßigen Abständen ändern.
- ☐ Das Passwort auf einen Zettel schreiben und in die oberste Schublade des Schreibtisches legen.

d Warum sollten Firmen sorgfältig mit ihren Daten umgehen?
- ☐ Lieferantendaten können gelöscht werden.
- ☐ Kundendaten können gestohlen und weiterverkauft werden.
- ☐ Geschäftsgeheimnisse können ausgespäht werden.
- ☐ Mitarbeiterdaten können ausspioniert und abgeworben werden.

e Welche Rechte hat eine Person, deren Daten gespeichert wurden?
- ☐ Recht auf Auskunft und Einsichtnahme
- ☐ Recht auf Benachrichtigung
- ☐ Recht auf Löschung
- ☐ Recht auf Schadenersatz
- ☐ Recht auf Berichtigung falscher Daten

f Wie sollte man bei der Datensicherung vorgehen?
- ☐ Sie sollte regelmäßig erfolgen.
- ☐ Sie sollte nicht an einem Freitag dem 13. gemacht werden.
- ☐ Sie sollte nie länger als 20 Minuten in Anspruch nehmen.
- ☐ Sie sollte nur gemacht werden, wenn ein Mitarbeiter gerade Zeit dazu hat.
- ☐ Sie sollte immer nur gemacht werden, wenn auch die Inventur gemacht wurde.

Aufgabe 3:
Ergänzen Sie Ihre Lernkartei.

Aufgabe 4:
Führen Sie Ihr Lerntagebuch.